Coleção Cultura e Consumo

CULTURA
& Consumo

Novas Abordagens ao
Caráter Simbólico dos Bens e
das Atividades de Consumo

COLEÇÃO CULTURA E CONSUMO   COORDENAÇÃO: EVERARDO ROCHA

&CULTURA
Consumo

Grant McCracken

NOVAS ABORDAGENS AO CARÁTER SIMBÓLICO DOS BENS E DAS ATIVIDADES DE CONSUMO

Tradução:
Fernanda Eugenio

Mauad X

CULTURE AND CONSUMPTION:
New Approaches to the Symbolic Character of Consumer Goods and Activities
by Grant McCracken,
Copyright © 1988 by Grant McCracken. Portuguese-language translation rights licensed from the original English-language publisher, Indiana University Press.

1ª Edição no Brasil: 2003
2ª Edição no Brasil: 2010
Direitos desta edição reservados à
MAUAD Editora Ltda.
Rua Joaquim Silva, 98, 5º andar – Lapa
CEP: 20241-110 — Rio de Janeiro — RJ
Tel.: (21) 3479.7422 — Fax: (21) 3479.7400
www.mauad.com.br

Projeto Gráfico:
Núcleo de Arte/Mauad Editora

Tradução:
Fernanda Eugenio

Revisão Técnica:
Everardo Rocha

DADOS INTERNACIONAIS DE CATALOGAÇÃO NA PUBLICAÇÃO (CIP)
(CÂMARA BRASILEIRA DO LIVRRO, SP, BRASIL)

McCracken, Grant
  Cultura e consumo : novas abordagens ao caráter simbólico dos bens e das atividades de consumo / Grant McCracken ; tradução Fernanda Eugenio. --
Rio de Janeiro : MAUAD, 2003. -- (Coleção cultura e consumo / coordenação Everardo Rocha)
  Título original : Culture and consumption.
  Bibliografia.
  ISBN 85-7478-108-8
  1.Consumo (Economia) - História 2. Cultura - História 3. Valores sociais - História I. Rocha, Everardo. II. Título. III. Título: Novas abordagens ao caráter simbólico dos bens e das atividades de consumo. IV. Série.

03-5164   CDD – 339.4701

Índices para catálogo sistemático:
1. Consumo e cultura : Economia 339.4701
2. Cultura e consumo : Economia 339.4701

*À memória dos meus avôs,
Joseph Allan McQuade
(1896-1983)
e Elsworth Smith McCracken
(1889-1973)*

SUMÁRIO

AGRADECIMENTOS — 9
INTRODUÇÃO — 11

PARTE I – HISTÓRIA — 19
UM. A PRODUÇÃO DO CONSUMO MODERNO — 21
DOIS. "SEMPRE MAIS QUERIDO EM NOSSOS PENSAMENTOS": PÁTINA E A REPRESENTAÇÃO DE STATUS ANTES E DEPOIS DO SÉCULO XVIII — 53
TRÊS. LOIS ROGET: UMA CONSUMIDORA CURATORIAL EM UM MUNDO MODERNO — 68

PARTE II – TEORIA — 81
QUATRO. VESTUÁRIO COMO LINGUAGEM: UMA LIÇÃO OBJETIVA NO ESTUDO DAS PROPRIEDADES EXPRESSIVAS DA CULTURA MATERIAL — 83
CINCO. MANUFATURA E MOVIMENTO DE SIGNIFICADO NO MUNDO DOS BENS — 99

PARTE III – PRÁTICA — 121
SEIS. BENS DE CONSUMO, CONSTRUÇÃO DE GÊNERO E UMA TEORIA "TRICKLE-DOWN" REABILITADA — 123
SETE. O PODER EVOCATIVO DAS COISAS: BENS DE CONSUMO E A PRESERVAÇÃO DE ESPERANÇAS E IDEAIS — 135
OITO. UNIDADES DIDEROT E EFEITO DIDEROT: ASPECTOS CULTURAIS NEGLIGENCIADOS DO CONSUMO — 151
NOVE. CONSUMO, MUDANÇA E CONTINUIDADE — 164

NOTAS — 173
REFERÊNCIAS BIBLIOGRÁFICAS — 182

AGRADECIMENTOS

Quero agradecer às seguintes pessoas por suas contribuições para este livro: M. Vadasz, L. Michaels, A. Knight, V. Ayoub, N. Lesko, M. Sahlins, A. Fienup Riordan, S. McKinnon, J. Curry, M. Verdon, T. e V. Li, K.O.L. Burridge, R. Pollay, M. Sommers, J. Wardlaw, R. Belk e D. Woolcott. Devo agradecimentos também ao Killam Trust e ao Conselho de Ciências Sociais e Pesquisa em Humanidades do Canadá pelo suporte financeiro à pesquisa apresentada aqui.

INTRODUÇÃO

Esta coleção de ensaios tem um único tema: a relação entre cultura e consumo. Por cultura, entendo as ideias e atividades através das quais fabricamos e construímos nosso mundo. Quanto ao consumo, amplio a definição convencional para incluir os processos pelos quais os bens e os serviços de consumo são criados, comprados e usados. Cultura e consumo têm uma relação sem precedentes no mundo moderno. Nenhuma outra época ou lugar presenciou a entrada desses elementos em uma relação de mutualidade de tamanha intensidade. Nunca a relação entre eles foi tão profundamente complicada.

As ciências sociais demoraram a perceber essa relação, e demoram ainda mais para avaliar sua significação. Em geral, falharam em perceber que o consumo é um fenômeno totalmente cultural. Como os ensaios deste livro procuram demonstrar, o consumo é moldado, dirigido e constrangido em todos os seus aspectos por considerações culturais. O sistema de *design* e produção que cria os bens de consumo é uma empreitada inteiramente cultural. Os bens de consumo nos quais o consumidor desperdiça tempo, atenção e renda são carregados de significado cultural. Os consumidores utilizam esse significado com propósitos totalmente culturais. Usam o significado dos bens de consumo para expressar categorias e princípios culturais, cultivar ideais, criar e sustentar estilos de vida, construir noções de si e criar (e sobreviver a) mudanças sociais. O consumo possui um caráter completamente cultural.

A recíproca é, obviamente, que nas sociedades desenvolvidas ocidentais a cultura é profundamente ligada ao e dependente do consumo. Sem os bens de consumo, as sociedades modernas desenvolvidas perderiam instrumentos-chave para a reprodução, representação e manipulação de suas culturas. Os mundos do *design*, do desenvolvimento do produto, da publicidade e da moda que criam esses bens são eles próprios importantes autores de nosso universo cultural. Eles trabalham continuamente para moldar, transformar e dar vida a esse universo. Sem eles o mundo moderno quase que certamente se desmancharia. O significado dos bens de consumo e a criação de significado levada a efeito pelos processos de consumo são partes importantes da estruturação de nossa realidade atual. Sem os bens de consumo, certos atos de definição do *self* e de definição coletiva seriam impossíveis nessa cultura.

Apesar de tudo isso, a ideia de que cultura e consumo deveriam ser de tal forma mutuamente dependentes nos surpreende. É, de fato, inteiramente contrária a uma verdade familiar. Nós "sabemos" pela opinião pública e pelo estudo social científico que nosso materialismo é uma das coisas mais erradas que há com nossa sociedade e uma das causas mais significativas de nossas modernas dificuldades.

Essa ideia familiar e inteiramente teimosa contribuiu para que nos mantivéssemos afastados da plena percepção da significação cultural do consumo.

O propósito destes ensaios é começar a superar essa visão empobrecida. É mostrar que bens que são tão frequentemente identificados como uma preocupação infeliz e destrutiva de uma sociedade materialista são na verdade um dos instrumentos principais de sua sobrevivência, um dos modos através dos quais sua ordem é criada e mantida. Cada um destes ensaios foi escrito independentemente, mas todos remetem à natureza da relação entre cultura e consumo. Todos representam o esforço de um antropólogo para determinar o porquê de sermos tão preocupados com bens de consumo, assim como qual contribuição estes fornecem à nossa cultura e sociedade atuais.

O livro é dividido em três seções. A primeira é histórica e contém três capítulos. Os primeiros dois capítulos examinam as origens da sociedade de consumo e traçam seu desenvolvimento, do século XVI aos dias de hoje. O terceiro capítulo trata da experiência de um consumidor moderno cujo padrão de consumo tem características fortemente pré-modernas. A segunda seção tem caráter teórico. Reflete sobre os modelos teóricos disponíveis para a análise da relação entre cultura e consumo. Em um dos capítulos, o modelo dos "bens como linguagem" é recusado e, no seguinte, é construído um novo modelo, atento ao movimento do significado cultural. A terceira seção consiste em quatro capítulos, cada um dos quais examina um uso diferente dos bens de consumo na execução do trabalho cultural e social. Esses capítulos analisam o uso dos bens para expressar novas noções de gênero, para proteger ideais culturais, para manter a consistência de produtos e estilos de vida e para criar e responder à mudança social.

Antes de passar em revista mais detalhadamente cada capítulo, deixe-me comentar brevemente o embasamento acadêmico deste livro. Duas são as disciplinas que contribuíram aqui. Uma delas é a antropologia, o campo no qual fui treinado. A segunda é o comportamento do consumidor, área na qual tenho lecionado e feito pesquisa nos últimos quatro anos. Este livro representa uma espécie de reabordagem dessas duas perspectivas intelectuais tão diferentes. Algumas palavras acerca da natureza de tal reabordagem parecem-me adequadas.

Antropologia e estudo do comportamento do consumidor têm sido participantes relutantes na reflexão sobre a relação entre cultura e consumo. Nenhum dos dois evidenciou, até muito recentemente, qualquer interesse na análise dos aspectos culturais do consumo ou da importância do consumo para a cultura. Felizmente, esta situação está começando a mudar. Desenvolvimentos dentro de ambas as áreas estão começando a tornar o estudo da cultura e do consumo uma atividade imaginável e praticável.

No campo do comportamento do consumidor, tais desenvolvimentos são numerosos. Primeiro, os acadêmicos começaram a ampliar a definição de "comportamento do consumidor". Nesta definição emergente, este ultrapassa o "comportamento de compra" (ou seja, o que acontece quando o consumidor alcança a prateleira para escolher entre a marca "x" ou a marca "y") para incluir toda a interação entre o bem e o consumidor antes e depois do momento da compra. Segundo, eles começaram também a ir além de sua preocupação de longa data com o "processo de tomada de decisão" para observar o papel de outros processos cognitivos (especialmente os simbólicos) e o papel do afeto. Terceiro, o campo revelou uma nova disposição em transcender o individualismo metodológico e o foco microcósmico herdados da área da psicologia e em considerar os sistemas e contextos culturais e sociais mais amplos do consumo. Em uma mudança plenamente durkheimiana, o campo está desenvolvendo uma perspectiva macrocósmica que leva em conta as características supraindividuais do consumo. Quarto, mais acadêmicos começaram a aceitar como legítimos tópicos para pesquisa elementos que não têm imediata relevância para a comunidade do marketing, e esta comunidade começou, por sua vez, a definir a natureza de sua investigação mais amplamente. Em termos gerais, nesta abertura do campo, o consumo é agora menos frequentemente definido como uma pequena fatia da realidade do indivíduo e mais frequentemente como um conjunto de fenômenos diversos, sistemáticos, abrangentes e plenamente culturais.[1]

A antropologia também viu surgir uma série de desenvolvimentos que lhe permitiu empreender o estudo da cultura e do consumo. Em primeiro lugar, ela começou a renovar seus interesses na cultura material, um desenvolvimento essencial para o estudo dos bens de consumo. Em segundo lugar, ela está começando a se afastar de sua recusa, quase neurótica, em contemplar sua própria cultura. Tradicionalmente, a antropologia sempre sentiu uma atração pelo estranho e pelo marginal. Os antropólogos deixaram de lado, com uma regularidade entorpecedora, oportunidades de estudar sua própria cultura, em especial os aspectos "centrais" dessa cultura. (Significativamente, isto fez dos romancistas os mais ativos e bem-sucedidos etnógrafos da América do Norte de hoje). Em terceiro lugar, a antropologia desenvolveu teorias da cultura, do significado e do simbolismo necessárias à compreensão das propriedades culturais e comunicativas dos bens e do comportamento de consumo. Em quarto lugar, ainda mais recentemente os antropólogos começaram a desenvolver teorias do processo e do contexto que lhes permitem capturar o caráter dinâmico do consumo. Em quinto lugar, há evidências de que alguns membros da área estão começando a transcender a suspeita ideológica de que qualquer tratamento das propriedades culturais dos bens de consumo é equivalente a uma participação no sistema de livre-empresa. Em sexto lugar, alguns antropólogos estão se preparando para desistir de sua pretensão elitista de que qualquer reflexão acerca da cultura popular contemporânea tem de ser uma forma de exercício intelectual de baixo nível. Por fim, e talvez o mais importante, eles começaram a superar a noção peculiar de que o consumo pode ser descartado como uma combinação desagradável de autoindulgência, ganância, futilidade e irracionalidade que não precisa nem merece um estudo sistemático.[2]

Em sua tentativa de combinar antropologia e comportamento do consumidor, este livro deveria ser lido muito mais como um "primeiro passo" que como uma "palavra final". Nitidamente, ele *não* é uma inspeção criteriosa das duas áreas que desemboque em diretrizes e pronunciamentos dogmáticos. Ou, para mudar de metáfora, ele não é um documento da natureza de um relatório da Comissão Real ou de uma comunicação das Nações Unidas que apresente partes não familiares ou difíceis à mesa de conferência e à contemplação de seus interesses mútuos. Mais exatamente, este é o trabalho de um indivíduo solitário e muito frequentemente nervoso, que passou os últimos cinco anos contrabandeando conceitos e dados para trás e para frente através de uma bem guardada fronteira, lamentando ver com o que cada campo se assemelhava no contexto do outro. Este tratamento é, portanto, parcial, experimental e tentativo. É mais uma demonstração de possibilidades que de verdades certeiras. Pretende começar a reabordagem, mas não esgotá-la.

Deixe-nos olhar agora para cada um dos capítulos em particular. O primeiro capítulo investiga como a sociedade ocidental entendeu sua apressada e nova experimentação do consumo. "A produção do consumo moderno" recorre à explosão de atividade acadêmica que se seguiu ao aparecimento do trabalho de Braudel nos anos 60. Também recorre à pesquisa do próprio autor acerca da Inglaterra elizabetana. O capítulo considera três episódios nesta produção do consumo moderno. Estes tomam lugar nos séculos XVI, XVIII e XIX, e cada um revela um novo estágio e um novo conjunto de forças na criação de nossa moderna sociedade de consumo. Este estudo nos permite vislumbrar o extraordinário processo através do qual começamos gradualmente a reconhecer e explorar as propriedades simbólicas significativas dos bens de consumo e a torná-las armação estrutural de nossa implausível vida social.

O segundo capítulo, "Sempre mais querido em nossos pensamentos", restringe nossa atenção a uma instituição cultural em particular dentro do amplo âmbito das sociedades ocidentais. Examinamos aqui o papel da "pátina" como um mecanismo simbólico. Antes do século XVIII, os ricos eram especialmente aficionados por pátina. A fina camada que se acumulava na superfície de suas posses, como resultado da oxidação e do uso, era uma prova de sua reivindicação de longa data ao alto status. Era uma prova de que eles eram "antigos" nobres, e não novos ricos. Neste sentido, as classes dominantes usavam a pátina de seus bens como uma salvaguarda de seu status, um meio de distinguir os aristocratas dos emergentes e embusteiros. No século XVIII, contudo, o advento do sistema de moda ajudou a eclipsar a pátina, e daí em diante sua estratégia de status tornou-se preocupação exclusiva apenas de um grupo muito pequeno e muito particular da sociedade. Este capítulo é uma tentativa de contar a história da pátina do século XVI até os dias modernos. No processo, teremos ocasião de discutir teorias de status e simbolismo de Goffman, Veblen e Pierce.

O terceiro capítulo é intitulado "Lois Roget: Uma consumidora curatorial em um mundo moderno" e relata a experiência de um indivíduo moderno cujo consumo tem características inteiramente pré-modernas. Este tratamento de Lois Roget nos dá a oportunidade de reconstruir em íntimo detalhe etnográfico certos aspectos do consumo como uma "realidade viva" antes do século XVIII. Em certo sentido, este capítulo pretende fazer para o consumo pré-industrial o que *The world we have lost* (1971) de Peter Laslett faz para a vida familiar pré-industrial. O capítulo pretende sugerir algumas conexões entre cultura e consumo anteriores ao alvorecer da modernidade.

O quarto capítulo, "Vestuário como linguagem", examina um dos modos pelos quais nós tradicionalmente viemos a pensar as propriedades simbólicas de nossos bens de consumo. Tratamentos tanto acadêmicos quanto populares nos encorajaram a pensar nessas coisas como uma forma de "linguagem". Isto é certamente um desafio às antigas ideias pelas quais nós consideramos (geralmente para condenar) os bens de consumo. Mas é, não obstante, ainda insatisfatório. Este capítulo reflete sobre as tentativas de sugerir que o bem de consumo vestuário é uma "linguagem". Argumenta que o vestuário é de fato muito diverso da linguagem e que, na verdade, ele comunica significado cultural melhor quando parte do princípio sintagmático sobre o qual opera a linguagem.

O capítulo cinco, "Manufatura e movimento de significado no mundo dos bens", foi escrito para sugerir uma abordagem diferente à significação cultural dos bens de consumo. Recorre aos campos da antropologia, sociologia, psicologia, comportamento do consumidor, estudos americanos e cultura material para criar um esquema teórico do significado cultural inerente aos bens de consumo. O esquema é formulado para mostrar como esse significado é inserido nos e extraído dos bens. A ênfase aqui não é no que as pessoas "dizem" com o significado dos bens, mas no que elas "fazem" com ele. Este capítulo pretende mostrar como usamos o significado nos bens para construir conceitos do *self* e do mundo.

O tema organizador deste capítulo é o "movimento". O significado dos bens está em constante trânsito, continuamente movendo-se de um lugar para outro no mundo cultural. O capítulo mostra como o significado começa no mundo culturalmente constituído e o processo pelo qual ele é daí desatrelado e transferido para o bem de consumo por *designers* de produto, publicitários, profissionais de marketing[3] e jornalistas. Em seguida, mostra como nós consumidores extraímos este significado dos bens para nossos próprios propósitos na construção de nossos próprios mundos. Quatro rituais diferentes são considerados aqui, cada um dos quais é importante para o processo de obtenção de significado a partir dos bens. Em suma, este capítulo examina como transformamos o consumo em uma fonte de significado cultural e usamos isso na construção de mundos individuais e coletivos.

A terceira e última seção do livro busca observar mais atentamente alguns dos objetivos culturais do consumo. O capítulo 6 reflete sobre como os bens e o comportamento de consumo são usados para acomodar e criar novas noções de gênero. O capítulo 7 examina seu uso na preservação de alguns dos nossos ideais. O capítulo 8 considera seu papel dual na preservação de estilos de vida e em sua reformulação. O capítulo 9 examina como usamos as propriedades significativas dos bens de consumo como um instrumento de continuidade e mudança.

O capítulo 6, "Bens de consumo, construção de gênero e uma teoria 'trickle-down' reabilitada", aplica novas teorias do simbolismo a uma teoria da difusão muito antiga e venerável. A teoria "trickle-down" da difusão foi por muito tempo o mais compulsório modelo para descrever como os hábitos de vestir de um grupo podem influenciar os hábitos de vestir de outro. Nos últimos vinte anos esse modelo foi posto de lado em benefício de outros, novos e frágeis. O objetivo deste capítulo é reabilitar a teoria "trickle-down", casando-a com novas teorias do simbolismo.

O caso etnográfico em exame aqui são as inovações de vestuário entre homens e mulheres profissionais e, em especial, o visual "vestido para o sucesso". Vemos aqui um caso clássico no qual os bens de consumo são usados para criar e responder a uma mudança fundamental na definição de gênero. O que este capítulo mostra é como as mulheres usaram o significado de certos bens para criar novas imagens de si próprias.

O sétimo capítulo, "O poder evocativo dos bens", é formulado para mostrar como usamos os bens para manter vivos alguns de nossos ideais e esperanças. Começa com uma sugestão de que as sociedades deliberadamente tomam seus ideais e os resgatam "deslocando-os" a outro tempo e espaço. Assim, a cidade montanhosa que experimentou um alto índice de discordância doméstica (e possivelmente começou a se perguntar se suas atuais definições de "família" e de "gênero" eram mal concebidas) pode proteger seus presentes ideais de vida familiar argumentando que eles existiam com perfeita clareza e tranquilidade "no tempo de nossos avós". Agora o ideal está deslocado, o que é "provado" por sua "existência" em outros espaço e tempo culturais. Mas uma vez que algo foi deslocado, como pode ser recuperado e reavivado aqui e agora? Os bens de consumo são uma das respostas aqui. Eles servem como pontes para o significado deslocado sem comprometer seu status deslocado. A teoria explica por que desejamos tão frequentemente objetos além do nosso alcance e por que supomos que obteríamos com esses objetos uma nova felicidade. Os bens de consumo há muito prometeram a realização de ideais pessoais e coletivos (somente proporcionando-os raramente). O capítulo 7 tenta mostrar como isso acontece.

O capítulo 8, "Unidades Diderot e o efeito Diderot", começa com uma olhadela de relance do grande filósofo francês Denis Diderot em seu estudo, lamentando deixar para trás sua antiga formação. É sobre as consistências culturais que delimitam um conjunto de bens de consumo a um agrupamento característico (ex: BMW, Burberry e Borgonha para os *yuppies*) e como esses complementos produtivos são preservados e algumas vezes transformados pelo efeito Diderot. Este capítulo considera as implicações das unidades Diderot e do efeito Diderot para as teorias do estilo de vida, da publicidade e da demanda do consumidor.

O objetivo do último capítulo do livro, "Consumo, mudança e continuidade", é mostrar como os bens de consumo nos servem ao mesmo tempo como instrumentos de continuidade e como instrumentos de mudança. O significado depositado nos bens de consumo é um dos meios através dos quais damos consistência a nossas vidas face à esmagadora mudança a que estão sujeitas. Os bens ajudam nesta capacidade de manutenção, ao criar um amplo e indetectável registro de categorias culturais existenciais e princípios culturais. Rodeados por esses bens, somos encorajados a imaginar que essas categorias e princípios são como que inerentes à própria natureza das coisas. Novas definições de gênero nesta sociedade são tão dificilmente estabelecidas em parte porque distinções sexistas entre homens e mulheres são investidas em objetos físicos presentes em nossa existência cotidiana. O significado cultural depositado nos bens também os ajuda a desarmar inovações culturais. O que Sahlins chama de "código-objeto" incorpora inovações tais como os princípios e a estética "hippie" e os transforma em parte inofensiva do *mainstream*. Mas os bens têm também uma genuína capacidade inovadora, e são certamente um dos mais poderosos mecanismos de mudança em nossa sociedade. O código-objeto dos bens permite aos indivíduos tomar os significados culturais existentes e transpô-los em novas configurações. Eles são uma espécie de linguagem da invenção através da qual grupos radicais podem pensar sobre, refinar e, em última análise, proclamar suas ideologias. Os bens são, portanto, instrumentos de inovação e conservação e em ambas essas capacidades se prestam a nós em nossa moderna busca por ordem em um mundo desordenado.

Cultura e Consumo é uma investigação sistemática das propriedades culturais e simbólicas dos bens de consumo. Os primeiros três capítulos mostram como nos tornamos uma sociedade de consumo. Os dois capítulos seguintes sugerem como podemos pensar sobre as propriedades culturais dos bens de consumo para melhor entender suas propriedades simbólicas. Os quatro capítulos finais consideram diferentes usos que fazemos do significado dos bens. O objetivo maior desses capítulos é ajudar a demonstrar a contribuição extraordinária que o significado nos processos de consumo fornece à estrutura e ao processo da sociedade contemporânea.

Parte I

HISTÓRIA

Um entendimento da moderna relação entre cultura e consumo demanda uma apreciação do contexto histórico no qual tal relação foi fabricada. O propósito destes capítulos iniciais do livro é oferecer três tratamentos muito diferentes deste contexto. No capítulo 1, tento integrar o grande número de livros acadêmicos e de artigos em uma única visão geral da história do consumo. Acrescentei a esta visão geral meu próprio entendimento das mudanças no consumo que tomaram lugar na Inglaterra elizabetana. No segundo capítulo, restringimos nossa atenção a um momento particular na história do consumo, a transformação do sistema "pátina" de consumo. No terceiro capítulo, descemos ainda mais profundamente às particularidades de uma vida individual e ao tratamento etnográfico do sistema "curatorial" de consumo. Juntos, esses três capítulos fornecem uma base histórica para os capítulos sobre a cultura e o consumo modernos que constituem o restante do livro.

UM

A produção do consumo moderno

A comunidade histórica, seguindo o precedente de Braudel e o exemplo de McKendrick, reconheceu que a "grande transformação" do Ocidente incluiu não apenas uma "revolução industrial" mas também uma "revolução do consumo". Esta comunidade argumenta, agora, que tal revolução do consumo representa não somente uma mudança nos gostos, preferências e hábitos de compra, como uma alteração fundamental na cultura do mundo da primeira modernidade e da modernidade. A revolução do consumo é encarada agora como tendo modificado os conceitos ocidentais de tempo, espaço, sociedade, indivíduo, família e estado. Este capítulo busca estabelecer uma visão geral única da literatura disponível, a fim de considerar como a cultura ocidental tornou-se cada vez mais dependente dos e integrada aos novos bens e práticas de consumo que apareceram do século XVI em diante. Busca, também, explicitar as circunstâncias históricas nas quais a cultura e o consumo começaram a compor sua atual relação de mutualidade profundamente complexa.

O consumo moderno é, acima de tudo, um artefato histórico.[4] Suas características atuais são o resultado de vários séculos de profunda mudança social, econômica e cultural no Ocidente. Há controvérsias quanto ao que exatamente tais mudanças são e a precisamente como elas deram lugar aos dias de hoje. Mas o que não pode ser posto em dúvida é que uma investigação das origens e do desenvolvimento do consumo moderno encontra-se agora bem a caminho, e que tal tarefa ocupa atualmente um crescente segmento da comunidade científica histórica e social.

A primeira aparição do consumo em sua forma moderna foi dramática. Já disseram os elizabetanos que pensaram ter detectado algo que "cheirava a alémmar". Pouco depois, observadores se referiram a isso como uma "epidemia" ou um "ato de loucura". Observadores modernos usaram uma linguagem dramática equivalente, referindo-se ao consumo como uma "orgia do gasto" (McKendrick et al. 1982: 10) ou como a criação de um "mundo de sonho" (Williams 1982: 66). O consumo moderno foi a causa e a consequência de tantas mudanças sociais que sua emergência marcou nada menos que a transformação do mundo ocidental. Como sugeriu um historiador, o aparecimento da "revolução do consumo" rivaliza apenas com a revolução neolítica no que toca à profundidade com que ambas mudaram a sociedade (McKendrick et al. 1982: 9).

A revolução do consumo é uma peça em uma mudança social maior à qual foi devotada uma grande porção da pesquisa feita pela História e pelas Ciências Sociais. Durkheim, Weber, Marx, Simmel, Sombart e Tonnies – todos eles se referiram ao que Polanyi (1957) chamou de "a grande transformação". Não é exagerado dizer, em verdade, que o estudo desta transformação é responsável, em alguma medida, pela fundação e pelo desenvolvimento das Ciências Sociais. O que é surpreendente no que se refere a esta inclinação acadêmica, contudo, é que ela dedicou muito pouco de sua atenção ao desenvolvimento do consumo. Como sublinhou McKendrick, o que preocupou os estudantes da grande transformação foi a análise das revoluções legal, econômica, industrial, entre outras. Apenas recentemente os acadêmicos, dentre os quais McKendrick se inclui como talvez o mais conspícuo e notável, começaram a prestar atenção ao papel das mudanças no consumo na transformação do Ocidente.

O trabalho deste novo grupo de acadêmicos é diversificado. Não há consenso nem mesmo quanto aos termos mais fundamentais da revolução do consumo. McKendrick (1982), por exemplo, reivindica a descoberta do nascimento da revolução do consumo na Inglaterra do século XVIII, enquanto Williams (1982) a localiza na França do século XIX e Mukerji (1983) na Inglaterra dos séculos XV e XVI. Esta diversidade de perspectiva e de abordagem é útil; permite-nos perceber os aspectos díspares da revolução do consumo de vários pontos de vista. É o propósito deste capítulo revisar tais pontos de vista e mostrar como eles podem ser organizados e inter-relacionados na criação de uma perspectiva geral das origens e do desenvolvimento do consumo moderno.

A primeira parte do capítulo revisará as principais contribuições para o estudo das origens e do desenvolvimento do consumo moderno. A segunda parte examinará três momentos na história do consumo, agrupando um conjunto diverso de materiais históricos para criar três "retratos instantâneos" do mundo ocidental conforme ele se moveu do século XVI aos dias atuais. Isto abrangerá diversos tópicos, incluindo novas categorias de bens; novos tempos, lugares e padrões de compra; novas técnicas de marketing; novas ideias sobre posse e materialismo; alterações nos grupos de referência, nos estilos de vida, na mobilidade de classe, nos padrões de difusão, no simbolismo dos produtos e nos padrões de tomada de decisão. Nossa preocupação, do princípio ao fim, será a transformação da cultura que tomou lugar na revolução do consumo.

É preciso enfatizar que este capítulo não pretende conciliar esses aspectos díspares da revolução do consumo em um modo abrangente de qualquer tipo. Tampouco tem pretensão de fornecer um tratamento histórico que satisfaça aos sofisticados critérios de evidência e argumento estabelecidos pelos historiadores. Se este capítulo se engaja em especulações das quais muitos historiadores fastidiosamente se abstêm, ele o faz porque mesmo a especulação é preferível à confusão que atualmente ronda esta questão acadêmica de vital importância.

O ESTADO DE UMA ARTE NASCENTE: TRÊS PIONEIROS

The Birth of A Consumer Society: The Commercialization of Eighteenth-Century England é o mais meticuloso, bem fundamentado e impressionante dos trabalhos em que se baseia este ensaio.[5] Sua característica mais notável é, talvez, o tom. Não há nada cauteloso ou experimental neste estudo. Enquanto alguns historiadores escrevem em uma escala liliputiana, raramente extraviando-se para além dos, por exemplo, arbítrios e documentos oficiais de uma única cidade da terceira década do século XV, McKendrick e seus colegas partem para a tomada de uma "grande questão" e apresentam seus argumentos sem qualificações receosas ou reticências. O livro também tem uma ligeira inclinação "liberal-conservadora"[6], à medida que constrói o passado como um prelúdio para o presente.[7] Esta é tão mais "história em benefício do presente" à medida que é "história em benefício do passado". Além disso, o livro tem a grande vantagem de ter sido escrito na prosa desembaraçada pela qual os historiadores são merecidamente famosos. Sua exposição das complexidades do século XVIII é elegantemente clara. Estas três qualidades – a diretividade, a relevância e a clareza – fazem de *The Birth of A Consumer Society* uma peça da historiografia de pertinência e valor incomuns. É, tranquilamente, a contribuição mais forte ao estado atual da área.

Os termos mais gerais do projeto de McKendrick são simples. Ele busca dar conta de um aspecto negligenciado da transformação social que tomou lugar na Inglaterra do século XVIII. Insiste, neste sentido, que a abordagem tradicional de tal transformação nos fornece apenas um quadro pela metade. Argumenta que demos demasiada ênfase à revolução industrial, em detrimento de outros desenvolvimentos igualmente importantes. Foi ignorada a revolução do consumo, companheira necessária da revolução industrial. Uma mudança nos meios e fins produtivos, diz ele, não pode ter ocorrido sem uma mudança comensurável nos gostos e preferências dos consumidores. Não obstante, os acadêmicos da História enfatizaram, nesta transformação, o lado da "oferta", ignorando o lado da "demanda". O objetivo de *The Birth of A Consumer Society* é, portanto, documentar o desenvolvimento do aspecto da demanda na revolução industrial, além de iluminar como essa transformação de gostos e preferências contribuiu para a grande transformação.

Um dos eventos iniciais desta revolução foi o entusiasmo selvagem com o qual o consumidor inglês acolheu a chita barata e as musselinas importadas da Índia nos anos de 1690. A súbita demanda por esta moda foi uma primeira indicação dos novos gostos de consumo, mecanismos que iriam dirigir a produção doméstica e as importações estrangeiras rumo a uma nova escala de atividade. McKendrick, tomando isso como uma sugestão indireta, examina a "comercialização da moda" como uma das áreas-chefe nas quais a demanda do consumidor mudou e foi mudada pelas inovações do século XVIII. Tais inovações incluem uma nova e intensificada tirania da moda, uma mais rápida obsolescência do estilo, uma difusão mais veloz do conhecimento dos padrões de moda, o aparecimento de técnicas de marketing como a manequim e os estereótipos de beleza, a nova e mais ativa participação de grupos sociais anteriormente excluídos e, finalmente, novas ideias sobre o consumo e sua contribuição para o bem público. O autor se volta, então, para o estudo da comercialização da cerâmica e do gênio empresarial de Josiah Wedgwood, que ao mesmo tempo se seguiu e levou ao *boom* de consumo do período. Particularmente interessante aqui é considerar a desenvoltura e a habilidade com que Wedgwood manipulava os gostos dos "formadores de opinião" deste período, a aristocracia. Finalmente, McKendrick examina a história da comercialização da moda do século XVIII e a contribuição de George Packwood, que tanto fez para desenvolver os anúncios publicitários em jornais no período.

A contribuição de McKendrick para esta questão é tão importante e notável que críticas soariam grosseiras. Temos com ele um débito de gratidão, e não uma discordância queixosa. Deve-se observar, ainda assim, que o trabalho de McKendrick tem sérias falhas em dois aspectos. Primeiramente, quanto a um fato histórico, parece que McKendrick interpretou mal os registros empíricos. Ele argumenta que a moda não governou o vestuário na Inglaterra elizabetana com a rapidez que ela assumiria no século XVIII. Não há evidência, diz ele, de moda anual nesta metade do século XVI (1982:40). Isto é um equívoco. Fontes tanto primárias quanto secundárias deixam claro que a moda anual estava muito viva na Inglaterra elizabetana (cf. Fairholt 1885; Linthicom 1936; Norris 1938).[8]

Isto parece um erro pequeno, mas é, na verdade, considerável, uma vez que o estudo de McKendrick baseia-se em dois pressupostos: primeiro, que a revolução do consumo foi uma quebra súbita, uma revolução genuína, e, segundo, que esta revolução tomou lugar no século XVIII. Além disso, sua evidência, como ele admite de bom grado (1982:12), vem principalmente de uma categoria de produto, o vestuário. Para fazer avançar seu raciocínio, ele precisa argumentar com sucesso, então, não apenas que o vestuário tornou-se de repente escravo de uma moda altamente inovadora, mas que isto ocorreu no século XVIII. Parece que ambas essas alegações são não apenas infundadas mas um desvio surpreendente dos fatos já bem estabelecidos referentes ao assunto.

A segunda premissa a questionar tem a ver com a abordagem analítica de McKendrick. A fim de investigar o "*boom* de consumo" do século XVIII, ele adota duas ideias das Ciências Sociais: a noção de consumo conspícuo desenvolvida por Veblen (1912) e a noção "trickle-down" refinada por Simmel (1904). Examinado à luz destas ideias, o *boom* de consumo do século XVIII transforma-se em uma guerra de competição por status na qual os bens funcionam principalmente como marcadores de status e como meios para reivindicar status. Esta é, certamente, uma caracterização legítima de um dos modos como os bens eram usados no período e de por que eles experimentaram tamanha popularidade. É altamente duvidoso, contudo, se esta explicação sociológica é ou não capaz de esgotar o tema. Mas é precisamente com este intuito que McKendrick tenta fazer uso de tais ideias. Ele não leva em consideração nenhuma explicação adicional ou que possa competir com a que adota. Ele não submete tais conceitos a nenhum escrutínio cuidadoso. Simmel e Veblen são postos a serviço desse argumento, arremessados no solo não familiar do século XVIII sem qualquer ajuda do autor ou de outros seguidores cientistas sociais.

A adesão acrítica de McKendrick às ideias de Simmel e Veblen permite-lhe evitar tratar de algumas das questões levantadas por sua pesquisa. Por exemplo: se uma nova predileção pela novidade estava na base da aceitação da moda, de onde vinha esta inclinação? Como nota McKendrick (seguindo Braudel 1973), a mudança na moda não é de jeito nenhum universal (1982:36). Quando o estudo de McKendrick sobre a nova intensidade desta moda no século XVIII nos informa que a novidade tornou-se uma "droga irresistível" (182:10), ele nos abandona ao questionamento de exatamente como ocorreu esta mudança fundamental na "mentalidade". Analogamente, quando ele nos conta que a nova mania do gasto era em grande medida pautada pela competição e pela emulação (1982:11), ele deixa ao leitor a tarefa de descobrir se os consumidores estavam escravizados a uma imitação daqueles que consideravam melhores que eles ou se estavam desafiando-os, se estavam competindo com seus pares em uma guerra de status ou meramente interpondo uma distância social entre si mesmos e seus próprios imitadores inferiores.[9] Essas diferenças importantes são decisivas para nosso entendimento do contexto social da revolução do consumo.

Em um balanço geral, todavia, o trabalho de McKendrick faz uma contribuição importante para nossa compreensão das origens históricas e do desenvolvimento do consumo atual. Sua abordagem da comercialização da moda, das cerâmicas e do ato de fazer a barba, além do trabalho adicional de Brewer e Plumb sobre a comercialização da política e da sociedade, respectivamente, constituem uma contribuição significativa a esta questão e, mais importante, eleva este tópico a uma nova posição de proeminência acadêmica e legitimidade.

Dream Worlds: Mass Consumption in Late Nineteenth-Century France, de Rosalind H. Williams, é outra contribuição a este crescente campo de estudo histórico. Este livro também é marcante por seu tom, que é, senão outra coisa, ainda mais franco e direto que o de McKendrick. O trabalho de Williams é ainda mais "liberal-conservador"[10], à medida que é descaradamente dedicado à descoberta do presente no passado. Finalmente, é escrito de modo hábil e claro. O que distingue este livro do de McKendrick, no que se refere ao tom, é o caráter moral da história de Williams. A "grande questão" à qual este livro se dedica não se resume apenas a um entendimento mais claro da natureza do consumo nos dias modernos. Ele também condena profundamente a comercialização da sociedade moderna e os excessos e ilusões do "mundo de sonho do consumo".

Aqueles que simpatizam com este que é agora um ponto de vista familiar a respeito da sociedade de consumo vão admirar a habilidade e a inteligência com que ele é desenvolvido aqui. Mas mesmo tais simpatizantes da visão moral que informa este livro devem concordar que ela compromete Williams de modo irrecuperável com certas dificuldades relativamente graves em seu tratamento da França do século XIX. Há, por exemplo, um inequívoco "presentismo" aqui. Primeiro, vemos a França do século XIX somente como uma antecipação dos dias atuais e nunca como uma conjuntura de possibilidades que poderiam ter conduzido a outro lugar. Segundo, vemos a França e seu consumismo nascente somente nos termos mais pessimistas e reprovadores. Por mais que alguém admire essa escola de propósitos moralistas, é preciso concordar que uma compreensão genuína das origens e do desenvolvimento do consumo moderno é inibida por uma tal perspectiva. Uma história que é recitação de tópicos modernos de crença nos informa muito mais sobre o presente que sobre o passado (cf. McKendrick et al. 1982:30).

O trabalho de Williams é dividido em duas partes. A primeira pretende mostrar as origens e os desdobramentos da "revolução do consumo" e a segunda delineia o desenvolvimento de um "pensamento crítico" sobre esta revolução. Para Williams, as origens da revolução do consumo localizam-se na França do final do século XIX. Os esforços pioneiros dos franceses no comércio varejista e na publicidade transformaram Paris em uma espécie de "plano piloto do consumo de massa" (1982:11). Williams sugere que as exposições de Paris de 1889 e 1900 foram os primeiros meios planejados de consumo de massa, e que deram contribuições decisivas ao desenvolvimento da loja de departamento e das feiras de negócios (1982:12). Na segunda parte do livro, Williams revisa os críticos e os cientistas sociais da França que buscaram chegar a um acordo sobre a revolução do consumo que estava transformando sua sociedade. Os intelectuais franceses provaram ter tanta capacidade inovadora quanto tinham fôlego comercial. Enquanto comerciantes e empresários criavam a revolução comercial, pensadores franceses estavam lutando para formular uma teoria social capaz de compreender as mudanças sociais e econômicas massivas que a revolução trouxe. Williams dedica a segunda parte do livro a um estudo do desenvolvimento deste pensamento e da criação, por parte dele, de uma "sociologia do consumo".[11]

Williams começa seu trabalho com um estudo do "fechado mundo do consumo cortês", no qual examina o consumo da aristocracia francesa do século XVII. Ela chama esta classe nobre de "as primeiras pessoas na sociedade moderna a ter experiência com o consumo caprichoso e arbitrário" (1982:57) e sublinha em particular sua relação com Louis XIV, o "rei consumidor". Ela sugere que Louis buscava subjugar seus subordinados transformando-os em "consumidores insaciáveis" (1982:30). Williams se volta então para o comportamento de consumo da burguesia, grupo para quem o consumo sem restrições chegou no século XVIII; para a guerra ideológica de palavras que foi conduzida entre Voltaire, que argumentava que o consumo ajudava a civilização, e Rousseau, que apregoava justamente o contrário; para os efeitos da Revolução Francesa e, finalmente, para os trabalhos de Balzac tomados como uma indicação dos hábitos de consumo burgueses que desabrochavam. A autora, então, transfere sua atenção para a "sociedade de sonho do consumo de massa", tal como esta foi construída pelas exposições mundiais e pelas lojas de departamento da Paris do final do século XIX. Williams completa a primeira parte de seu livro com um estudo de quatro estilos de vida que emergiram deste mundo de sonho: o burguês, o de massa, o elitista e o democrático.

Uma das virtudes particulares do trabalho de Williams é sua visão abrangente da revolução do consumo e o uso que faz de um rico arsenal de conceitos das Ciências Sociais. Ela observa, como o faz McKendrick, as implicações da revolução do consumo para a competição por status (1982:54). Mas, para além deste fenômeno sociológico relativamente prosaico, ela também percebe os modos mais notáveis pelos quais os novos bens e hábitos de consumo ingressam na fabricação da sociedade ocidental como agentes decisivos de mudança e de socialidade. Ela nota, por exemplo, que nas mãos de Louis XIV o consumo tornou-se um instrumento político, um "método de regulamento" (1982:28). Este ponto é vitalmente importante para a história do consumo e eu retornarei a ele abaixo. Williams também utiliza a noção de Elias (1978) de processo civilizador para sugerir a possibilidade de que novos hábitos e uma nova escala de consumo estavam sendo dirigidos pela mudança social massiva sobre a qual Elias escreveu. Esta também é uma ideia intrigante, mas é preciso notar que aparece aqui como uma asserção e não como um argumento ou uma demonstração. Além disso, Williams sublinha como a burguesia imitou a aristocracia mesmo à medida que adotava novas estratégias de consumo, tais como uma economia privada para permitir exibições públicas (1982:35). A emergência de novas estratégias simbólicas é evidente em toda parte na revolução do consumo e necessita mais atenção exatamente deste tipo. Finalmente, Williams observa a influência recíproca de diferentes estilos de vida, um assunto motivador para aqueles que se interessam por estilos de vida, grupos de referência e difusão. Estes quatro pontos são justamente o tipo de investigação que é tão marcadamente ausente no estudo de McKendrick da Inglaterra do século XVIII. São, portanto, oportunidades em potencial para *insights* reais a respeito das origens da revolução do consumo.

As fraquezas do trabalho de Williams diminuem um pouco de seus feitos. Já foi mencionado que o uso que a autora faz do argumento de Elias é uma espécie de truque acadêmico. Williams simplesmente afirma que à medida que o "processo civilizador" coloca novos constrangimentos ao comportamento social, novos bens de consumo aparecem (1982:24). Uma relação de tal complexidade demanda mais que uma simples asserção. Williams comete, também, um erro fundamental em seus particulares históricos quando sugere que uma das primeiras compras do nobre foi "tempo de lazer" (1982:34). Esta consideração demonstra uma compreensão equivocada da significação do trabalho para a definição cultural dos atores sociais no início do período moderno e em nada contribui para fazer avançar o argumento maior.[12] Finalmente, há uma "ligeireza" nesta análise, cujo resultado é que acaba por levantar mais questões do que é, possivelmente, capaz de responder. Embora inteligente e imaginativa, a principal contribuição de Williams a este debate, além da informação que fornece sobre a França do século XIX, é sua atenção aos fatores diversos e por vezes ocultos que ajudaram a criar a revolução do consumo e que, por seu turno, foram criados por ela.

From Graven Images: Patterns of Modern Materialism (1983), de Chandra Mukerji, é uma terceira tentativa de descobrir as origens da revolução do consumo e de traçar seu desenvolvimento no período moderno. Mukerji localiza o advento de uma "cultura consumista" na Europa dos séculos XV e XVI. Ela examina a emergência da primeira imprensa moderna, do algodão do século XVIII, além do desenvolvimento de três aspectos do materialismo: consumismo, bens capitais e pensamento materialista. Ela encontra, aqui, evidências de um "consumismo hedonista" no primeiro período moderno, descobrindo este consumo não utilitarista mesmo entre os protestantes que, na suposição de Weber, o teriam renegado.[13] Mukerji usa esta descoberta para argumentar que o consumismo deu-se anteriormente ao advento do capitalismo e, mais que isso, que o consumismo ajudou a criar o capitalismo ao qual, segundo a suposição convencional, teria se seguido. De acordo com esta nova abordagem da gênese da sociedade ocidental moderna, o consumismo esteve presente desde seu mais nascente momento.

O argumento geral de Mukerji guarda uma certa semelhança com o de McKendrick. Ambos alegam que a história da grande transformação do Ocidente foi consistentemente contada do ponto de vista da revolução industrial. A revolução do consumo, companheira necessária dos desenvolvimentos industriais, foi solidamente negligenciada. Na linguagem de Mukerji, a academia tradicional enfatizou o "capitalismo industrial" em detrimento do "capitalismo comercial" (1983:8). A ideia principal da análise de Mukerji é demonstrar exatamente como uma revolução do consumo nascente contribuiu para o advento do capitalismo no Ocidente e para a grande transformação da sociedade. A autora empreende esta demonstração através do estudo da "proliferação" dos primeiros bens de consumo, particularmente escritos impressos, registros pictóricos e mapas, bem como tecidos não tradicionais como as chitas.

De todos os trabalhos examinados aqui, o de Mukerji é potencialmente o mais recompensador. Isto porque, em sua busca por explicar como o consumo contribuiu para a grande transformação, Mukerji leva em consideração o "caráter simbólico e comunicativo de todos os objetos" (1983:12). Aproximando-se do trabalho de Douglas e Isherwood (1978) e de Sahlins (1976), Mukerji está interessada na análise cultural do comportamento econômico e no modo pelo qual os bens de consumo carregam significado cultural. É nestes termos que a autora pretende estimar o impacto do consumo no crescimento do mundo moderno. Neste esquema, os bens tornam-se um meio para a expressão, transformação e mesmo inovação das ideias culturais existentes.

Esta abordagem teórica toma o estudo da história do consumo para além das transparências sociológicas de Simmel e Veblen, ultrapassando mesmo as ideias mais sofisticadas que Williams pretende lançar em *Dream Worlds*. Na verdade, esta abordagem nos conduz ao que deve ser o coração de qualquer colaboração à história do consumo. A contribuição dos bens para o advento do Ocidente moderno está precisamente em sua capacidade expressiva, criativa e inventiva de uma esfera de significado cultural. É justamente aqui que o estudo de nosso assim chamado "materialismo" tem um papel vital em nosso entendimento da gênese do mundo moderno. As ciências históricas e sociais poderão ajudar em nossa compreensão de tal gênese somente quando reconhecerem totalmente a extensão e a complexidade do significado cultural que os bens de consumo carregam em si, e então buscarem determinar exatamente como este significado, por intermédio dos bens de consumo, começaram a ajudar a transformar o Ocidente moderno. O primeiro passo deve ser ir além do simples cálculo do "significado do status" que é inerente aos bens e que integra a competição de status. Este é apenas um, e talvez o mais óbvio, dos tipos de significado contidos nos bens.

Mukerji nos promete um estudo que investigará o significado cultural, mas falha, por fim, em cumprir uma tal promessa. O uso dos termos "cultura" e "significado" permeia todo o estudo de Mukerji, embora ela nunca tenha tido sucesso em utilizá-los de uma maneira que satisfaria a definição e os padrões antropológicos. As "propriedades simbólicas" dos bens são examinadas repetidamente, mas o estudo não consegue nunca tratar tais propriedades nos termos propostos por Douglas e Isherwood e por Sahlins. Do princípio ao fim de seu estudo, Mukerji confunde as implicações sociais com as culturais, as mudanças institucionais com as significativas, e os fatores econômicos com os simbólicos. Em suma, este estudo não tem êxito em concretizar a promessa que orienta sua intenção teórica (McCracken 1984b).

A história do consumo e uma apreciação de seu papel na história mais ampla do Ocidente moderno estão começando a atrair mais e mais a atenção acadêmica. As contribuições dos três autores revisitados aqui representam o que há de melhor e de mais provocativo neste recente trabalho. Mesmo este tratamento sumário sugere a diversidade de abordagens que existe dentro deste campo nascente. Esta, por sua vez, sugere a enorme quantidade de trabalho acadêmico que precisa ser feita tanto empírica quanto teoricamente antes que este estudo possa "acertar o passo" totalmente. O que está faltando, principalmente, é que se dê conta de modo pleno dos aspectos culturais dos bens e do comportamento de consumo. É aqui que a contribuição do consumo para a transformação do Ocidente está à mão de modo mais imediato para ser descoberta.

TRÊS MOMENTOS NA HISTÓRIA DO CONSUMO

Esta seção tratará de três episódios decisivos na história do consumo. Cada um deles consiste em um *boom* consumista através do qual o consumo tomou um resoluto passo à frente, assumindo uma nova escala e mudando de caráter. Tais episódios funcionaram ao mesmo tempo como reflexos e propulsores de novos padrões de produção, troca e demanda. Analisados aqui como um grupo, estes eventos fornecem um quadro do consumo no Ocidente em três momentos de seu desenvolvimento.

O *BOOM* DE CONSUMO NA INGLATERRA DO SÉCULO XVII

Nos últimos vinte e cinco anos do século XVI, ocorreu um espetacular *boom* de consumo. Os homens nobres da Inglaterra elizabetana começaram a gastar com um novo entusiasmo e em uma nova escala. Neste processo, eles transformaram dramaticamente seu mundo de bens e a natureza do consumo ocidental. Reconstruíram seus sítios no campo de acordo com um novo modelo grandioso e começaram a assumir a despesa adicional de manter uma residência em Londres. Do mesmo modo, mudaram também seus padrões de hospitalidade, inflando amplamente seu caráter cerimonial e os custos aí implicados. Os nobres elizabetanos entretiam-se uns aos outros, bem como a seus subordinados e ocasionalmente a sua monarca, às expensas de um gasto arruinador. Um dos estratagemas preferidos era a refeição servida antes do jantar. Os convidados sentavam-se diante deste vasto banquete somente para vê-lo removido, dispensado e substituído por outros pratos ainda mais extravagantes. O vestuário era igualmente magnificente em caráter e custo. Fortunas eram gastas em guarda-roupas (Stone 1965). Nesta despesa espalhafatosa, os nobres eram, entretanto, ultrapassados por sua monarca. Com fontes ainda maiores a seu dispor e com uma demanda cerimonial ainda maior a satisfazer, Elizabeth I engajou-se em um nível de consumo impensável por seus predecessores Tudors, incluindo seu pai liberal, Henrique VIII. A despeito de sua natureza parcimoniosa em outros aspectos, as despesas de Elizabeth, como anfitriã, com hospitalidade e com vestuário eram assombrosas (Strong 1977).

Este surto de gastos pode ser atribuído a dois importantes desenvolvimentos no período. Primeiro, Elizabeth I utilizou a despesa como um instrumento de governo. Este novo uso do consumo foi observado na Itália renascentista por Braudel (1973), e foi sem dúvida nas cortes renascentistas da Itália que Elizabeth se inspirou. O objetivo deste novo padrão de despesa era fazer da corte, nas palavras de Braudel, "uma espécie de desfile, de espetáculo teatral... [e, com luxúria], um meio de governar" (1973:307). Confrontada por extraordinárias dificuldades dentro e fora do reino, Elizabeth explorou o poder hegemônico expressivo das coisas que foi usado pelos governantes ingleses desde sempre (cf. Thompson 1974; McCracken 1982b, 1984c). Os objetos, especialmente no contexto de uma corte fortemente cerimonial, podem se prestar a comunicar a legitimidade do monarca para governar, aspirações para o governo, qualidades de poder e de majestade e, finalmente, um status divino conforme um indivíduo é visto progressivamente em termos míticos, religiosos e literários (McCracken 1985a; Montrose 1980; Strong 1973, 1977). O simbolismo supercarregado da corte monárquica, da hospitalidade e do vestuário converteu-se na oportunidade para a persuasão e a instrução políticas.

Mas o uso que Elizabeth fez dos bens como um instrumento de governo ia além da exploração que empreendeu de suas capacidades simbólicas. Com um quê de sagacidade política caracteristicamente inteligente, Elizabeth também foi bem-sucedida em persuadir a nobreza a pagar uma boa parte da conta por toda essa cerimônia. Ela forçou a nobreza a gastar extravagantemente em seu lugar e a esbanjar vastos recursos neste processo. Como parte do projeto Tudor mais amplo de centralizar o poder e de subjugar o "súdito excessivamente poderoso", Elizabeth tomou um novo controle dos recursos sob seu domínio, insistindo que deveria ser não somente a fonte original da doação real, mas também a fonte imediata de tal generosidade. Aquilo que uma vez se transferiu da corte para a nobreza através de intermediários, deveria agora passar diretamente por suas mãos. Este novo arranjo obrigou os nobres a procurar diretamente Elizabeth, antes que a seus representantes, para receber seu quinhão da generosidade real. Era agora necessário abandonar os sítios no campo e vir à corte para solicitar a atenção da rainha. Com uma nova discriminação, Elizabeth sorria apenas para aqueles que demonstravam sua lealdade e deferência através de uma participação ativa na ordem cerimonial de sua corte. O custo de uma tal participação era arruinador e aumentava a necessidade de recursos por parte do nobre, fazendo-o ainda mais dependente da rainha. Um aspecto importante do gênio de Elizabeth como governante era a habilidade com que ela explorava o poder expressivo de seu mundo de bens. Um elemento adicional deste gênio era a destreza com que obrigava outros a participar neste mundo em benefício dela e em detrimento deles.

O segundo fator responsável pelo *boom* de consumo do século XVI foi a competição social que tomou lugar entre a nobreza elizabetana. A posição dos nobres do século XVI era difícil. Como vimos, eles se descobriam cada vez mais dependentes do favor real para sua sobrevivência. O efeito desta dependência não foi apenas um gasto cada vez maior empreendido em nome da rainha; levou também, indiretamente, a uma despesa adicional feita em nome de si próprios. Quando cada nobre se dirigia à corte para solicitar a atenção da rainha, se afastava da localidade na qual detinha a posição de cume indisputável em uma sociedade acentuadamente hierárquica. Transportado para a corte ou para Londres, este nobre tornava-se subitamente um indivíduo a mais na disputa pela proeminência. Sua reação a esta nova multidão de buscadores-de-status era uma espécie de ataque de ansiedade no que se refere à sua honra, à sua posição social e à sua relação com a monarca. Era, assim, quase inevitável que fosse levado a um excesso esbanjador de consumo. Williams sugere que o gasto mais ou menos equivalente dos nobres franceses os converteu nos primeiros consumidores "arbitrários e caprichosos" (1982:57). Mas as pressões da competição por status conferiram a este consumo "arbitrário e caprichoso" somente o sentido mais literal destes termos. De fato, o nobre elizabetano não tinha escolha senão arriscar sua fortuna e gastar como um marinheiro de licença, que se põe a esbanjar tudo o que ganhou.[14]

Os desenvolvimentos no consumo têm a capacidade de criar circunstâncias que dão origem a ainda mais desenvolvimentos no consumo. Causas transformam-se em efeitos, que por sua vez convertem-se em causas. Como veremos no restante desta seção, os dois desenvolvimentos discutidos aqui deram origem a importantes mudanças sociais na Inglaterra elizabetana, as quais, por sua vez, geraram ainda mais mudanças no consumo do período. Quando os nobres começaram a estabelecer novos padrões de consumo, como resultado da instigação de Elizabeth e de suas próprias ansiedades por status, começaram também a mudar a natureza fundamental tanto da família quanto da localidade elizabetanas. Tais mudanças tiveram suas próprias profundas implicações para o consumo deste período e dos posteriores na história da Inglaterra.

A família elizabetana enquanto unidade de consumo estava comprometida principalmente com o estabelecimento e com a manutenção do "culto do status familiar" que tanto preocupou as famílias inglesas do período medieval em diante (Thrupp 1948:123). O status familiar originava-se e era experimentado como resultado dos esforços de cada geração para aumentar a posição e a honra da linhagem (Stone 1965; James 1974). Este era um processo recíproco, à medida que o sucesso de uma geração era visto como espelhando os esforços das gerações passadas e como colocando em débito as futuras (Marston 1973:23; McCracken 1983a). O consumo familiar era um assunto coletivo, empreendido por uma corporação que ultrapassava as gerações. Uma geração comprava bens que representariam e aumentariam a honra das precedentes mesmo se tais bens, por outro lado, funcionassem também como fundadores das bases para os esforços de busca pela honra da geração seguinte. As compras eram feitas pelos vivos, mas a unidade de consumo incluía os mortos e os ainda não nascidos. A família Tudor, enquanto corporação de consumo, preocupava-se com inúmeras partes interessadas que não estavam imediatamente presentes à transação, e procurava por bens que pudessem encarnar e aumentar as reivindicações por status ao longo de várias gerações.

O caráter do bem de consumo durável no período Tudor foi profundamente moldado por este "culto do status familiar" e pela responsabilidade da geração presente pela passada e pela futura. A fim de satisfazer o culto do status familiar e a barganha recíproca que cada geração tinha com as outras mais próximas, exigia-se que esses bens possuíssem certas qualidades especiais. Era necessário que tivessem a habilidade peculiar e, do ponto de vista moderno, misteriosa, de tornarem-se mais valiosos à medida que se tornassem mais antigos e decrépitos. De acordo com a ideologia de status corrente, o novo era a marca do comum, enquanto a pátina produzida pelo uso era o signo e a garantia da posição. Este tópico será explorado em profundidade no próximo capítulo e é aqui desenvolvido apenas brevemente.

Nenhuma compra contribuía para o culto do status familiar a não ser que trouxesse para o interior da família um objeto que fosse capaz de adquirir um aspecto "pátina" e de sobreviver por várias gerações de propriedade familiar. O sistema "pátina" de consumo significava que somente certas casas poderiam ser qualificadas como bens de consumo desejáveis. Além disso, significava que somente determinada mobília, aquela marcada pela antiguidade, era um bem de valor para a família nobre. O mais conspícuo dentre os acessórios para a casa era o retrato familiar, prova tangível de uma linhagem nobre e medida exata do número de gerações que reivindicava alto status. Mas, por assim dizer, todo o restante dos móveis funcionava também como um retrato de família. Todos eles eram representações de uma riqueza há muito estabelecida e de ancestrais distintos.

Esta imagem do consumo Tudor e de sua relação com a corporação familiar é muito geral, mas ajudará a sugerir alguns efeitos do novo consumo no século XVI. O nobre elizabetano, levado agora por suas novas ansiedades por status em meio a uma competição social excepcionalmente feroz, começou a gastar mais por si mesmo e menos pela corporação. Esta mudança em seu consumo teve várias consequências. Primeiro, ajudou a enfraquecer o contrato recíproco que unia a família. Segundo, transformou a natureza da tomada de decisão. Terceiro, modificou a natureza e a dinâmica da unidade de consumo. Quarto, mudou a natureza dos bens de consumo. Os bens que eram agora comprados em função de demandas imediatas de uma guerra social assumiam qualidades bastante diferentes. Não eram mais construídos com a mesma preocupação com a longevidade. Não eram mais valiosos somente se antigos. Certos bens tornaram-se valiosos não por sua pátina mas por serem novos. No quarto final do século XVI, uma mudança no consumo da nobreza ajudou a pôr em curso mudanças significativas ainda maiores.

Outra instituição elizabetana a sentir o impacto do novo padrão de consumo da nobreza foi a "localidade". Esta era a comunidade na qual o nobre, enquanto membro de posição mais elevada da sociedade local, tinha responsabilidades políticas, sociais e econômicas especiais. O nobre local era, tradicionalmente, o "porto" através do qual certos recursos nacionais e reais entravam na localidade. Os membros da comunidade local, portanto, recorriam ao nobre e à sua generosidade para conseguir importantes recursos, e obtinham-nos na rua, na mesa ou nos campos de seu domínio feudal. Quando o nobre começou a gastar seu tempo e seu dinheiro fora da localidade, parte de sua generosidade foi suspensa. O nobre começou, com efeito, a retirar-se da barganha recíproca que ele e seus ancestrais haviam estabelecido com a localidade. Os contemporâneos chamaram este desenvolvimento de "morte da hospitalidade", e se queixaram amargamente da traição que as comunidades locais sofreram quando os nobres comeram e beberam, construíram e se vestiram gastando fortunas de família em Londres (Heal 1984).

Eis aqui outra concordância recíproca que constrangeu e direcionou previamente o consumo do homem nobre. A obrigação recíproca impingia uma espécie de penhora à despesa de consumo do nobre. Era esperado que o que recaía sobre o nobre enquanto subordinado recaísse (de modo reduzido e eventualmente) sobre seus próprios subordinados. A comunidade inteira estava comprometida na divisão de alguns dos recursos domésticos. Com os gastos referentes à nova socialidade competitiva do nobre em Londres, contudo, a comunidade local foi cortada em sua participação neste consumo. Com a morte da hospitalidade, a comunidade local foi excluída do consumo "trickle-down".

Mas as consequências do novo padrão de consumo do nobre para a comunidade local foram mais sérias e cabalmente completas que a mera exclusão de modestos recursos. Mais importante, talvez, foi o fato de que o nobre consumia agora em uma nova escala, em função de novos propósitos sociais e de acordo com novos valores, gostos e preferências. O observador contemporâneo queixou-se de que os nobres agora adotavam produtos e serviços que "cheiravam a além-mar" (Anon 1579:39). Assim viam os membros da comunidade local os novos modelos de consumo adotados por seus superiores, conforme estes últimos começaram a rumar da corte para uma elite europeia mais geral.

Dois desdobramentos resultaram desta mudança no gosto dos superiores. O primeiro foi que os gostos dos superiores e dos subordinados foram radicalmente diferenciados. Onde antes havia existido diferenças de grau entre o consumo de superiores e subordinados, agora havia diferenças de tipo. Os superiores e os subordinados desejavam agora coisas diferentes. Uma espécie de diferenciação de estilos de vida estava tomando lugar. Diferenças de posição social estavam se tornando diferenças de estilo, de preferência estética e de atitude. Os grupos dos superiores e dos subordinados estavam começando a construir e a viver em diferentes mundos de bens.

A esta distância crescente de atitude entre alto e baixo, somava-se a traição do mecanismo de barganha recíproca por parte dos superiores, traduzida em uma distância crescente também social entre eles. No mundo profundamente hierárquico da Inglaterra do século XVI, o gosto dos grupos subordinados era sempre ditado pelo gosto do grupo dos superiores. O líder dos homens era, também, inevitavelmente o líder de seus gostos e preferências de consumo. A súbita mudança dos padrões de consumo dos superiores levou a uma modificação radical naquela que era a principal influência no consumo dos subordinados. Querendo ou não, este subordinado estava agora sujeito a estilos e modas de uma sociedade de corte maior e era uma testemunha involuntária da rapidez e da extravagância com que a sociedade de corte mudava seu comportamento de consumo. Na linguagem da sociologia, o grupo de referência dos subordinados havia se transformado profundamente.

Era agora verdade que aquele grupo de referência não teria por muito tempo o tipo de autoridade que teve uma vez. A inveja e o temor foram, em certas ocasiões, substituídas pela confusão e pelo desprezo. As novas afetações consumistas da aristocracia chocaram seus inferiores como invenções exógenas de natureza suspeita. Os consumidores nobres não foram por muito tempo uma fonte de influência incontestável e irrepreensível para seus subordinados. Nesta sociedade hierárquica, não obstante, os subordinados continuaram a assistir ao consumo de seus superiores com uma atenção constante e cautelosa e, mesmo quando desaprovavam este comportamento, não cessavam de observá-lo minuciosamente. Passo a passo, a ideia de novos padrões de consumo, senão ainda sua realidade, começou a se insinuar nos gostos e nas preferências dos consumidores subordinados. Esta mudança gradual ajudou a preparar o caminho para explosões de consumo posteriores e para a eventual participação de grupos sociais que eram agora excluídos.

Em suma, vemos na Inglaterra elizabetana uma explosão de consumo de extravagantes proporções. Este *boom* se deve principalmente ao novo consumo de dois grupos. Elizabeth, por suas próprias razões políticas, aprendeu a se utilizar do consumo como um meio de criar um amplo teatro dedicado ao engrandecimento de seu poder enquanto monarca. Ela aprendeu, ainda, a usá-lo como um mecanismo de empobrecimento de seus súditos potencialmente detentores de poder em demasia. Os nobres, por outro lado, descobriram-se gastando reativamente, não apenas porque Elizabeth demandava que assim o fizessem, mas também em função da presença, com a qual não estavam habituados, de competidores sociais que os instigavam a consumir. O aumento progressivo desta despesa significou que, muito cedo, estes nobres tornaram-se escravos do consumo competitivo.

Estes dois lados, o da monarca e o dos nobres, bem como sua nova escala radical de consumo, deram origem a importantes mudanças na família e na localidade. As demandas do novo consumo da nobreza tornaram suas responsabilidades econômicas e simbólicas em relação à família e à localidade muito mais difíceis de serem cumpridas. De fato, estes nobres pareciam ter se retirado das barganhas recíprocas nas quais se baseavam essas duas unidades sociais. E, com esta retirada, o culto do status de família e a prática da hospitalidade local foram profundamente comprometidos, tendo tal comprometimento destas duas instituições ainda mais consequências para o consumo do período.

A traição do culto do status de família originou uma mudança na unidade de consumo, convertendo-a de familiar para individual. Isto levou a uma modificação no processo de decisão de consumo, o qual agora atentava para as necessidades imediatas da competição por status, em detrimento das necessidades de status de longa data da corporação familiar. Finalmente, isto ajudou a dar início a uma transformação nas propriedades simbólicas do bem de consumo, levando a uma mudança da "pátina" para a "moda". Os bens não mais precisavam ser capazes de assumir a pátina decorrente da propriedade de longa data para satisfazer as necessidades simbólicas de seus donos.

A traição da hospitalidade ao grupo local teve suas próprias consequências, uma vez que com ela a íntima relação social entre superiores e subordinados começou a se deteriorar. A uniformidade de estilos de vida começou a diminuir e o espectro de sua nova e radical diferenciação apareceu. Finalmente, e da mesma forma, a influência da classe superior, a qual funcionava como grupo de referência principal para a classe dos subordinados, também começou a mudar. Ambas as partes, superiores e inferiores, tornaram-se distantes, estranhas e dessemelhantes, e o contexto do consumo mudou dramaticamente. Os nobres agora atentavam-se para um padrão pan-europeu de consumo, enquanto seus subordinados observavam atônitos seus novos gostos e excessos. Apesar de algumas vezes mostrarem-se desdenhosos em relação ao consumo dos superiores, os subordinados seguiram este comportamento com esmero e, assim, se prepararam para o consumo em excesso em um âmbito que começaria somente um século mais tarde.

Em resumo, a despesa "arruinadora" da nobreza em Londres fez mais do que apenas esvaziar os cofres familiares. Mudou, também, a própria natureza da família elizabetana e da localidade, e a partir de tais transformações se seguiria uma nova série de desenvolvimentos na história do consumo.

CONSUMO NO SÉCULO XVIII

O século XVIII assistiu à sua própria explosão de consumo. O mundo dos bens se expandiu dramaticamente para incluir novas oportunidades para a compra de móveis, cerâmicas, pratas, espelhos, cutelaria, jardins, animais de estimação e tecidos (McKendrick 1982: 10). Novos desenvolvimentos também estavam presentes na frequência com que os bens eram comprados, nas influências a que os consumidores estavam sujeitos, no número de pessoas participando como consumidores ativos, e também nos gostos, preferências, projetos sociais e coordenadas culturais de acordo com os quais o consumo acontecia. McKendrick argumenta que o século XVIII viu o "nascimento" da sociedade de consumo (1982:3) e os primórdios de nossa própria cultura de consumo moderna. Seguiremos o brilhante estudo de McKendrick neste breve mapeamento do século XVIII, aproximando-nos de outros estudos quando for possível.

Concordando com Simmel e Veblen, McKendrick sugere que a competição social foi a força-motriz dessa revolução.

"Estas características – a natureza rigorosamente estratificada da sociedade inglesa, o empenho para obter mobilidade social vertical, a despesa emulativa e o poder compulsivo da moda engendrados pela competição social – combinaram-se com a amplamente disseminada capacidade de gastar (proporcionada por novos níveis de prosperidade) para produzir uma propensão ao consumo sem precedentes..." (1982:11)

Por tudo isso, a revolução do consumo foi conduzida pela natureza viciosamente hierárquica da Inglaterra do século XVIII. Os bens haviam subitamente se convertido em provas no jogo de status e estavam sendo consumidos com entusiasmo. Conforme formos seguindo a história do consumo, muito mais causas serão identificadas. Mas o argumento de McKendrick continuará a funcionar como guia para uma das forças mais coercitivas que ajudaram a transformar o Ocidente em uma sociedade de consumo.

McKendrick também nos auxilia a ver mais claramente as novas características do consumo ele próprio e o quão importantes e minuciosamente rematadas foram essas mudanças.

"Aquilo que homens e mulheres uma vez esperaram herdar de seus pais, agora tinham a expectativa de comprar por si mesmos. Aquilo que uma vez foi comprado sob os ditames da necessidade, agora era comprado sob os ditames da moda. Aquilo que antes era comprado uma vez na vida, agora podia ser comprado várias e várias vezes. Aquilo que uma vez esteve disponível somente em dias solenes e feriados através da agência de mercados, feiras e vendedores ambulantes era cada vez mais posto à disposição todos os dias, com exceção de domingo, pela agência adicional de uma rede sempre crescente de lojas e comerciantes. Como resultado, as "luxúrias" passaram a ser vistas como meros "bons costumes", e os "bons costumes" passaram a ser vistos como "necessidades". Mesmo as "necessidades" sofreram uma dramática metamorfose em estilo, variedade e disponibilidade." (1982:1)

Já examinamos alguns destes fatores antes. A compra para si ao invés de para a família, que havia começado no século XVI, está agora estabelecida. O mesmo se pode dizer da escalada da obsolescência em direção à mudança na moda. Mas alguns fatores são novos. O crescimento explosivo de mercados no tempo e no espaço é uma inovação específica do século XVIII, assim como a explosão de escolhas de consumo. Também é o caso, especialmente, da taxa de participação. As classes subordinadas, que no século XVI podiam apenas observar com uma fascinação horrorizada como a nobreza cultivava uma nova escala e novos gostos em seu consumo, agora podiam se tornar participantes neste consumo. A nova prosperidade do período conduziu todos esses fatores, antigos e novos, a um tal ponto de culminante intensidade que levou os observadores contemporâneos a pensar que uma "loucura epidêmica" havia tomado conta da Inglaterra.

Em termos gerais, as implicações desta "loucura" são inequívocas. O consumo estava começando a se instalar mais frequentemente, em mais lugares, sob novas influências, desempenhado por novos grupos, em busca de novos bens, e em função de novas necessidades culturais e sociais. Havia começado com uma pequena "ponta" na vida doméstica e crescera de tal forma que agora se constituía em uma atividade maior. O Ocidente se engajava em um grande experimento, no qual cultura e consumo estavam se tornando intrinsecamente ligados. Para perceber a plena significação desta conjunção entre cultura e consumo, é necessário olhar mais de perto alguns dos desenvolvimentos que McKendrick traz à nossa atenção.

Em sua discussão da carreira de Josiah Wedgwood, por exemplo, McKendrick observa um desenvolvimento maior no campo do marketing, e o que deve ter sido o primeiro sucesso no controle consciente das forças de marketing.[15] Wedgwood calculou cuidadosamente o efeito "trickle-down" e começou a explorá-lo sistematicamente em benefício próprio.

A Europa hierárquica que sempre observava modas no vestuário começou na corte e foi se deslocando em direção à nobreza, à pequena nobreza, às classes médias e às classes baixas, conduzida inexoravelmente pelo duplo mecanismo de imitação dos subordinados e de diferenciação dos superiores. A porta de entrada de uma moda eram as classes superiores e, até Wedgwood, a escolha de uma nova moda por parte destas era algo relativamente arbitrário, levado a efeito de acordo com seu próprio prazer e seguindo a direção da corte. Depois de Wedgwood, as classes superiores se tornaram alvo da influência do marketing. Wedgwood buscou insinuar seus bens no estilo de vida deste grupo com a esperança de que estes bens iriam em seguida descer pela imitação às classes inferiores.

Uma vez que Wedgwood havia dominado o efeito "trickle-down", estava apto a explorar em proveito próprio o gasto competitivo do período. Esta "domesticação" de uma força natural do mercado deve figurar como um dos importantes desenvolvimentos na sofisticação crescente do marketing na manipulação da demanda. A revolução industrial deste período foi conduzida em grande parte pela exploração bem-sucedida de forças da natureza anteriormente desatreladas. A paralela revolução do consumo também foi conduzida por uma nova compreensão e por um novo domínio do mundo, neste caso a percepção de regularidades não da natureza, mas da sociedade e de seu mercado.

McKendrick não trata deste tema, embora ele seja essencial para a plena avaliação do valor de indivíduos como Wedgwood. Quando Wedgwood entreviu e explorou o efeito "trickle-down", deu início a um processo que contribuiu imensamente para a revolução do consumo, uma vez que deu início ao processo através do qual o manufatureiro (e posteriormente o comerciante) fizeram de si mesmos estudantes de fenômenos sociais que não eram analisados de outra maneira. Estes "etnógrafos do mercado" se atentaram para padrões e regularidades nas circunstâncias altamente dinâmicas do século XVIII, fazendo do que aprendiam instrumentos de marketing. A aplicação deste conhecimento, por sua vez, realimentou o dinamismo da situação e originou mudanças ainda mais dramáticas. Pode-se argumentar que esta "observação participante" antecipou os empreendimentos acadêmicos e intervencionistas das Ciências Sociais, em certos casos, em centenas de anos. Esta nova atenção às regularidades da sociedade, bem como sua também nova manipulação, ajudou a impulsionar o Ocidente adiante e a criar novas e mais íntimas conexões entre cultura e consumo.

O estudo de McKendrick do século XVIII fornece amplas evidências do novo uso e da sofisticação de outros mecanismos de marketing, especialmente as revistas de moda, os modelos de beleza, e a manequim inglesa. Considerando estes elementos conjuntamente com as colunas de publicidade na imprensa, com os *trade cards* dos comerciantes varejistas e com os perambulantes Homens de Manchester, negociantes de fazendas escoceses, e Mascates Escoceses que levavam os bens comerciais às províncias, fica claro que o consumidor do século XVIII tinha acesso a um novo volume de influência e de informação.[16] Este consumidor era objeto de tentativas cada vez mais e mais sofisticadas de incitar desejos e de dirigir preferências, e estava começando a viver em um clima artificialmente estimulado, que retirava seu gostos e preferências do comando da convenção e da tradição local, transferindo-os de modo crescente para as mãos das emergentes forças do mercado. É difícil precisar em que medida a "epidemia" do gasto do século XVIII era de fato uma resposta a essas forças, e em que medida deve ser atribuída a outros fatores externos ao mercado. É como se os novos gostos e os novos meios de manipulá-los figurassem então em uma relação dialética, um estimulando o outro, enquanto ambos trabalhavam juntos para gerar a revolução do consumo do século XVIII.

Se por um lado McKendrick talvez esteja errado em argumentar que a moda não teve início seriamente até o século XVIII, por outro é verdade que foi somente então que ela começou a afetar mais grupos sociais e mais produtos e a agir com uma nova rapidez. A moda transforma de tal maneira os gostos e as preferências nos dias modernos que é difícil imaginar uma economia na qual ela não desfrutasse de total preponderância. É igualmente difícil apreciar as dimensões da mudança que ela introduziu nas vidas e nas expectativas dos consumidores ocidentais. Com o crescimento da moda, emergiram um hábito mental e um padrão de comportamento inteiramente novos. Cada vez mais, as considerações de estilo e de estética passaram a preceder as utilitárias. Que um objeto não tenha se exaurido em sua utilidade não é mais motivo suficiente para sua preservação; se ele é ou não capaz de satisfazer a condição mais importante de estar na moda é agora o fator decisivo.

Este desenvolvimento representa um triunfo do estilo sobre a utilidade, da estética sobre a função e, mais importante, exprime uma redefinição radical da ideia de status e do uso dos bens para expressar status. Se antes os bens carregavam a mensagem de status através de sua "pátina", agora eles a carregam através de seu aspecto novo. Isto já era verdade para certos bens, como o vestuário, desde o período elizabetano, mas agora passou a abarcar novas categorias de produtos, como as cerâmicas e a mobília. Uma nova relação entre a novidade e o status estava começando a ser estabelecida. Este é um tópico que será mais amplamente explorado no próximo capítulo.

Parece que no século XVIII os bens começaram a encarnar um novo tipo de significado de status, que lhes rendeu implicações bastante diversas para o sistema de status e para a organização da sociedade. É, também, como se os bens estivessem se tornando os portadores de outros tipos de significado além do de status. É possível que a função de informadores de papéis sociais que os bens assumem nos dias de hoje (Solomon 1983) tenha começado a emergir neste período. Belk (1984a) sugeriu que o caráter crescente tanto da diferenciação de papéis quanto do anonimato na sociedade ocidental encorajou o uso dos bens como uma expressão da e um guia para a identidade social. Ambos, a diferenciação de papéis e o anonimato, estavam já bastante encaminhados neste período, e é como se os bens tivessem começado a assumir este encargo semiótico adicional. O significado cultural dos bens era cada vez mais um modo através do qual uma sociedade de anônimos podia manter-se centrada. Como coloca Sahlins, os bens permitiram às sociedades ocidentais contornar "a contradição básica de sua construção como um milagre da existência, uma sociedade coesa de perfeitos estranhos" (1976:203).

Antes de deixarmos o tópico da moda, vale observar as várias implicações da obsolescência por ela gerada. Primeiro e mais simples, a moda tem o efeito de exigir que os objetos sejam substituídos seguidamente. Esta simples consequência da moda contribuiu para converter o consumo em uma atividade nova e mais frequente, e também em um novo fardo. O consumidor tinha de dedicar mais tempo à atividade de compra; o mais importante, contudo, era que precisava dispor de mais tempo para o aprendizado do consumo. Agora o consumidor tinha necessidade de todo um conjunto de informações adicionais para distinguir o bem que estava na moda do que não estava, e para saber qual mensagem ele/ela estaria enviando com sua compra.

Os consumidores ocupavam agora um mundo preenchido por bens que encarnavam mensagens. Cada vez mais, eram rodeados por objetos carregados de sentido que só podiam ser lidos por aqueles que possuíssem um conhecimento do código-objeto. Assim, os consumidores estavam, por necessidade, se tornando semioticistas em uma nova mídia e mestres em um novo código. Em suma, cada vez mais o comportamento social convertia-se em consumo e o indivíduo era mais e mais subordinado a um papel de consumidor.

O que significa ser definido como consumidor? Um dos temas nos quais a explanação baseada no status de McKendrick não toca é em como a revolução do consumo foi ao mesmo tempo causa e consequência de novas definições culturais da pessoa. Como Mauss (1985) e outros antropólogos subsequentes (ex. Carrithers, Collins e Lukes 1985) apontaram, o conceito de pessoa varia de cultura para cultura, e a noção prevalecente de pessoa nas culturas ocidentais é altamente peculiar. A revolução do consumo teve um papel fundamental na modulação do conceito ocidental de pessoa, mas trabalhos acadêmicos históricos sobre esta questão são escassos. Uma abordagem fascinante aparece em Campbell (1983), que argumenta que os novos padrões de consumo são ao mesmo tempo causa e consequência de definições românticas do *self*. A insistência romântica no caráter único e autônomo do *self*, bem como em sua realização através da experiência e da criatividade, ao mesmo tempo deriva-se da e corrobora para a revolução do consumo. Cada vez mais, os indivíduos estavam preparados para supor que "o *self* é construído através do consumo [e que] o consumo expressa o *self*" (1983:288). Esta conexão entre consumo e individualismo – em grande medida forjada no século XVIII, mas iniciada, como vimos, no século XVI – é uma das grandes fusões culturais do mundo moderno. Cada uma dessas ideologias podia agora usar a outra como um mecanismo poderoso para seu próprio avanço. Sua conexão e sua mutualidade continuam presentes nos dias atuais e podem ser vislumbradas em qualquer comercial que convida o observador a "ser tudo o que você pode ser".

Outro desdobramento cultural ou ideacional que McKendrick não captura, em função de sua análise basear-se no status, é o desenvolvimento de novas atitudes. Como O'Neil (1978) e Leach (1984) ressaltaram, a revolução do consumo exigiu uma reforma fundamental de certas atitudes e perspectivas. Uma das principais foi a inculcação de uma disposição voluntária para o consumo. O'Neil observa que "o/a consumidor(a) não nasceu, mas foi produzido(a) pelo processo que o/a ensinou a querer querer..." (1978:224). Este processo de instrução acontece necessariamente para cada nova geração de consumidores, e precisou, portanto, ser empreendido para a primeira delas, sendo razoável supor que esta viveu algum tempo no século XVIII.

Como nota McKendrick, mudanças fundamentais estavam acontecendo na definição cultural de tempo e de espaço. No século XVIII, tornou-se possível prosseguir nas atividades de consumo durante toda a semana e por toda a área urbana. O espaço e o tempo estavam sendo reconfigurados para acomodar o consumo e para fazer dele um elemento central da atividade social e do interesse pessoal. Thompson examinou a reconfiguração do tempo em função dos propósitos de uma nova organização industrial (1967). Um estudo similar é necessário para observar a reconfiguração do tempo em função dos propósitos de uma nova organização do consumo.

A reconfiguração do espaço, por sua vez, já foi estudada um pouco melhor. Braudel (1973) argumenta que a privacidade foi uma inovação do século XVIII, e observa o modo pelo qual esta ideia foi exprimida em novas formas de construção e em uma nova mobília para a casa (cf. Tuan 1982:52-85). Aqui também há razão para pensar que o século XVIII meramente levou adiante uma inovação do século XVI. Hoskins (1953) menciona a substancial reconstrução da Inglaterra para acomodar novas ideias de privacidade. Evidentemente, esta noção cultural vital de espaço estava transformando os bens de consumo do período, ao mesmo tempo em que estava sendo transformada por eles.[17]

O século XVIII é um período importante na história do consumo também por causa do número de pessoas que, então, se tornaram aptas a participar como consumidoras. O consumo do período elizabetano era em grande parte restrito à classe nobre, enquanto outros grupos sociais apenas olhavam com admiração e desdém. O século XVIII deu oportunidade para que estes grupos sociais tomassem parte plenamente na revolução do consumo. Sua participação fez deste o primeiro período de "consumo de massa" na tradição ocidental.[18]

Ao trabalhar com fontes secundárias, é difícil acompanhar na história do consumo os desdobramentos elizabetanos século XVIII adentro. Está claro, contudo, que a compra-para-si mais que a compra-para-a-família continuou e, de fato, McKendrick sugere explicitamente que esta transição só foi por fim completada no século XVIII, no que se refere à grande maioria das categorias de produtos e à maior parte dos grupos sociais. O bem de consumo também continuou a transformar-se, passando de objeto com "pátina" para objeto na moda. A moda, por sua vez, converteu-se indubitavelmente na categoria de *design* preponderante para a maior parte dos bens de consumo do século XVIII. Com esta mudança nas propriedades simbólicas dos bens de consumo, estes vieram a assumir um significado muito diferente enquanto salvaguardas da mobilidade social. Como veremos no próximo capítulo, estes bens agora ajudavam a disfarçar o status de origem de seus donos e, deste modo, encorajavam a mobilidade social. Em suma, o processo de tomada de decisão do consumidor era cada vez mais informado pelas novas considerações de status e de moda que haviam surgido no século XVI.

O que parece ser uma inovação do século XVIII é o crescimento explosivo do consumo no espaço e no tempo. Outra novidade do período é a explosão das escolhas, bem como a participação dos grupos subordinados. É possível observar, ainda, novos tipos e montantes de publicidade, uma nova intensidade do controle da moda sobre os bens de consumo, um crescimento da obsolescência, e um aumento geral na sofisticação das técnicas de marketing, assim como modificações nas definições de pessoa e de desejo.

As implicações e as consequências destes desenvolvimentos são impressionantes. Os produtores haviam aprendido a explorar a dinâmica social, da qual o efeito "trickle-down" é um exemplo, e a se utilizar do poder da competição social. Este era o início de um esforço para compreender e manipular o mercado que continua até os dias atuais. A necessidade de comprar para si mesmo e a frequente recompra no curso de uma vida, ambos resultados da obsolescência, têm profundos efeitos para os membros individuais da sociedade. Uma porção crescente do tempo e da atenção tem de ser dedicada ao processo de consumo, é necessário um montante maior de informação para a execução bem-sucedida desta tarefa, e uma parte maior do mundo do indivíduo é ocupada por objetos carregados de mensagens. Novos conceitos de pessoa estavam conduzindo a novos padrões de consumo, ao mesmo tempo em que eram por eles conduzidos.

Em resumo, o século XVIII viu a transformação do consumo e do mundo no qual esta se deu. O consumo estava começando a se instalar de modo mais frequente, em mais lugares, sob novas influências, desempenhado por novos grupos, em busca de novos bens e em função de novos propósitos sociais e culturais. O "mundo dos bens" estava se constituindo firmemente como coextensivo ao mundo da vida social.

CONSUMO NO SÉCULO XIX

Não houve *boom* de consumo no século XIX. A revolução do consumo, neste momento, já havia se instalado como uma característica estrutural da vida social. O que começara como uma modesta dinâmica confinada a um canto da sociedade havia se convertido em seu centro magnético. A transformação que se iniciou no século XVI e se expandiu no século XVIII era, por volta do século XIX, um fato social permanente. Profundas mudanças no consumo haviam gerado profundas mudanças na sociedade e estas, por sua vez, haviam produzido ainda mais modificações no consumo. Por volta do século XIX, consumo e sociedade estavam inextricavelmente ligados em um contínuo processo de mudanças. Não houve, portanto, nenhum "*boom* de consumo" no século XIX, porque havia agora uma relação dinâmica, contínua e permanente entre as mudanças no consumo e as sociais, as quais, juntas, conduziam a perpétua transformação do Ocidente.

Algumas das mudanças deste período são essenciais para o nosso entendimento do moderno caráter do consumo. Tais mudanças incluem a emergência da loja de departamento, que contribuiu de modo fundamental para a natureza e para o contexto da atividade de compra, bem como para a natureza da informação e da influência às quais estava submetido o consumidor. O século XIX viu também o surgimento de novos "estilos de vida de consumo" e de seus respectivos novos padrões de interação entre pessoas e coisas. Surgiram novas técnicas de marketing, tais como o emprego de novas estéticas e de motivos culturais e sexuais arquitetados para adicionar valor aos produtos. Mais e mais significados sociais estavam sendo embutidos nos bens, através de novos e mais sofisticados mecanismos de transferência de sentido. Mudanças sociais geravam novas e prementes necessidades de comunicação, que a linguagem dos bens poderia reivindicar responder. O século XIX viu a introdução de elementos que ainda hoje caracterizam o consumo.

Dream Worlds: mass consumption in nineteenth century France, de Williams, é nosso guia principal para o consumo neste período, e transfere nossa atenção para o outro lado do canal[19], da Inglaterra para a França. Surpreendentemente, os padrões de consumo estabelecidos pela aristocracia sobreviveram à destruição da corte francesa no século XVIII. A mudança importante, do ponto de vista do consumo, foi que a produção de certos bens transferiu-se do reino privado da domesticidade nobre para a esfera pública do mercado. Nos anos de 1790, os *chefs* se mudaram dos hotéis aristocráticos para os restaurantes públicos, enquanto as costureiras e os alfaiates que antes haviam servido a patrões nobres abriram lojas públicas. De modo crescente, o consumo público, mais que o privado, passava a ser o foco do trabalho dos produtores dos bens de luxo (Williams 1982:48).

A Revolução Francesa, que tanto mudou a França do século XVIII, deixou os gostos da massa de consumidores franceses relativamente inalterados. Mesmo a hostilidade jacobina a estes gostos e o consumo aristocrático que havia sido inspirado por Rousseau parecem não ter tido efeitos nos padrões de consumo do século seguinte. A burguesia da França do século XIX continuou aspirando ao que Williams chama de "modelo cortês" de consumo. De fato, eles se apoderaram dos padrões de consumo da aristocracia, utilizando-os como armas em sua contínua batalha por um status social mais alto (Williams 1982:53).

Esta apego francês ao modelo aristocrático de consumo não continuou por todo o século XIX; foi, durante seu curso, suplantado por três estilos de consumo adicionais e, eventualmente, mais importantes. Williams explicita cada um destes estilos com grande habilidade e eloquência. O primeiro deles era o estilo de vida do consumo de massa, que adotava novas e fantásticas ideias de luxúria, mesmo enquanto preservava paralelamente as da aristocracia. Este modelo de consumo era especialmente instigado pelo espantoso desenvolvimento das lojas de departamentos, ao qual faremos referência mais tarde. O segundo modelo era o estilo de vida da elite, que insistia em crer que um modo especial de consumo era capaz de criar uma nova aristocracia, colocando acima da massa aqueles cujo visão estética e artística fosse superior. Este era o modelo de consumo inspirado por Beau Brummel e pelos dândis que seguiam seu exemplo, tanto na Inglaterra quanto na França. Os dândis ridicularizavam os excessos do consumo burguês e aristocrático e se declaravam como a nova elite, uma aristocracia que fazia jus a este nome pelo bom gosto, e não pela civilidade e pelas boas maneiras. O terceiro modelo era um modo democrático de consumo, que se derivou do movimento das artes decorativas. Este movimento também se opunha às pretensões aristocráticas da burguesia. Não buscava, porém, forjar uma nova aristocracia, mas um modo de consumo que fosse acessível, modesto e dignificante. Williams sugere que o que distinguiu o consumo do século XIX foi a emergência deste "agrupamento distintivo de estilos de vida interdependentes" (1982:110), bem como o fim da proeminência do modelo cortês de consumo.

Williams aborda cada um desses estilos de vida emergentes, tentando chegar a um acordo acerca do desenvolvimento de uma sociedade de consumo. O estilo de consumo de massa, por exemplo, é visto como um artefato de novas técnicas de marketing. O estilo de consumo elitista é tomado como uma tentativa de rivalizar com os excessos e a banalidade de uma sociedade burguesa preocupada com bens e indiferente a ideias e a normas de conduta. O estilo de consumo democrático é encarado como uma tentativa de afastar os/as consumidores(as) de massa de sua preocupação com bens, criando uma maneira de consumir que incentivasse a simplicidade de estilos de vida e a dignidade do homem comum. Embora estas explicações sejam esclarecedoras, elas também refletem, por outro lado, as limitações do ponto de vista de Williams. Cada uma delas recorre excessivamente ao pressuposto, que orienta o livro, de que os bens de consumo são distrações tolas que os indivíduos compram guiados somente pelos motivos mais desprezíveis e mais superficiais. Muito raramente Williams alimenta a possibilidade de que os bens de consumo fossem fascinantes para os consumidores do século XIX por se constituírem cada vez mais como suportes do significado cultural e como uma nova oportunidade para a definição de si e do mundo.

É possível encarar cada um dos estilos de vida abordados por Williams como um novo experimento dos poderes expressivos dos bens. O modelo aristocrático de consumo cortês foi o mais inicial destes experimentos. Como veremos no próximo capítulo, a "pátina" que selecionava os bens através deste modelo teve um caráter particularmente significativo, forjado para fins sociais também eles muito particulares. Ela permitia à aristocracia codificar suas reivindicações de status de uma forma que desencorajava reivindicações imitadoras ou falsificadas. Este modelo sobreviveu nos séculos XVII, XVIII e XIX como um dos esquemas através dos quais os bens podiam ser convertidos em suportes de significado cultural. O estudo de Williams nos permite perceber alguns dos modelos de consumo concorrentes que apareceram no século XIX para desafiar o modelo da pátina. Cada um destes estilos representa um novo modo de explorar o caráter cultural dos bens de consumo no cumprimento de novos objetivos culturais.

O estilo de consumo de massa é uma oportunidade particularmente interessante para determinar quais significados adicionais podem ser investidos nos bens. Alguns destes significados eram novas noções de status. Outros, ainda, eram referentes não ao status, mas a toda uma nova disposição de significados culturais. Tanto as exposições quanto as lojas de departamentos da França do final do século XIX cultivavam um estilo de *design* interior que Williams chamou de "exótico-caótico" (1982:71). Interiores extravagantes entulhados de alusões contraditórias a diferentes temas étnicos, geográficos e mesmo míticos eram comuns. Na visão pessimista de Williams, isto representa o uso crescente da arte a serviço do comércio. O "delírio ornamental" desses lugares públicos exprime, na perspectiva da autora, "a submissão da verdade, da coerência, do gosto e de quaisquer outras considerações aos objetivos dos negócios" (1982:64). Se, por um lado, pode ter sido de fato isso mesmo, por outro, foi também, e talvez mais importante, um experimento nas novas habilidades expressivas dos bens de consumo.[20]

Williams sugere que o objetivo simbólico desta nova estética era cru. Constituía-se, meramente, na tentativa de "agrupar tudo o que se revelasse distante do comum" (1982:71). Mas é possível dizer, também, que vemos nesse período o uso dos bens para comunicar mensagens muito mais coerentes e intencionais. Para que o estilo de consumo de massa possa ser plenamente compreendido, é necessária uma análise mais cuidadosa desses experimentos, que seja menos precipitada em supor uma anarquia estética e um compromisso moral. O projeto maior de Williams leva-a a afirmar que a experimentação estética do período era voltada para a criação de um mundo de sonho. Alguém precisa, agora, examinar as evidências sob outro ponto de vista; é necessário determinar se o "delírio ornamental" do século XIX tem mais coerência e significado do que Williams supôs.

O estilo elitista de consumo é uma manifestação mais óbvia do uso dos bens para moldar significados culturais e para servir-lhes de suporte. O cultivo deste estilo de elite é nada menos que um esforço em utilizar a linguagem emergente dos bens para gerar um conjunto único de conceitos culturais capaz de especificar uma nova definição de pessoa e uma nova definição da relação desta pessoa com a sociedade mais ampla, bem como um grupo de conceitos e de valores que funcionasse como diretriz para a ação social. A linguagem dos bens estava sendo utilizada aqui muito deliberadamente e com total habilidade para empreender um ato de invenção social: a criação de uma nova organização de vida social. Inovações deste tipo eram anteriormente impossíveis, não somente porque uma sociedade tradicional não toleraria uma tal experimentação, como também porque não havia nenhum sistema de discurso que viabilizasse o ato necessário de repensar e de inventar, do qual poderia emergir um novo conceito de vida social. Podemos encarar o dândi, que funciona como epítome deste novo estilo elitista de consumo, como uma figura que, de maneira muito autoconsciente, tira vantagem de uma sociedade desordenada para forjar um espaço para si próprio que, antes, não existia para ninguém. Na pessoa de Beau Brummel, podemos ver nada menos que a revogação dos poderes de influência que, anteriormente, haviam pertencido exclusivamente ao monarca. Em ambos os casos, a condição necessária para esta inovação social era a posse de um meio de comunicação, o que somente poderia ser obtido pelo domínio de um crescente inventário de produtos investidos de um novo significado e de um novo potencial para significar.[21]

No caso do movimento de reforma das artes decorativas e da emergência do consumo democrático, vemos o potencial expressivo dos bens explorado de um modo diferente. O significado encarnado pelos bens tem a intenção, neste caso, de ressocializar "o povo", mudando seus conceitos de si mesmo e de sociedade e, principalmente, transformando suas aspirações sociais através da modificação de suas concepções acerca do consumo e dos bens de consumo. Este experimento na linguagem dos bens ganha o sentido de proselitismo. Utiliza os bens como suportes de um novo conceito dos próprios bens em uma comunidade insuspeita. Se os dândis usaram os bens para criar e anunciar um novo estilo de vida para si mesmos, os advogados do consumo democrático os utilizaram com propósitos instrucionais, em sua tentativa de reformar um grupo social que não o seu próprio.

Cada um desses estilos de vida identificados por Williams nos permite vislumbrar o processo maior e mais complexo através do qual a sociedade ocidental buscou explorar e extrair o significado cultural e o valor comunicativo de um novo e vital meio de interação que tão subitamente chegou às suas mãos. De fato, não é exagero afirmar que a revolução do consumo forneceu alguns dos recursos culturais que eram necessários para fazer frente ao deslocamento social forjado pela revolução industrial. Parte significativa da história do consumo deve consistir no estudo deste desdobramento.

Um dos grandes desenvolvimentos do século XIX foi a emergência da loja de departamento. Williams sublinha a similaridade entre esta e o mundo das exposições do período. A autora demonstra que tanto as lojas de departamentos quanto as exposições usaram o *design* sem precedentes de seus interiores para criar um novo ambiente para o ato de fazer compras e de consumir. Sua escala extravagante e envolvente e seu estilo exótico-caótico permitia-lhes criar uma "nova e decisiva conjunção entre desejos imaginativos e materiais, entre sonhos e comércio..." (1982:65). Williams também observa que as possibilidades comerciais da nova mídia do cinema foram imediatamente vislumbradas e exploradas.[22] Exposições, lojas de departamentos e filmes: todos eles deram contribuições igualmente importantes para o mundo de sonho do consumo de massa.

Mais importante, talvez, do que esta contribuição para a estética do consumo foi a contribuição destas três instâncias para o processo de compra. Em primeiro lugar, as três representavam um esforço para expor o consumidor a uma série de estímulos persuasivos e informativos sem qualquer expectativa de que tais estímulos pudessem resultar em uma compra imediata. Os consumidores eram encorajados a passear pelas lojas de departamentos à vontade, absorvendo suas fantásticas representações de mundos exóticos e de bens de consumo, assim como eram autorizados a participar deste ambiente extraordinário dispensados de qualquer obrigação. O objetivo retórico do mercado havia mudado. Este dedicava-se, agora, a "despertar o desejo livremente oscilante", ao invés de meramente "a compra imediata de itens específicos" (1982:67).

Em segundo lugar, quando a compra foi empreendida na loja de departamento, sua instituição teve características muito diferentes. Os preços dos bens de consumo em exibição não estavam sujeitos a processos de barganha. Eram, ao contrário, fixos, e os consumidores consentiam com eles no ato da compra ou, simplesmente, não compravam. Williams sugere que este novo padrão de interação entre mercado e consumidor encorajou uma nova passividade por parte do consumidor.

Em terceiro lugar, a loja de departamento estimulou a introdução do crédito. O empréstimo tornou-se possível através da criação de um "sistema de compra à prestação de larga escala, impessoal e racionalizado" (1982:93). Subitamente, o que era inacessível estava ao alcance das mãos. Esta inovação, em especial, contribuiu para que o consumo moderno adquirisse um quê de sonho, como nota Williams.

Michael B. Miller amplia nossa compreensão das lojas de departamentos significativamente em *The Bon Marché: Bourgeois Culture and the Departament Store 1869-1920* (1981). A abordagem de Miller assemelha-se à de Williams, à medida que insiste que a loja de departamento deve ser encarada não somente como um reflexo de padrões de consumo em transformação, mas também como um agente decisivo que ativamente contribuiu para a cultura na qual este consumo ocorria. Como Williams, Miller examina a contribuição da loja de departamento para a transformação dos gostos, das preferências, do comportamento de compra, da relação entre comprador e vendedor, e das técnicas de marketing.

O interesse maior de Miller é, precisamente, na abordagem da influência da loja de departamento na cultura da França do século XIX. O autor começa com a afirmação do determinativo papel cultural da loja de departamento. "Muito mais que um espelho da cultura burguesa na França, o *Bon Marché* deu forma e definição ao próprio significado do conceito de um estilo de vida burguês" (1981:182). Miller examina sistematicamente, em seguida, como a loja de departamento trabalhou para modular e transferir significado cultural. Sua primeira observação é a de que os bens vendidos pela loja de departamento davam expressão material a valores da burguesia. Os bens tornavam concretos estes valores e davam-lhes uma "realidade própria" (1981:180). Miller sugere que valores fundamentalmente importantes, tais como a "respeitabilidade" e a "convicção", estavam ancorados no vestuário e na mobília da burguesia. Além disso, também as distinções que segmentam as categorias cerimoniais burguesas de espaço e tempo estavam impressas no vestuário e na mobília. Nessa breve discussão, os bens são tomados como dando uma contribuição fundamental para o poder de influência que tais valores tinham na burguesia. Miller e seu estudo aproximam-se mais que qualquer outro dos historiadores considerados aqui das discussões presentes nos trabalhos de Sahlins (1976) e de Douglas e Isherwood (1978) acerca das propriedades culturais dos bens de consumo.

A segunda observação de Miller é mais ambiciosa. Ele argumenta que, à medida que o *Bon Marché* investia valores, atitudes e aspirações da burguesia nos bens, conseguia modulá-los e transformá-los. Quando esta loja de departamento fundiu bens e significado cultural, tanto a cultura quanto o significado sofreram uma revisão. A brevidade com que Miller trata esta questão é, portanto, especialmente problemática, uma vez que o ponto é intrigante e mereceria um estudo mais cuidadoso. Vemos aqui o uso dos bens como uma espécie de "operador" histórico e cultural (Boon 1973). Operadores são símbolos materiais que ajudam a reorganizar o significado cultural da "estrutura global", a fim de que as novas contingências históricas possam ser incorporadas à ordem cultural existente (McCracken 1983b, Sahlins 1977, 1981).

A terceira observação de Miller é a de que a posse do significado histórico e cultural por parte dos bens era a agência pela qual um grupo social socializava outro. O autor sugere que o *Bon Marché* e seus catálogos se tornaram uma espécie de "cartilha cultural" que mostrava para uma determinada classe "como ela deveria se vestir, como deveria mobiliar sua casa e como deveria gastar seu tempo de lazer" (1981: 183). Um estudo da difusão seria, aqui, uma oportunidade mais interessante para futuros trabalhos. Mas este tópico é ainda mais promissor se tomado como uma oportunidade para o estudo do poder hegemônico das coisas. Elizabeth I aprendeu a governar através de objetos e seu consumo, e três séculos mais tarde este instrumento de governo continuava a ser explorado. Em termos gerais, Miller demonstra, com uma sofisticação incomum, como a loja de departamento funcionou como um *locus* importante para a conjunção entre cultura e consumo no século XIX.[23]

O século XIX assistiu à criação de uma interação permanente entre o consumo e a mudança social. O consumo agora engendrava uma constante mudança social. Esta, por sua vez, engendrava constantes reformas naquele. A relação dialética entre essas duas forças originou um mecanismo que ajudou a conduzir a "grande transformação" através dos séculos XIX e XX. Este mecanismo violava consistentemente, agora, uma das leis fundamentais da termodinâmica. Não necessitava para si de nenhuma fonte de energia externa. Havia criado sua própria dinâmica, que poderia até sucumbir, mas não iria jamais se esgotar.

Em Williams, temos um estudo do consumo no século XIX que traça o declínio do "modelo cortês de consumo" e a ascensão de quatro estilos de vida competitivos, cada um dos quais expressa uma resposta diversa para problemas e dificuldades característicos da vida em uma sociedade de consumo. Sugeri que esses estilos de vida poderiam também ser tomados como experimentações na exploração do poder cultural e expressivo dos bens.

Tanto em Williams quanto em Miller temos um estudo da importância fundamental da loja de departamento para os desenvolvimentos deste período. Williams sublinha o papel da loja em mudar a estética e os estímulos do ambiente da compra, em criar um novo padrão de interação entre comprador e vendedor, e em desenvolver inovações, tais como o crédito. Miller observa a manipulação, por parte da loja de departamento, das propriedades significativas dos bens. Essas lojas não apenas tornavam certos valores manifestos um tanto mais imanentes nas vidas dos consumidores, como também contribuíam para transformar tais valores. Finalmente, os bens das lojas de departamento se tornaram instrumentos de instrução e de política. Em termos gerais, pode-se dizer que a poderosa dinâmica resultante da relação dialética entre consumo e mudança social encontrou na loja de departamento um *locus* físico e um lar institucional. Enquanto característica estrutural permanente da sociedade moderna, ela tinha agora um lugar para se instalar.

CONCLUSÃO

Este capítulo dedicou-se a revisar a literatura recente acerca da produção do consumo moderno. Examinou, para tal, três momentos cruciais na história do consumo. Esta tarefa não representa um inventário perfeito das questões que devem ser formuladas por futuros historiadores do consumo. Pretende, ao contrário, apresentar-se como um mapa do momento presente, de acordo com o qual certas fronteiras podem ser esclarecidas, um alerta contra certos riscos pode ser dado, certas oportunidades podem ser evidenciadas, e um vasto e diversificado território pode se tornar mais compreensível.

É uma curiosidade para a sociologia do conhecimento que o papel da revolução do consumo na "grande transformação" tenha sido sistematicamente e por tanto tempo ignorado. É uma curiosidade adicional que este período de negligência pareça ter terminado tão subitamente com o surgimento não de um, mas de vários trabalhos substanciais dedicados a este tópico. Se a causa desta longa negligência não é aparente, suas consequências, entretanto, o são. A história do consumo não tem história, não tem uma comunidade nem tampouco uma tradição acadêmicas. É, nas palavras de T.S. Kuhn, "pré-paradigmática". Ou, talvez seria mais acurado dizer, é "recém-nascida".

A ausência de uma tradição acadêmica confere a este campo uma necessária diversidade de qualidade e de abordagem. Cada um dos autores examinados aqui teve de assumir não apenas as responsabilidades acadêmicas de praxe, mas também as implicadas em todo empreendimento pioneiro. Cada um deles teve de encontrar seu próprio caminho em um território não mapeado. Cada um deles sofreu o que Veblen chamou "a penalidade de tomar a iniciativa". Se os três trabalhos falharam em iluminar completamente o mecanismo dialético que fez do consumo e da vida social instâncias mutuamente transformadoras no Ocidente moderno, é porque eles não puderam vislumbrar plenamente o terreno que eles próprios estavam ajudando a explorar e a reconhecer.

Este *tour* de sete léguas à galope pela história do consumo nos permite apreciar plenamente certos detalhes, eventos e atores. Observamos como a revolução do consumo funcionou ao mesmo tempo como causa e consequência na transformação da Inglaterra elizabetana. Capturados pelo uso estratégico que Elizabeth fez do consumo como um instrumento de governo, os nobres elizabetanos foram conformados em padrões de consumo conspícuo que tiveram profundas consequências para seu relacionamento com suas famílias e localidades. Gastando cada vez mais e mais em função de seus propósitos mais imediatos, esses nobres se retiraram de seus contratos recíprocos com a família e com a localidade. Para a família, esta retirada teve o efeito de ajudar a estreitar seu escopo e corporatividade. Para a localidade, teve o efeito de diminuir a influência dos superiores.

Quando tomamos a história da revolução do consumo no século XVIII, vemos que o consumo havia se aproximado um pouco mais do centro do palco histórico. Institucionalmente, ele adquiriu uma presença mais ativa e mais formal. Os mercadores eram agora "profissionais de marketing" e mestres nos efeitos de difusão e na nova mídia da comunicação. O número de bens estava em firme ascensão e era possível comprá-los em mais lugares e em mais oportunidades que antes. O poder transformador da moda atingia agora mais categorias de produtos e havia crescido a frequência com que a moda mudava, o que exigia compras mais constantes e um escopo mais amplo de conhecimento social. A moda também destruiu o sistema "pátina" que tão bem havia funcionado como uma salvaguarda do status. Mas o mais notável de tudo, certamente, foi o fato de que o consumo era agora uma atividade de massa. A metáfora epidêmica usada pelos contemporâneos era adequada. O vírus que antes havia se restringido a uma comunidade aristocrática menor havia agora infectado a todos.

Por volta do século XIX a revolução do consumo havia se instalado como um fato social permanente. A vigorosa dialética que ligava mudança no consumo e mudança social era agora uma realidade estrutural. Esta revolução, com efeito, tinha até mesmo encontrado um *locus* institucional, um espaço próprio: a loja de departamento. Esta nova instituição ajudou a mudar a natureza da estética pela qual os bens eram negociados, introduzindo técnicas poderosamente persuasivas no cinema e na decoração que ainda continuam a ser refinadas. A loja de departamento também mudou a natureza mesma do lugar no qual as pessoas consumiam, o que elas consumiam, a informação de que precisavam para consumir e os estilos de vida aos quais este novo consumo era devotado. Ajudou a criar o significado carregado pelos bens e mesmo a "reescrevê-lo" quando a mudança social assim o demandava. Finalmente, as lojas de departamentos foram agentes de difusão, funcionando como vastas salas de aula nas quais os cidadãos do século XIX podiam aprender as artes e as habilidades de seu novo e vital papel como consumidores. A revolução do consumo não podia estar melhor instalada.

Novos experimentos na manipulação das propriedades culturais e simbólicas dos bens foram os maiores e mais negligenciados segredos da história do consumo. Elizabeth e sua aristocracia foram talvez os primeiros consumidores a ter a oportunidade de experimentar esta nova mídia. Por volta do século XIX, esta mídia havia se tornado amplamente mais complicada e poderosa, tanto como um meio de invenção cultural quanto como um meio de expressão simbólica. Agora todos os grupos sociais se engajavam nesta criativa empresa, em um esforço ao mesmo tempo para construir e para acomodar-se a um mundo perigoso e fluido. Com o crescimento da desorganização e da indeterminação social, devido em alguma medida à própria revolução do consumo, era agora necessário para todos recorrer ao uso dos poderes expressivos e culturais constitutivos desta nova mídia. O uso deste inventário e instrumento cultural não era tanto uma oportunidade arbitrária, mas antes uma necessidade cada vez mais urgente.

A revolução do consumo é um estranho capítulo na história etnográfica das espécies. O primeiro momento de sua história foi, possivelmente, uma comunidade humana que voluntariamente acolheu um agente não religioso de mudança social e permitiu-lhe transformar-se em uma base contínua e sistemática para virtualmente toda e qualquer característica da vida social. A comunidade acadêmica não tardou em reconhecer a extensão da "grande transformação". Tampouco demorou para declarar a grande transformação como um tópico vital de estudo acadêmico. Foi, no entanto, extraordinária e inexplicavelmente lenta em contemplar a contribuição da revolução do consumo aqui. Os trabalhos examinados neste capítulo sugerem que esta reticência está agora chegando ao fim. Há agora tanto um precedente quanto uma base para o estudo da revolução do consumo.

DOIS

"Sempre mais querido em nossos pensamentos"
Pátina e a representação de status antes e depois do século XVIII

No primeiro capítulo, abordamos em vasto âmbito a história do consumo. Neste capítulo, voltaremos nossas atenções para um aspecto particular desta história, o sistema "pátina" de consumo. A pátina, tomada como uma propriedade ao mesmo tempo física e simbólica dos bens de consumo, foi um dos meios mais importantes de que dispunham os indivíduos de alta classe para se distinguirem dos de baixa classe, bem como para policiar e conformar a mobilidade social. Como um sistema de consumo, ela funcionou como esteio e base para a organização social até o momento em que, no século XVIII, se eclipsou. Suplantada pelo sistema "moda" de consumo, a pátina recolheu-se em sua posição atual: uma estratégia de status usada somente pelos muito ricos. Este capítulo pretende estabelecer um sentido teórico para a pátina, inspirando-se em Veblen e Peirce, bem como traçar a carreira do sistema pátina antes e depois do século XVIII.

A CULTURA MATERIAL E A MENSAGEM DE STATUS

O campo da cultura material estabeleceu uma detalhada compreensão das propriedades simbólicas que se aderem aos objetos de manufatura humana. Mapeou cuidadosamente a variedade, a profundidade e os diversos usos comunicativos dessas propriedades, e estamos de posse agora de um meticuloso registro de como a cultura material produz cultura material. De particular interesse nesta literatura é a habilidade da cultura material em carregar mensagens de status. Acadêmicos de diversas escolas das ciências sociais buscaram demonstrar como os indivíduos e as comunidades usam objetos inanimados para reivindicar, para legitimar e para competir por significado de status. Não é exagerado dizer que o status tem sido uma espécie de "ideia fixa" para certas comunidades de acadêmicos. Apesar de todo esse cuidadoso trabalho, contudo, o estudo do simbolismo do status ainda é incompleto. Não possuímos uma ideia sistemática do que viriam a ser as propriedades simbólicas mais importantes referentes ao status. Ainda não formulamos uma ideia daquilo que este capítulo chamará de "pátina".

Este capítulo examina a ideia de pátina em quatro partes. A primeira delas define e discute o conceito de "pátina". A segunda considera as teorias existentes acerca da representação do status através da cultura material, e oferece uma teoria formal da pátina como um meio de representação de status. A terceira fornece um breve histórico da pátina no Ocidente moderno, sublinhando particularmente como o simbolismo de status da pátina foi afetado (e amplamente deslocado) pelo advento do sistema de moda no século XVIII. A última parte aborda a pátina no mundo moderno e discute seu papel atual nas representações de status correntes.

PÁTINA: PROPRIEDADES FÍSICAS E SIMBÓLICAS DA CULTURA MATERIAL

A pátina é, em primeiro lugar, uma propriedade física da cultura material. Consiste nos pequenos signos da idade que se acumulam na superfície dos objetos. Mobília, prataria, cutelaria, construções, retratos, joias, roupas e outros objetos de manufatura humana sofrem um gradual afastamento de sua condição intacta original. Conforme entram em contato com os elementos e com os outros objetos do mundo, sua superfície original adquire, ela própria, uma outra superfície. Conforme vão sendo continuamente mordidos, lascados, oxidados e usados, esses objetos começam a adquirir "pátina".

Nas sociedades ocidentais, essa propriedade física é tratada como propriedade simbólica. Nessas sociedades, a superfície que se acumula nos objetos recebeu uma significação simbólica e foi explorada com propósitos sociais. Foi capturada a fim de codificar uma vital e incomum mensagem de status. O que torna essa mensagem incomum é o fato de que ela não é, estritamente falando, referente à reivindicação de status. Esta última, mensagem relativamente simples e até mesmo banal, é entregue a outros aspectos do simbolismo de status, mais mundanos. A pátina tem uma carga simbólica muito mais importante, a de sugerir que as reivindicações de status existentes são legítimas. Sua função não é a de reivindicar status, mas, sim, a de autenticá-lo. A pátina funciona como uma espécie de prova visual do status.

Um exemplo do século XVI servirá para ilustrar o que se pretende aqui. Uma família elizabetana usava pratos de prata para reivindicar status (Jones 1917). Utilizava-os para representar sua posição elevada, riqueza, opulência e gosto. Tomada por si mesma, esta reivindicação de status não teria necessidade da pátina. Pratos perfeitamente novos, inteiramente livres de pátina, poderiam fazer um constrangedor apelo visual a uma alta posição. Mas a pátina adicionava algo vital a este simbolismo. Demonstrava que o simbolismo de status dos pratos tinha fundamento. Dizia que os donos dos pratos não eram aspirantes ao seu simbolismo. Funcionava como uma espécie de prova da longevidade da família e da duração de seu status de bem-nascidos. Neste sentido, a reivindicação de status dos pratos estaria praticamente nua sem a cobertura finamente trabalhada da pátina com a qual o tempo, o acidente e, mais importante, a propriedade de longa data contemplaram a superfície da prata. A presença desta pátina reassegura a um observador que os pratos têm sido uma posse da família por várias gerações e que, portanto, a família não é recém-chegada à sua presente posição social.

É difícil superestimar o valor deste tipo de propriedade simbólica. Um dos maiores riscos das reivindicações de status feitas através da cultura material é a facilidade com que podem ser falsificadas. Qualquer recém-chegado dotado do necessário bom gosto e dinheiro pode comprar os objetos correlatos à posição de bem-nascido. Com efeito, toda e qualquer geração no Ocidente da Idade Média e da Primeira Modernidade presenciou mercadores sistematicamente adquirirem os enfeites e adornos de alta posição juntamente com a compra de um feudo e seu estilo de vida (Hexter 1961; Thrupp 1948). É o argumento de Macfarlane que esta é uma característica definidora do Ocidente: a de encorajar uma mobilidade constante e relativamente desembaraçada de posição social (Macfarlane 1978). Em um tal contexto social, a presença de uma propriedade simbólica capaz de afirmar (ou trair) a duração do status e de fornecer para isso uma evidência visual da autenticidade de sua reivindicação era de fato uma peça muito valiosa do simbolismo. O principal secretário de Elizabeth, o grande Lorde Burghley, resumiu o assunto de modo conciso: "A fidalguia não é outra coisa senão antigos ricos" (Burghley 1930).

ESTUDOS DE STATUS ANTERIORES E UMA TEORIA DA PÁTINA

Goffman, em um trabalho pioneiro intitulado "Symbols of Class Status", observou que "um símbolo de status nem sempre é um bom teste para o status" (Goffman 1951). A dificuldade, ressalta ele, é que esses símbolos podem ser usados de um modo "fraudulento". Em toda comunidade, alguns membros se engajam em atos de falsa representação de status. No século XVI, Sir Thomas Elyot expressou sua irritação com o "alfaiate ou barbeiro [que], excessivamente adornado, se dissimularia para parecer um cavalheiro" (Elyot 1907)

Esta dificuldade cresceu conforme as pessoas transferiram-se de sociedades de relação face a face, nas quais o status de cada indivíduo era de conhecimento geral, para sociedades relativamente anônimas, nas quais o status precisava frequentemente ser inferido a partir das posses físicas individuais. Form e Stone observaram este fenômeno social e notaram, também eles, a oportunidade aí gerada para a falsificação do status. Os autores falam de um status "temporariamente apropriado através da 'correta' demonstração e manipulação dos símbolos" (Form e Stone 1957).

Qualquer sociedade que dependa de representações de status está sujeita à possibilidade deste tipo de fraude. Com sua intensa mobilidade e crescente anonimato, as sociedades ocidentais foram especialmente flageladas por este problema. Uma inevitável decorrência disso foi a criação, por parte de tais sociedades, de um conjunto de antídotos simbólicos, os quais elas buscariam proteger de embusteiros.

Existem muitos destes antídotos. Um dos pioneiros foi a legislação suntuária.[24] Por um simples expediente de um ato do Parlamento, a Inglaterra declarou ilegal a falsificação do status e criou o desestímulo do julgamento e da punição (Baldwin 1926; McCracken 1982a; Hooper 1915). Esta punição era severa e algumas vezes humilhante. Um certo Thomas Bradshaw, um alfaiate mercador elizabetano, foi preso por um oficial da Coroa, que cumpriu a lei, dilacerando e açoitando seu "excessivo" vestuário. Com suas roupas então em farrapos, Bradshaw foi posto para desfilar pelas ruas da cidade, e quando alcançou sua casa o processo recomeçou, agora sob a plena vista de seus vizinhos (Hooper 1915: 441). Apesar de toda essa ferocidade na punição, a legislação suntuária era cada vez menos e menos encarada como um meio efetivo para lidar com a falsa representação do status, e a Inglaterra não mais projetou leis deste tipo depois do século XVI. Ostensivamente o modo mais eficaz à disposição do Estado, o ato legislativo revelou-se um fracasso e uma opção pouco usada.

Pode ser apenas especulação, mas parece haver uma razão lógica para que a legislação suntuária finalmente falhasse em controlar a falsa representação do status. O problema com esta legislação não era seu fracasso em detectar e punir os crimes contra a exclusividade. Seu problema era que esta detecção e punição era posta em mãos erradas e chegava muito tarde. Era necessário que uma reunião de legisladores deliberasse sobre o que era ou não o vestuário apropriado para cada grupo social, e que depois alguém ficasse responsável pela execução da lei, e, só então, que aqueles que a ofendessem fossem detectados e punidos. Este processo era embaraçoso e desajeitado e, tal como qualquer remédio legal, eficiente apenas a longo prazo e para a coletividade. Nada fazia para proteger o indivíduo que pudesse ter sido vítima de um ato de falsificação de status. Não era dada primeiro qualquer advertência da falsificação. A detecção e a punição para a falsa representação do status revelaram ser, como outros assuntos sociais, algo que seria melhor deixar nas mãos dos indivíduos.

Uma outra estratégia através da qual as sociedades buscaram chegar a um acordo com a falsificação do status poderia ser chamada de a "marca invisível". Nela, certos grupos sociais cultivavam determinados tipos de conhecimento (de músicas, poemas, jogos, danças, vinhos, decoro, vestuário e assim por diante) e faziam deles os signos cruciais e mais poderosos do pertencimento (Bourdieu 1984; Davis 1958; Douglas e Isherwood 1978). O que há de mais sagaz nesta estratégia é que ela é frequentemente invisível para aqueles contra os quais é utilizada. O aspirante pode, por exemplo, identificar como seu favorito o compositor errado. Ele teria, assim, anunciado de imediato seu status de forasteiro, tão plenamente quanto se ele tivesse posto uma placa no pescoço anunciando "não é um dos nossos". Mas, provavelmente, ele permanecerá totalmente alheio em relação a seu erro e a suas consequências. Esta estratégia teve sucesso por muito tempo, e permanece como um modo ativo de descobrir embusteiros. Sua desvantagem é que requer um mundo social extremamente bem organizado e intimamente ligado, com um grupo estável de participantes – o tipo de mundo que aparece, por exemplo, na ficção de Henry James. Qualquer mundo que seja mais poroso, mais rapidamente em transformação ou mais anônimo não pode esperar estabelecer e manter as distinções muito sutis que permitiriam este tipo de discriminação social.

Uma terceira estratégia é tornar o status contingente da posse de certos objetos hermeticamente guardados. Esta estratégia possui uma longa e distinta história. Os selos e as insígnias de altos oficiais foram associados com as formas ocidentais de governo de sua origem aos dias de hoje. Os militares ocidentais também fizeram um extenso uso deles. A dificuldade desta técnica estava em demandar uma autoridade adequadamente constituída para supervisionar a atribuição e o uso desses objetos (ex: honrarias concedidas pela corte, o desembainhar das armas para anunciar uma chegada). Esta autoridade geralmente achava bastante fácil conceder honras, mas virtualmente impossível reavê-las. Uma vez concedidos, estes signos de status não podiam ser recuperados. O resultado disso é que tais honrarias não eram muito fluidas. Não refletiam de um modo perfeitamente corrente o presente e apropriado estado de alocação de status.

Consideremos agora a estratégia implícita na propriedade simbólica aqui chamada de "pátina". Este modo de lidar com os aspirantes tem certas vantagens. Primeiramente, a estratégia da pátina separa muito nitidamente os pertencentes ao grupo dos forasteiros. O observador é capaz de dizer com um passar de olhos sobre as posses físicas daquele que reivindica status se seu apelo tem ou não fundamento. A pátina dessas posses diz plenamente que elas têm estado na família do reivindicador de status há várias gerações. A ausência de pátina diz, tão plenamente quanto, que "esta riqueza é de novo rico". Nesta medida, a pátina funciona tão bem quanto qualquer outro dos mecanismos de detecção de status que foram apreciados e reconhecidos pelas ciências sociais. De modo ainda mais significativo, a pátina é bem-sucedida em incorporar muitas das vantagens de tais mecanismos, ao mesmo tempo em que transcende muitas de suas desvantagens.

Em primeiro lugar, a pátina concede a oportunidade de imediata detecção e punição, a qual cabe não a algum agente do estado, como na legislação suntuária, mas a qualquer ator social. Ela criava uma categoria de simbolismo de status que era imediatamente detectável por todos. À primeira vista, antes mesmo de entrar em interação social, o observador era capaz de usar a pátina para finalidades de taxação de status, determinando por si mesmo a legitimidade ou a fraude.

Em segundo lugar, a pátina tem a virtude da estratégia da "marca invisível". O simbolismo de status da pátina é frequentemente melhor conhecido e compreendido por aqueles cujo apelo por status é de longa data do que pelos novatos. Sombart aponta para a tendência dos novos ricos em trair suas origens através de certos estilos de consumo (1967). A pátina funciona como um código secreto imediatamente inteligível por aqueles cuja posição é genuína e bem dissimulado para qualquer aspirante, por mais sofisticado que seja. Mas o melhor de tudo é que esta estratégia tem uma universalidade que a "marca invisível" não tem. Mesmo em mundos de status porosos, em transformação e anônimos, a estratégia da pátina continua a servir a seu propósito discriminatório.

Finalmente, a pátina tem uma certa fluidez e, portanto, reflete com fugacidade acurada o presente estado da alocação de status. A pátina surge somente em objetos de valor financeiro. Quando uma família sofre uma perda de recursos financeiros, é eventualmente forçada a vender alguns de seus objetos com pátina em troca de seu valor em dinheiro. A verdadeira tragédia deste ato (e a verdadeira dificuldade em decidir empreendê-lo) advém do fato de que não são apenas os objetos que serão perdidos, mas também seu considerável valor em status. Uma vez que uma família de elevada posição esteja neste caminho, se desfaz sistematicamente dos objetos que a ajudam a legitimar suas reivindicações de status.

Em suma, o simbolismo de status da pátina possui várias vantagens manifestas na detecção da falsa representação do status. Além disso, é uma técnica que foi usada consistente e extensivamente nas comunidades de status ocidentais. Tem funcionado como uma salvaguarda de valor inestimável, controlando a mobilidade de status que foi tolerada e encorajada no Ocidente em rápida transformação. Apesar de tudo isso, as ciências sociais não concederam um tratamento formal ao estudo do simbolismo de status. Não é um exagero dizer que a pátina foi completamente negligenciada no mundo acadêmico. Vejamos agora se uma teoria da pátina pode ser formulada de modo a permitir às ciências sociais reconhecê-la e lidar com ela.

UMA TEORIA DA PÁTINA

A pátina de um objeto permite-lhe funcionar como uma mídia para uma mensagem de status de vital importância. O objetivo desta mensagem não é apelar por status, mas, sim ,verificar as reivindicações feitas. A pátina viabiliza tal verificação ao permitir que o observador se engaje em um processo de inferência sobre um indivíduo que esteja fazendo apelos por status. Este processo consiste, grosseiramente, nos seguintes pressupostos:

1) Um objeto adquire pátina em proporção direta à sua idade.

2) A idade de um objeto é diretamente proporcional à duração de sua posse por parte de uma família (com o pressuposto de que a família o teria comprado novo).

3) A duração da posse familiar de um objeto representa a extensão de tempo durante a qual esta família gozou de um certo nível de renda discricionária e caprichosa.

4) A duração deste nível de renda representa a extensão de tempo durante a qual esta família desfrutou de um certo status social.

Dito de um modo mais simples, a pátina permite a seguinte inferência: quanto maior a pátina em certos objetos, mais longo foi o tempo durante o qual o proprietário gozou de certo status. Isso permite ao observador ler a duração do status de uma família na quantidade de pátina que se deposita sobre suas posses.

A primeira coisa a ser observada sobre esta descrição é que ela faz da pátina um tipo peculiar de simbolismo. Com o advento da linguística estrutural e a influência de Saussure, estava na moda insistir em uma definição restrita do significado e argumentar, mais particularmente, que a relação entre o significante e o significado era arbitrária. Esta perspectiva afirma que, pelo menos para o processo de comunicação por excelência, a linguagem, não há nenhuma conexão "natural" entre significante e significado. A controvérsia está no significado linguístico advir não da conexão entre os dois, mas da "estrutura" da relação entre conjuntos de significantes e de significados. Tal controvérsia reside no coração mesmo do estruturalismo cujo vulto cresce agora tão imensamente em certas partes da antropologia em particular e das ciências sociais em geral (Culler 1975; Lévi-Strauss 1963; Sahlins 1976; de Saussure 1966).

A teoria da pátina proposta aqui diverge desta abordagem. O presente argumento é precisamente o de que a pátina, enquanto um "significante", representa o status, enquanto um "significado", por causa da conexão "natural" entre ambos. É justamente porque a pátina é uma espécie de signo não arbitrário que ela permite ao observador inferir certos tipos de informação econômica e de status sobre os proprietários dos objetos. A pátina é, em primeiro lugar, uma propriedade física e, somente então, uma propriedade simbólica das coisas. Esta lhe concede a "real" conexão com a coisa que ela significa. A fim de compreender a pátina como uma instância de simbolismo de status, devemos ir além do que está atualmente na moda em certos círculos analíticos.

Não há nada de radical ou de temerário nesta discordância. Isto porque a abordagem aqui proposta já apareceu antes no estudo do simbolismo de status da cultura material. De fato, estava presente no trabalho de um acadêmico que é possivelmente o pai do moderno estudo do simbolismo de status, Thorstein Veblen.

Em *The theory of leisure class*, Veblen assume a posição de que o vestuário e outras categorias da cultura material fazem seus apelos por status funcionando como "boas evidências à primeira vista" da renda (Veblen 1912). Seu argumento controvertido é simplesmente o de que os observadores leem no custo de um artigo de vestuário o poder de compra do indivíduo que o veste. Esta é uma formulação pré-simbólica. Não postula o elaborado aparato teórico exigido pelos estruturalistas do século XX. Não necessita de "códigos", "mensagens", "cadeias sintagmáticas", "classes paradigmáticas", "codificadores" e "decodificadores". Dispensa, com efeito, a própria noção de "interpretação". A teoria de Veblen pressupõe simplesmente um observador inteligente capaz de formular inferências a partir do custo dos bens que figuram em atos de consumo conspícuo. No esquema de Veblen, o observador não está "decodificando" mensagens simbólicas, ele ou ela está "inferindo" implicações simbólicas.

Uma proposta muito similar está sendo feita aqui em relação à pátina. Como os bens de consumo discutidos por Veblen, a pátina representa as reivindicações de status conferindo-lhes uma evidência visual a partir da qual o observador pode proceder a certas inferências. Nenhum "código" sublinha este ato comunicativo. Nenhum "codificador" ou "decodificador" é necessário para que a pátina possa cumprir sua tarefa simbólica. Ela trabalha sobre um outro princípio, que está fora do alcance explanatório do paradigma estruturalista.

A melhor maneira de caracterizar este princípio é com a teoria de Charles Sanders Peirce e sua definição de "ícone" (Peirce 1932). De acordo com Peirce, um ícone é um signo que reproduz algumas das qualidades da coisa que significa. Um exemplo de um ícone na linguagem é a onomatopeia na qual o veículo sígnico (ex: "buzz") imita a coisa que significa (i.e., o zumbido da abelha). Outros exemplos de ícones incluem diagramas que são estruturalmente isomórficos aos objetos que representam e as réplicas nas quais propriedades físicas do sinal e as do objeto assinalado são indistinguíveis (Silverstein 1976).

Em nosso exemplo, a pátina funciona como um ícone à medida que a cobertura na superfície dos objetos reproduz a duração do apelo por status de uma família (passos inferenciais de 1 a 4, acima). A pátina mostra a duração da reivindicação de status por parte da família, demonstrando a idade do objeto que ela adorna. Neste caso, a relação entre significante e significado é amplamente natural e motivada.[25] A pátina se presta a um objetivo comunicativo precisamente por causa de suas qualidades físicas e do tipo de informação que pode ser inferido a partir destas qualidades. O simbolismo de status da pátina pode ser alheio às convenções estruturalistas prevalecentes, mas é não obstante prontamente compreensível nos termos teóricos propostos por Peirce. Desta perspectiva, uma abordagem icônica do poder expressivo da pátina é mais útil.

UMA HISTÓRIA DA PÁTINA

A estratégia pátina de representação do status é ainda hoje amplamente utilizada, como veremos na seção final deste capítulo. Mas sua manifestação moderna é uma versão pálida da anterior. Isto porque a estratégia da pátina havia sido um ponto de apoio fundamental para os processos através dos quais as comunidades protegiam-se da falsa representação do status. Foi, por exemplo, preeminente nos períodos medieval e da primeira modernidade na história europeia. Com o advento da revolução do consumo e do sistema de moda no século XVIII, a estratégia da pátina foi substancialmente eclipsada. Examinemos esta estratégia antes e depois deste desenvolvimento.

A PÁTINA EM ASCENSÃO

As famílias inglesas medievais e da primeira modernidade podem ser encaradas como corporações dedicadas a criar, aumentar e validar a honra (James 1974, 1978). A honra era a mais preciosa das posses de uma família, a base de sua posição social e o "estandarte de ouro" do qual dependia o grupo familiar a fim de negociar suas transações sociais. O mais notável no que se refere à honra era seu caráter dinâmico (Marston 1973). As famílias eram capazes tanto de destruí-la quanto de fazê-la crescer. Ações positivas eram necessárias para mantê-la. A honra estava em constante mudança em sua quantidade e qualidade.

A honra era fluida e mutável, em grande medida, porque a ordem social deste período era ela própria altamente dinâmica. A mobilidade era, então, incessante. Famílias se elevavam e despencavam na hierarquia, com apenas uns poucos ascendentes capazes de conquistar e manter a grandeza por mais de algumas gerações (Stone e Stone 1984).[26] A moeda corrente deste movimento era a honra. A família cuja honra houvesse crescido ascendia na hierarquia. A família cuja honra houvesse sido manchada caía. A honra era o combustível da mobilidade.

Um dos aspectos mais importantes da mobilidade de status neste período era a transição de uma posição não nobre para uma nobre. Esta era, por exemplo, a transição que era exigida de um mercador antes que sua família pudesse ser vista como membro da sociedade nobre. Mas era essa a transição também para pequenos proprietários rurais, profissionais e classes não comerciais que buscassem reivindicar uma posição nobre. Esta transmutação de substância social era extremamente difícil. Além de tudo, ela exigia que um indivíduo e uma família atravessassem o que era inquestionavelmente a distinção social melhor definida e mais fortemente guardada em uma sociedade preocupada com distinções (Stone 1965: 49). Esta transição constituía-se, talvez, no evento único de reivindicação no qual se depositava toda a honra acumulada.

Os comentaristas do período elizabetano se referem à regra das "cinco gerações" (Cooper 1970:16; Ferne 1586:87).[27] Este era o número de gerações que era exigido para uma família acumular honra e posição suficientes para ser encarada como plenamente nobre. Somente um período tão longo quanto este poderia lavar a mácula da vulgaridade plebeia. Somente um aprendizado social desta duração poderia contemplar uma família com direitos de plena participação nos privilégios da posição nobre.

Estas cinco gerações de aprendizado constituíam um período no qual se esperava que a família se comportasse como a família nobre que aspirava ser. A lógica era, pelo visto, a de que cinco gerações de aparência nobre poderiam engendrar uma nobreza real. A expectativa era a de que a família dedicasse sua riqueza à aquisição de um estilo de residência, de vestuário, de mobiliário e de hospitalidade que caracterizava aqueles que eram de posição elevada. Investimentos muito substanciais de dinheiro no exato e correto pacote de bens de consumo eram, portanto, uma parte essencial do processo de enobrecimento no qual a família havia embarcado. Como coloca Stone, "o dinheiro era o meio de adquirir e manter o status social, mas não era sua essência: o ácido teste era o modo de vida..." (Stone 1965:50).

Não é difícil perceber por que a pátina era tão útil para uma sociedade com tais características sociais. A pátina conferia aos indivíduos uma forma visual de determinar em que posição uma família estava no processo de mobilidade e no de tornar-se de boa estirpe e bem-educada. Quando os bens de consumo de uma família possuíam pátina, estava claro que o processo de transformação havia se instalado por completo. A pátina informava que a família havia vivido de uma maneira nobre por várias gerações e, portanto, era legítimo que agora vivesse assim também. Esta simples propriedade física e simbólica concedia aos membros desta sociedade ferozmente hierarquizada um meio de se protegerem contra a falsa representação do status.

Não podemos, porém, ver a pátina somente do ponto de vista de famílias individuais, mas também da sociedade como um todo. Desta perspectiva, a pátina emerge como um aspecto essencial de um processo mais amplo, através do qual esta sociedade convertia dinheiro em status, plebeus em nobres e, neste processo, mantinha consoantes riqueza e posição social. Que a sociedade se compusesse de uma rígida hierarquia era uma das realidades da vida inglesa neste período. Uma outra realidade era que ela se constituía também como palco de uma intensa e constante mobilidade. Para acomodar estas duas realidades potencialmente hostis, era necessário dotar-se de algum modo de absorver a nova riqueza sem romper com a ordem social.[28] Era necessário permitir o ingresso dos novos ricos na hierarquia, mas não de uma maneira que corrompesse a hierarquia de status existente ou que encorajasse embusteiros. A regra das cinco gerações satisfazia essa exigência: viabilizava a entrada, mas somente com o tempo e somente depois de um processo de qualificação. A virtude da pátina era que ela permitia a esta sociedade tornar publicamente demonstrável em que posição os indivíduos estavam. A pátina fazia com que aqueles que apenas gozavam de riqueza mas que ainda não estavam qualificados para uma posição elevada pudessem ser identificados como tal. Ela marcava aqueles que haviam completado seu aprendizado. Em resumo, a pátina agia como uma espécie de salvaguarda, barrando aspirantes a posições elevadas e admitindo os que a elas pertenciam.

A PÁTINA EM ECLIPSE

A pátina sofreu um eclipse no século XVIII, em função do dramático aparecimento de uma "sociedade de consumo" neste período. Como vimos no capítulo anterior, a Inglaterra sucumbiu, subitamente, ao que um observador contemporâneo chamou de "loucura epidêmica". Conduzidos por novos gostos e preferências e expostos a um reluzente conjunto de novas opções de consumo, os ingleses se entregaram ao que um observador moderno chamou de "uma convulsão de aquisição e gasto" (McKendrick et al. 1982). Os ingleses descobriram o consumo conspícuo em uma escala moderna (Braudel 1973).

As consequências desta revolução do consumo foram extraordinariamente numerosas e diversas, como notamos no capítulo precedente. O que nos interessa aqui é o desenvolvimento de um novo tipo e ritmo de mudança na moda. A Inglaterra do século XVIII viu a taxa de mudança na moda crescer dramaticamente. Aquilo que antes levava uma década para se transferir através de um ciclo de moda, agora levava apenas um ano. Aquilo que antes levava um ano, agora levava apenas uma estação. E, ainda mais notável, categorias de objetos antes intocáveis pela moda estavam agora sendo incluídas neste incessante processo de mudança (Braudel 1973:315-25). Os "profissionais de marketing" agora compreendiam as dinâmicas da moda e trabalhavam para aumentar sua intensidade. Novas técnicas para criar novos estilos e colocar os antigos em descrédito estavam sendo constantemente desenvolvidas (McKendrick et al. 1982:34-99). Este foi o *locus* do nascimento do sistema de moda que domina o consumo dos dias atuais.

Para a estratégia pátina de representação do status, as consequências deste desenvolvimento foram cataclísmicas. Subitamente, os indivíduos de elevada posição podiam encontrar mais status em objetos novos que nos antigos. Pior que isso, a nova preocupação com a moda nas residências, no mobiliário, na cutelaria, na prataria e na cerâmica significava que os indivíduos de elevada posição estavam passando dos objetos que tinham pátina para aqueles que não tinham. Novamente nas palavras de McKendrick, "a novidade tornou-se uma droga irresistível" (1982:10). Com a novidade em ascensão, a pátina entrou em declínio.

O fim da pátina como meio preeminente de controle da falsa representação do status integra uma série de eventos infelizes para o sistema de status. O primeiro deles foi simplesmente que não havia mais um modo de discernir através da cultura material a diferença entre os de posição elevada e os ricos de baixa posição. Quando a última moda era a coqueluche, qualquer um com o bom gosto e os recursos necessários podia obter a inovação mais recente e utilizá-la para propósitos de status. Isto significou que a riqueza de primeira geração tornava-se agora indistinguível da nobreza de cinco gerações.

O segundo evento seguiu-se irresistivelmente ao primeiro. Havia agora uma explosão de comportamento imitativo por parte dos consumidores de baixa posição. A moda havia apagado um dos mais importantes meios de diferenciar os pertencentes às classes altas e baixas. Os que estavam em baixa posição podiam agora falsificar uma posição elevada sem medo de serem detectados. McKendrick documenta o feroz e esmagador entusiasmo com o qual isso era feito, mas não se dá conta de que o fim da estratégia da pátina ajudou a tornar possível esta orgia de emulação de status.[29]

O terceiro evento constitui-se das implicações sistêmicas da imitação dos subordinados. Quando os indivíduos de baixa posição começam a tomar emprestado dos de alta posição seus marcadores de status, estes últimos são forçados a transferirem-se para outros marcadores. Este "efeito trickle-down", identificado pela primeira vez por Simmel, operou por todo o período da primeira modernidade (Simmel 1904). Mas agora, sem a pátina para proteger determinados marcadores de status, este padrão de difusão assumiu uma nova proporção e uma nova velocidade. Agora, virtualmente qualquer marcador de status podia ser imitado por grupos subordinados ricos. Como resultado, os grupos superiores eram forçados a adotar outras inovações em todas as categorias de produtos. Não havia trégua. Mal o grupo dos superiores criava uma inovação, esta era, também, apropriada pelos grupos subordinados, e um outro movimento era então novamente necessário. As classes aristocráticas haviam se tornado prisioneiras de um ciclo de "caça e perseguição".[30] As novas modas que elas antes adotavam por capricho, agora tinham de adotar por necessidade. Sem a estratégia da pátina para protegê-las dos apelos fraudulentos por status, o único recurso de proteção era continuamente inventar novas modas.[31]

O advento do sistema de moda abriu a possibilidade da imitação e, com ela, a da perda dos símbolos. Tal perda, por sua vez, conduziu a ainda mais inovações. O surgimento deste sistema anunciou o fim da pátina como um meio de controlar a falsa representação do status, o que privou os grupos de posição elevada de sua linha de frente de defesa contra essa fraude. Os grupos de posição elevada eram agora forçados a continuamente adotar novas modas para recriar a distinção que era antes fornecida pela pátina. Eram agora, em um sentido mais que figurativo da frase, prisioneiros da moda.

Na mesma medida em que este episódio foi traumático para os grupos de alta posição e para a história de suas estratégias de status, teve efeitos benignos de um ponto de vista mais geral. O advento do sistema de moda de alocação de status significou que uma nova consistência entre riqueza e posição social tornou-se possível. Agora um indivíduo podia converter sua renda em status imediatamente, sem necessidade de uma longa, dispendiosa e arriscada espera por cinco gerações. Isto permitiu que o sistema de status incorporasse a mobilidade ascendente de modo imediato. Tornou possível, também, que este sistema recompensasse aqueles que por força de iniciativa ou talento houvessem provado ser merecedores de um avanço. Este novo sistema de alocação de status favorecia a iniciativa e a proeza mais que a mera posição. Encorajava uma nova mobilidade e o reconhecimento da habilidade. A estratégia da pátina havia servido à causa de uma relativa rigidez, fixação e imobilidade. O sistema de moda servia à causa da mobilidade. Devemos nos perguntar que contribuição o fim da pátina deu, neste sentido em particular, para a transformação do Ocidente.

A PÁTINA NO MUNDO MODERNO

A pátina continua viva no mundo moderno. Foi deslocada pela moda, mas não inteiramente suplantada. Permanece um meio útil de discriminação entre o novo e o velho status. Embora não seja mais a terrível salvaguarda, o teste imperdoável de quem pode ou não pode reivindicar uma posição nobre, continua a fazer-se útil. A pátina pode até não mais controlar a representação do status, mas é ainda uma serva dedicada e habilidosa desta causa.

Warner e Lunt, em seu clássico estudo do status na América, *Yankee City*, vislumbram a pátina em diversas ocasiões. Em sua discussão das "antiguidades, bens de herança de família e outras propriedades que foram legadas do passado", os autores notam a importância de tais objetos para a relação entre as gerações:

> "A herança de objetos rituais do passado e seu uso por descendentes vivos conferem aos membros das classes superiores um aparato simbólico que liga os sentimentos dos vivos com os dos mortos. A casa, sua mobília e seus jardins se tornam, assim, expressões simbólicas não apenas da relação entre os membros da família, mas também da relação entre os vivos e os mortos". (Warner e Lunt 1941:107).

Warner e Lunt observam a pátina mais diretamente quando comentam sobre as casas das famílias de classe alta-alta. "Uma casa com uma linhagem distinta é uma evidência concreta de status de alta classe". Os autores também notam como esses objetos podem ajudar uma família a acumular status. "... depois de umas poucas gerações, as 'novas pessoas' que moram nessas casas e que adotam um comportamento de alta classe se tornarão membros de antigas famílias e entrarão na classe alta-alta" (1941:107,108). Mas nada mais dramático atesta a presença da estratégia da pátina no novo mundo que o episódio do veleiro.

Uma das famílias de mais alta posição em Yankee City, os Altons, foi forçada por exigência financeira a vender um de seus mais prezados objetos de status. Era um modelo de veleiro que representava a atividade através da qual os Altons haviam conquistado sua fortuna e, mais importante, nele estava implicada a duração da reivindicação de uma alta posição por parte da família. Os Altons apreciavam o valor de status de seu veleiro e levaram-no a Boston, onde um negociante foi instruído a vendê-lo "na surdina". Esta estratégia, contudo, não evitou que os Starrs, uma família de novos ricos e de grande ambição social, comprasse o veleiro e o exibisse em sua casa de Yankee City (Warner e Lunt 1941:131).

O episódio do veleiro nos mostra uma América na qual a pátina permanece ativa; nos mostra uma família tentando se apropriar de um objeto com pátina a fim de utilizá-lo para converter fortuna em posição e para legitimar apelos de status. Por um lado, isto nos reafirma que a pátina era ainda uma estratégia de status na América ocidental nos anos de 1930. Por outro, nos reporta o quanto esta estratégia havia diminuído e sido distorcida no novo mundo. O subterfúgio empreendido pelos Starrs era desconhecido no mundo elizabetano. Uma tal empresa não teria sido levada a sério neste período; nenhuma família poderia esperar se apropriar de status desta maneira.[32]

A estratégia da pátina foi notada por outros estudos mais recentes nas ciências sociais. Pratt, em seu exemplar estudo, "*The house as na expression of social worlds*", teve vislumbres da existência da pátina entre famílias de posição elevada em Vancouver, Columbia Britânica (Pratt 1981). A autora identifica dois grupos neste trabalho, os "Shaughnessy", caracterizados por um ponto de vista tradicional, antiga fortuna, educação em escolas privadas e gostos clássicos para o *design* de interiores, e os "Vancouver Ocidentais", caracterizados por um ponto de vista mais moderno, nova riqueza, educação em escolas públicas e gostos muito mais antenados com a moda. Pratt sugere que o primeiro grupo, o das mulheres "Shaughnessy", seria preocupado com um *design* de interiores clássico e especialmente ligado à mobília passada de geração em geração porque teria uma mentalidade convencional e indiferente às influências da mídia. O que a autora não percebe é que esta ligação reflete o fato de que este mobiliário herdado é coberto por pátina e se presta a atestar a duração da reivindicação de status por parte da família.[33]

A incapacidade de Pratt em perceber a operação de uma estratégia da pátina por parte das mulheres "Shaughnessy" também a impede de compreender que as mulheres "Vancouver Ocidentais" adotam uma estratégia de alta moda essencialmente por razões reativas. As mulheres "Vancouver Ocidentais" são dadas a um estilo de mobiliário e vestuário extremamente sensível à moda. Pratt atribui esta sensibilidade ao fato de que essas mulheres seriam individualistas ("baixo nível, baixo grupo") de um modo que as mulheres "Shaughnessy" não seriam. O que ela não percebe é que as mulheres "Vancouver Ocidentais" reconhecem que o caráter recente de suas posições elevadas as impede de fazer uso da estratégia da pátina. Elas não possuem objetos com pátina através dos quais poderiam apelar por status. Sua resposta é, portanto, fazer o melhor possível em uma situação difícil, utilizando-se para isso do potencial de conferir status da moeda corrente da moda, de um modo agressivo e consciencioso. Impossibilitadas de usar a pátina, utilizam sua terrível rival, a moda, para fazer suas reivindicações de status.[34] Sem uma ideia formal da pátina, Pratt é incapaz de analisar a estética e os princípios sociais que motivam o grupo "Shaughnessy" ou as estratégias reativas de seus rivais de "dinheiro novo".

Por essas evidências, percebemos que a estratégia da pátina está viva na sociedade contemporânea. Pareceria ser o caso, contudo, de que ela recuou de um uso mais geral e se constitui agora na preocupação apenas dos grupos de posição mais elevada. Para o resto da sociedade, seria de valor menor. Virtualmente ninguém compra móveis com a expectativa de que eles terão valor utilitário e simbólico para as próximas gerações. Ninguém na massa da sociedade compra uma casa com a ideia de que ela virá a ser um "sítio familiar". Algumas famílias de classe média e média-alta comprarão pratarias com a expectativa de que elas serão passadas de geração em geração como "herança de família" e, de fato, muitas famílias de classe média usam essas coleções por causa de sua significação de pátina. Contudo, tais coleções, especialmente aquelas que guardam qualquer traço de sensibilidade à moda, começam muito rapidamente a mostrar sua idade mais convincentemente que seu status. Por volta da segunda geração, elas não estão desenvolvendo uma pátina cada vez mais e mais distinta, mas, sim, estão se tornando um estorvo. De fato, a noção mesma de uma herança de família, embora ainda esteja ativa no modo como as famílias concebem suas posses e as distribuem de geração em geração, guarda tão pouca semelhança com a operação elizabetana da pátina que obscurece nossa percepção acerca de um mecanismo de status que fora uma vez tão distinto. Para a massa da sociedade, a noção de pátina é ela mesma desesperançadamente antiga, uma noção fascinante mas fora de moda. A pátina, se ainda vive, o faz em diminutos enclaves sociais, nos quais conserva-se como salvaguarda com toda sua perspicácia anterior, mas com muito pouco de sua glória original.

TRÊS

Lois Roget
Uma consumidora curatorial em um mundo moderno

Este capítulo dá continuidade ao movimento descendente que viemos fazendo, dos assuntos mais gerais para os mais particulares. Focalizaremos agora nossas atenções em uma breve análise de uma única consumidora moderna, Lois Roget. O que é notável na Sra. Roget é seu engajamento em um padrão de consumo que tinha praticamente desaparecido por completo da moderna América do Norte e que não prevalecera em nenhum lugar no Ocidente desde o período da primeira modernidade. Com efeito, me senti um pouco como um naturalista do século XIX que tivesse tropeçado em uma espécie há muito considerada extinta. Aqui, vivendo no século XX e em circunstâncias domésticas quase ordinárias, estava uma mulher com um padrão de consumo fortemente "curatorial". Uma análise desta vida nos permite perscrutar a "realidade viva" do consumo antes da criação do mercado moderno, fornecendo-nos um modesto sentido do consumo tal como ele existiu naquele que Laslett chamou de "o mundo que perdemos".

O estilo de consumo de Lois Roget não aparece em parte alguma da literatura revisada no primeiro ou no segundo capítulo. Tampouco foi capturado, e provavelmente não o pode ser, em qualquer trabalho acadêmico que esteja sendo escrito agora. Fatos de uma natureza etnográfica tão delicada quase nunca sobrevivem. A reconstrução deste padrão de consumo de modo pleno, a partir do exemplo de um indivíduo vivo, é um empreendimento arriscado, carregado de possibilidades de erro e de representações equivocadas. Se é tentado aqui, é com a esperança de que as vantagens possam prevalecer sobre os perigos.

A seção final deste capítulo considera as implicações do consumo curatorial para o indivíduo. O padrão de consumo da Sra. Roget a provia de importantes confortos, continuidades e seguranças que, geralmente, se encontram ausentes no mundo moderno. Mas, ao mesmo tempo, também funcionava no sentido de constranger e coagir sua existência de maneiras que muitos de nós consideraríamos intoleráveis.[1]

LOIS ROGET: CONSUMIDORA CURATORIAL

Lois Roget era a detentora das posses de sua família.[2] Sua casa era literalmente lotada de objetos herdados de sua família e da família de seu marido. Sua atitude em relação a eles era carregada de um sentido de responsabilidade. Deveres familiares a obrigavam a acumular, a exibir e a conservar esses objetos. Este padrão curatorial de consumo afetava muitos aspectos de sua vida. Seu objetivos, seus conceitos de família, sua ligação com o lugar onde vivia, sua relação com seus filhos, tudo isso era fortemente implicado por sua relação com suas posses.

Lois vinha de uma família que havia ocupado a mesma casa de fazenda local por sete gerações. Não surpreendentemente, a família possuía um senso extraordinariamente forte de sua própria continuidade, e Lois, um sentimento também ele muito intenso de ser uma descendente. Ambos foram muito bem ilustrados recentemente, quando Lois foi instada a tomar uma posição em uma sociedade de restauração de igrejas, em função de sua mãe ter dela participado anteriormente. ("Minha mãe foi uma diretora deste conselho, então adivinha só quem está nele agora?") A região de Gresham foi palco da vida representativa desta longeva família, e quando Lois ocupou este cargo, ela o fez como uma representante da família. A família do marido de Lois ("O pessoal do John", como ela os chama) também sente-se apta a reivindicar uma cadeia ininterrupta de várias gerações e também ele, John, parece ter um forte sentimento de si mesmo como um descendente.

Estas duas famílias fazendeiras haviam construído um grande e impactante estoque de mobiliário doméstico, e usaram estes móveis como uma espécie de arquivo. Inscreveram sua história em suas posses. Relativamente poucas famílias norte-americanas exibem este entusiasmo especial pelo uso da cultura material para significar sua continuidade, e eu me perguntava como os Rogets haviam desenvolvido este hábito. Talvez isso fosse uma tradição rural, mas também era possível que eles tivessem aprendido esta lição das próprias coisas. Afinal de contas, eles possuíram pelo menos dois objetos dotados de notáveis poderes de instrução. A casa de fazenda na qual a família havia vivido por sete gerações é um deles. Aqui estava, em circunstâncias mais modestas do que as normalmente pretendidas pela expressão, um "feudo familiar", um centro para a família, uma prova de sua longevidade, um *container* para suas memórias. Conforme cada geração a deixava de herança para a seguinte, esta casa de fazenda deve ter dado uma vívida lição para a família do poder mnemônico das coisas.

Igualmente importante como fonte de instrução talvez tenha sido a escritura da fazenda. Esta é, como a descreve Lois, "um papel pergaminho com um selo vermelho que mostra que [a fazenda] foi paga em libras e pences". Muitos objetos funcionam como títulos para certas reivindicações sociais, mas aqui temos um título que é um título mesmo. A família o conservou e estimou por seu valor histórico e social e, ao fazer isso, aprendeu alguma coisa sobre o valor simbólico das coisas. Tanto a casa de fazenda quanto a escritura demonstraram vivamente à família que os objetos podem servir como um arquivo, e é possivelmente em função deles que a família possui seu entusiasmo por colecionar e conservar. Para esta família, coisas de significado foram talvez uma fonte inicial de instrução no significado das coisas.

A herança de família de Lois consiste em um amplo conjunto de móveis, legado de um espantoso número de parentes. A especial significação histórica e memorial destes móveis constantemente se impõe sobre sua curadora. Lois freqüentemente levanta os olhos do livro que está lendo para contemplar uma mesa ou uma cadeira que a faz recordar do parente que a possuiu. Trata-se de um retorno individual, como uma imagem ou uma memória que ela pode optar por vislumbrar ou deixar escapar, ou ainda por explorar em exaustivo detalhe. Lois segue uma ou outra destas opções, dependendo de seu humor. A presença constante deste arquivo visual torna a história familiar sempre presente e ubíqua. Lois pode retornar a ela da mesma maneira que retornaria à leitura de seu livro, retomando a narrativa em seu momento de lazer.

Os parentes estão tão bem representados que eu senti que ela estava lendo para mim sua árvore genealógica ao invés de me mostrar sua sala de estar. Cada um dos objetos tinha sua proveniência, que incluía a menção do termo de parentesco apropriado a seu dono anterior. Um tio inglês é relembrado por alguns "pequenos pratos", e a maravilhosa avó de Lois por uma cadeira no corredor. Freqüentemente a proveniência irá incluir alguma coisa sobre o caráter, a casa, a vida do proprietário, e talvez uma história relativa à peça e à sua conotação para Lois. Mas a diversidade e o conjunto da informação familiar recordados nestes objetos nem por isso implicam em que Lois seja discursiva ou confusa quando discute as memórias de uma peça de mobília. Muito pelo contrário, ela é precisa e quase acadêmica quando recita a história que vive em seus bens de família. Afinal de contas, ela está falando não por si mesma, mas pela família.

Algumas vezes o significado arquivístico desses bens refere-se às importantes cerimônias no passado da família. O casamento da mãe de Lois, por exemplo, é recordado por "este pequeno pote verde de biscoitos". Mas esta coleção de coisas também inclui objetos de valor memorial criados pela própria vida doméstica de Lois. Objetos comemoram seu casamento, a graduação de seus filhos, a aposentadoria de seu marido, seus aniversários de casamento, e uma série de outros eventos familiares. Alguns desses objetos foram presenteados a ela pelas gerações mais novas, a quem um dia eles irão retornar carregados de significado familiar histórico. Esta família não é apenas um sítio para o significado histórico, mas também um lugar para sua manufatura.

O segundo conjunto de significados contidos nessas posses de família é relativo ao primeiro e tem a ver com o lugar. As famílias de Lois e de seu marido têm um forte senso de pertencimento a esta área local. Não é, de fato, um exagero dizer que a família é ligada à localidade com uma intensidade similar à que liga suas gerações umas às outras. Laços de família e laços com o lugar encontram-se emaranhados. A mobília da casa de Lois também expressa esse laço com o local, relembrando as casas de fazenda existentes por toda a área. Os móveis são feitos da madeira que vem das florestas locais. São, ademais, fabricados pelos marceneiros locais. Foram admirados e cobiçados por centenas de residentes locais. Logo, essas coisas são parte da localidade tanto quanto o são os Rogets.

Assim, Lois está de posse de objetos que são carregados de uma profunda significação. Ela aprecia o fato de que ela própria, como resultado, é carregada com uma responsabilidade muito profunda. A longevidade da família, o vigor de suas conexões corporativas e seu laço com a localidade são expressos em suas posses. Sua obrigação é providenciar para que estas peças tão importantes sejam preservadas de quaisquer danos, exibidas de modo adequado e transmitidas para a geração seguinte.

O senso de Lois acerca de suas responsabilidades curatoriais e a força com que este se manifesta ficam evidentes do princípio ao fim durante a entrevista. Quando instada a descrever suas posses, ela faz uma forte e consistente distinção entre as peças familiares e as que não o são. Ela tende a se demorar nas peças familiares e a recitar os membros da família e as histórias a eles associadas. As outras peças não familiares, por outro lado, são freqüentemente rejeitadas como sendo "não significativas" ou "só uma cadeira".

A atitude de Lois em relação às antiguidades foi especialmente ilustrativa da profundidade e da natureza de seu sentimento curatorial por suas coisas. Lois gosta de olhar as antiguidades que estão sendo postas à venda, mas ela jamais consideraria comprar alguma. Ela não tem interesse em possuir objetos por causa de sua idade, beleza, características estilísticas ou associações históricas. Não tem interesse nas antiguidades enquanto antiguidades. Todas as coisas sob sua posse são valorizadas e conservadas por sua conexão com a família.

É interessante observar o modo através do qual Lois interpreta seu papel de curadora. Qualquer bom curador sente a responsabilidade de preservar os objetos de uma maneira tal que seu cuidado persista mesmo quando ele próprio já não esteja presente. Quando se trata do cuidado de objetos, a sucessão é uma questão-chave. Lois treinou cuidadosamente sua filha para substituí-la em suas responsabilidades curatoriais. Ela ensinou a esta criança (agora na faixa dos quarenta anos) a reverência por estes objetos e a história familiar a eles atrelada. Ela até mesmo deu à sua filha a chance de praticar, colocando na casa dela várias das peças da coleção.

Esta responsabilidade por providenciar a continuidade do cuidado com a coleção traz consigo certas ansiedades, contudo. Em primeiro lugar, Lois se pergunta se sua filha terá de fato o espaço e a inclinação para proteger plenamente a coleção. Com toda a certeza, a filha expressa grande entusiasmo pela missão e, além disso, foi bem treinada, mas e se... Perspectivas aterradoras se precipitam sobre a curadora e ela se pergunta se fez de fato o suficiente. Combinam-se aqui ansiedades curatoriais e maternais para atormentar Lois e forjar seu medo quanto ao futuro da coleção familiar.

Em segundo lugar, está claro que o filho de Lois é absolutamente desprovido de sentimento curatorial. Ele expressou interesse em uma – e apenas uma – peça da coleção: um serviço de chá que tem o nome da família gravado. Seu interesse por esta peça demonstra, ironicamente, o quão pequena é, na realidade, sua sensibilidade curatorial. Isto porque, dentro de toda a coleção, o que capturou seu olhar foi justamente a única peça marcada com o nome da família. Todas as outras peças, muitas delas muito mais carregadas de significação familiar, segundo o modo de pensar de Lois, foram por ele ignoradas. Apesar de ser um bom e dedicado filho, esta criança não tem *feeling* para o projeto que tanto preocupa sua mãe.

Mas a maior de todas as fontes da ansiedade de Lois é o fato de que seus filhos recusam-se a falar sobre a coleção e sua eventual disposição. Lois adoraria pregar atrás de cada uma de suas peças uma etiqueta que identificasse o filho que a herdaria. Contudo, seus filhos simplesmente se recusam a escutá-la quando ela aborda este tópico. "Eu tento fazer com que eles assumam um compromisso, veja você, porque eles certamente gostariam de algumas coisinhas [da coleção]. Eles ficam rindo de mim, eles pensam que nós [Lois e seu marido] vamos viver para sempre". Este é um conflito interessante. Por um lado, Lois está tentando satisfazer sua responsabilidade curatorial, providenciando para que seus filhos a assumam quando ela vier a falecer. Ela está preocupada em garantir que sua própria memória e a da sua família serão preservadas depois de sua morte. Seus filhos, por outro lado, não querem participar de uma discussão que busque olhar adiante, para um momento em que sua mãe já fará parte da linhagem. Querem reter a memória de sua mãe e de sua família preservadas em vida. Cada uma das partes, portanto, está estruturalmente disposta de modo a contradizer os desejos da outra.

É, portanto, de especial interesse que Lois não tenha feito tentativas de recrutar a geração seguinte à dos seus filhos. Seus netos, como veremos, foram instigados a valorizar e a apreciar a coleção. Mas, ao que parece, não foram plenamente instruídos a respeito de sua significação histórica. Não conhecem todas as histórias depositadas nessas coisas. Esta é uma importante oportunidade perdida. Outros dos entrevistados planejaram transferir a coleção de Lois por estágios ao longo da vida de seus netos, de modo que eles não só já estariam bem conscientes de sua significação, mas também treinados nas responsabilidades de curadores.

UMA EXPOSIÇÃO INTERATIVA

Mas esta geração mais recente de uma família longeva teve a chance de participar na significação memorial da coleção de sua avó. De fato, um dos modos mais efetivos pelos quais Lois interpreta seu papel curatorial é através de uma política de "exposições interativas". Em sua sala de estar, ela tem uma pequena lamparina a óleo à qual ela é muito apegada. Em suas palavras: "Quando eu era pequena e nós não tínhamos *hydro* (i.e., luz elétrica), eu costumava levar uma lamparina como essa para a cama toda noite, e por isso ela significa tanto para mim". Esta lamparina é posta no centro da mesa na época do Natal, como enfeite. Também é posta aí quando os netos vêm visitar a avó. Nestas ocasiões, as luzes são apagadas e as crianças têm uma refeição especial ao redor da lamparina.

Este é um uso habilidoso da coleção. Utiliza um objeto carregado de significação familiar histórica para criar um evento carregado de significação familiar contemporânea. Mas, melhor que isso, cria um evento infantil memorável para uma geração, fazendo uso de um objeto que foi parte da infância de uma outra geração. O objeto passará a ser posse dos netos, e evocará para eles não apenas sua infância, mas a infância de sua avó. Seu passado irá conter um objeto que contém ele próprio o passado da família. Lois criou uma exposição viva que coloca o observador outrora passivo em contato participativo com uma peça de museu, e uma geração de outro modo distante em contato com sua linhagem.

O ritual da família de Lois pode ser visto como uma técnica para acomodar eventos de significação familiar e corporativa no passado dos indivíduos. Esta técnica tem o efeito de transformar o passado individual (e, deste modo, também o indivíduo) em parte da família. Podemos tomá-la como uma espécie de atividade "seguradora" do grupo de linhagem. É através dela que a linhagem integra em si cada geração, providenciando assim sua própria continuidade e preservação. Em termos analíticos, estamos testemunhando aqui o uso das relações pessoa-objeto para criar relações pessoa-pessoa.

O fato de que Lois escolheu a lamparina para este ritual é interessante. Seria apenas acidental que, quando os netos se reúnem à luz da lamparina, são ao mesmo tempo reunidos no pequeno círculo familiar? Seria acidental que a chama que cria esta piscina de luz também cria necessariamente a escuridão circundante para a qual funciona como proteção? Seria acidental que as lamparinas sejam frequentemente usadas com propósitos memoriais e como símbolo de sustentação da fé e da devoção? Quando Lois escolheu uma de suas posses para criar um pequeno ritual familiar de continuidade, ela dispôs de grande sorte ou de notável habilidade.

Ser uma curadora nem sempre foi uma tarefa fácil. Lois recentemente teve problemas com suas acomodações físicas. Por vinte e três anos, ela viveu em uma casa que era praticamente perfeita para o armazenamento e a exibição, uma casa de tijolos vermelhos de grandes e belas proporções. O exterior assemelhava-se fortemente às demais casas de fazenda locais tanto em material quanto em modelo e, portanto, impunha-se com uma certa propriedade. O interior era muito grande e dispunha de uma sala de estar, uma sala de jantar e um corredor que, juntos, ofereciam um espaço de exibição muito gracioso. Há três anos, contudo, Lois e seu marido se mudaram para sua "casa de aposentadoria". Agraciada com uma ou duas características de primeira qualidade e muito mais manejável no que se refere à limpeza, esta casa era, contudo, um desastre do ponto de vista curatorial.

Em primeiro lugar, era moderna e portanto praticamente inapropriada como lugar para exibir a coleção. Em segundo lugar, era pequena, o que significou que algumas coisas tiveram de ser removidas da exposição e que as peças remanescentes produziam um efeito dramaticamente diferente.

A mudança diminuiu substancialmente a habilidade de Lois em montar adequadamente a exposição; mas, ainda assim, ela persistiu. Embora tenha lamentado um pouco as dificuldades impostas por sua residência atual, compreendeu que estas não eram nada se comparadas às que se seguiriam. Compreendeu que a próxima mudança, para um apartamento ou para uma casa de repouso, levaria a uma configuração ainda menor, na qual ela teria que virtualmente abandonar suas tentativas de exibir e armazenar a coleção. Atualmente, uma parte tão considerável de seu sentimento de si ancorava-se no e realizava-se através do seu papel como curadora da família que lhe era impossível imaginar (e para nós, impossível especular) as consequências que esta mudança poderia suscitar.

Por enquanto, Lois continua com suas responsabilidades. Como qualquer curador sabe, as coleções precisam estar submetidas a um cultivo e a um zelo contínuos. Um dos atuais projetos de Lois é encontrar uma cadeira que lhe permita completar um conjunto que foi deixado por uma tia. Situações deste tipo são as únicas nas quais Lois considera a compra de um objeto antigo. A justificativa para uma tal compra está na alegação de que ela tornará a coleção mais completa. Curadores e, particularmente, especialistas em restauração sabem o quão frequentemente um pequeno artifício ajuda a revelar a verdade essencial de um objeto ou de uma coleção. Lois também tem grande prazer em restaurar uma peça familiar deteriorada, restabelecendo sua glória original. Em ambos os casos, o da compra ou o da restauração, ela está trabalhando a coleção a fim de aumentar seu valor memorial.

Por mais extensa que seja a coleção, porém, ela não basta para mobiliar a casa inteira, e é necessário comprar várias peças menores ou maiores. Tal tarefa complica-se com o veto dado por Lois à compra de antiguidades, mencionado anteriormente. Lois precisa comprar peças que se conformem de algum modo à coleção mas que, ao mesmo tempo, não sejam elas próprias realmente antigas. Ela solucionou esse problema de exibição escolhendo peças cuja aparência fosse simultaneamente envelhecida e muito discreta. Juntas, estas propriedades garantiam que as peças compradas não chamariam atenção para si mesmas e permitiam que funcionassem como "jogadores café com leite", que criavam um pano de fundo para as peças realmente importantes, sem ameaçar seu lugar de proeminência.

Claramente, portanto, as relações pessoa-objeto nesta família constituem, em parte, um padrão poderoso e consistente. Nós o chamamos aqui de "consumo curatorial" e o definimos como um padrão de consumo no qual um indivíduo lida com suas posses como tendo um forte valor mnemônico, e nutre um senso de responsabilidade em relação a essas posses que prescreve sua conservação, exposição e transmissão segura. A dificuldade desta abordagem é que ela ameaça esconder a pessoa. A metáfora que escala Lois como uma curadora ameaça fazer estes aspectos completamente extraordinários de seu consumo parecerem meras extensões dela própria. Faz com que pareçam simples operações da metáfora, mais que características incomuns e muito reais de uma vida.

Antes de irmos além, portanto, é necessário insistir que esta não é uma metáfora ociosa. Lois realmente atrela uma significação histórica e poderosamente mnemônica a seus objetos. Ela de fato encara sua coleção como organizada a partir de um princípio específico, e a protege da intromissão de peças que sejam meramente antigas. Ela fez de si mesma a guardiã de cada peça e de sua proveniência e, além disso, cultivou um sucessor. Não é, portanto, Lois quem é conformada à metáfora, mas, sim, a metáfora que se conforma a ela.

CONSUMO CURATORIAL E CONSUMO MODERNO: UM CONTRASTE

O aspecto curatorial do consumo de Lois é, claramente, raro e quase excêntrico. A maior parte dos consumidores modernos não nutre um interesse curatorial por suas posses. De fato, poucos de nós possuem objetos que admitiriam um tratamento desta natureza. Não há virtualmente nenhuma categoria de produto que seja passada de geração em geração, com a possível e eventual exceção da cutelaria, da louça e de certos itens de arte e de mobília. E, mesmo estas poucas exceções, tendo sido transmitidas de uma geração para a seguinte, dificilmente serão passadas para uma terceira. Tornou-se rara a transferência multigeracional. Este é, evidentemente, um desenvolvimento moderno, cujas origens foram localizadas no século XVIII por Neil McKendrick (1982), que argumenta que a partir deste período a família progressista e individual tornou-se cada vez menos e menos disposta a herdar suas posses e cada vez mais e mais disposta a comprá-las.

Portanto, não há dúvida de que Lois é como uma ave rara. Com efeito, seu padrão curatorial de consumo faz dela um caso-limite muito valioso. Ela é uma espécie de exceção que nos ajuda a perceber as regras que governam os padrões de consumo eleitos como principais atualmente. Vamos observar mais de perto a natureza de seu consumo curatorial. Quais são suas origens e quais são suas implicações para Lois e para sua família, qual é sua significação, sob o ponto de vista da relação pessoa-objeto? Como essa família difere de outras que dispõem de uma inclinação mais convencional?

No padrão convencional da sociedade contemporânea, cada família escolhe seus bens de consumo por si mesma. Cada vez mais as ciências sociais encaram este ato de escolha como algo que envolve a família em um ato de construção de identidade. A família está comprando não apenas o pacote econômico de utilidade, mas também um conjunto de signos que se prestarão a representar e a constituir o caráter familiar (McCracken 1986b). A família convencional é então convocada a fazer uma seleção dentre uma gama de possíveis bens de consumo e dentre o muito variado conjunto de significados culturais que estes bens carregam.

Sob um ponto de vista, podemos dizer que este processo de escolha é forçado. O fato de que nenhum bem é legado à família moderna a compele a fazer suas próprias escolhas. Sob um outro ponto de vista, contudo, podemos dizer que este processo de escolha é livre. A ausência de bens herdados deixa a família com uma "ficha limpa" que lhe permite construir um ambiente físico e simbólico a seu redor sem o peso de uma bagagem literal ou figurativa. Em suma, o ato de escolha que confronta a família moderna é ao mesmo tempo uma necessidade e uma oportunidade. Cada família pode e deve fazer seu próprio conjunto de decisões de consumo e se aproveitar dos significados contidos nos bens de consumo.

Ademais, a necessidade e a oportunidade de consumo da família moderna têm uma perpétua qualidade. As famílias são com frequência ao mesmo tempo livres e forçadas a fazer uma contínua série de compras e, com cada uma dessas mudanças, a sofrer uma transformação em seu próprio conceito de si. Em certo sentido, as famílias modernas não têm a possibilidade de herdar as coisas; estas não necessariamente são legadas às famílias por suas manifestações anteriores. Em resumo, as famílias convencionais têm um acesso livre e forçado a um vasto e mutável corpo de significado através de suas escolhas de consumo.

Lois, por outro lado, tem um padrão de consumo com implicações muito diferentes. Ela teve suas escolhas estritamente constrangidas. Sua herança detém por preempção uma grande parte de suas decisões de compra, e as escolhas que lhe restam são tomadas com um olhar cuidadoso para proteger a preeminência e o caráter da coleção. Além disso, essas posses herdadas chegam carregadas com um significado muito particular: os lugares, as pessoas, os eventos das gerações anteriores. Para Lois, portanto, há muito pouca oportunidade discricionária, tanto em suas posses quanto nos significados delas advindos.

Este lapso de oportunidade eletiva constitui, sem dúvida, uma condição com a qual muita gente sonha. Representa para essas pessoas um dos aspectos mais valiosos de uma sociedade pré-industrial e pré-consumista, na qual o indivíduo tem sua vida ordenada pela tradição e pela continuidade. Cada geração é herdeira e beneficiária dos valores e dos significados das predecessoras. Nem os indivíduos nem as gerações precisam reinventar a si próprios; ao invés disso, podem contar com o trabalho dos ancestrais.

Por outro lado, este padrão de consumo é dotado de características potencialmente cansativas. A herança de objetos tem direito de preempção sobre as oportunidades de escolha, e a herança de móveis e bens delimita a gama de significado à qual o herdeiro terá acesso. Não é exagero dizer que há muito pouco espaço para Lois em suas posses, porque elas próprias já estão carregadas de significado, fruto do trabalho ávido por fazer-se memória de sete gerações. Com efeito, esses objetos são tão plenamente "pré-gravados" que tomar posse deles é arriscar-se a ser atolado por seu significado. Sua simples presença representa uma insistência diária e eloquente na família como linhagem e em Lois como uma descendente. Esta tirania é capitalizada pelo fato de que uma vez aceitas essas coisas, o dono é então transformado em administrador.

Na diferença entre o padrão curatorial de consumo de Lois e os padrões mais modernos, nos deparamos com a confrontação clássica entre a corporação e o indivíduo. Isto porque Lois, enquanto indivíduo, é submergida dentro da corporação. Ela dispõe do conforto, da continuidade, da segurança e da capacidade de envolvimento desta relação. Como parte da corporação, Lois foi agraciada com um modo de definir a si mesma e a seu mundo, e abençoada com um poderoso senso de pertencimento. Foi presenteada até mesmo com uma espécie de imortalidade. Ela viverá nesses objetos e neles será lembrada. Mas como parte da corporação ela também sofrerá a perda da individualidade e a diminuição da liberdade de desenvolvimento e de expressão. As famílias modernas, por outro lado, experimentam uma limitação em suas conexões com as gerações anteriores e futuras. Não há clareza e profundidade de definição que possam ser depreendidas dos ancestrais. Não há tampouco qualquer senso de continuidade, precedência ou tradição do qual se possa extrair uma definição. Cada família (e, cada vez mais, cada indivíduo) precisa forjar seu próprio caminho, tecendo um senso de si a partir dos seus próprios recursos e dos bens de consumo à sua disposição. No lugar deste legado, contudo, há uma imensa gama de possibilidades de escolha. Cada vez mais, a família constitui-se como um quadro em branco, no qual apenas ela própria está autorizada a escrever.

Lois é uma curiosidade, quase um retrocesso. Seu padrão de consumo um dia foi o predominante. Como nos conta McKendrick, até o século XVIII, a maior parte dos indivíduos herdava muito mais do que comprava e eram, desta forma, herdeiros não apenas das posses de seus ancestrais, mas também do significado nelas embutido. Este padrão de consumo era uma das maneiras pelas quais os indivíduos permaneciam submersos na corporação. Claramente, contudo, o indivíduo no Ocidente tem fugido às agarras de controle das corporações, do ambiente doméstico e outros. Stone (1977) documenta este processo tal como ocorreu no período de 1500 a 1800. Por volta do século XVIII, um novo padrão de corporação e de consumo emergia rapidamente, um padrão no qual o indivíduo era ao mesmo tempo livre e constrangido a fazer suas próprias escolhas de consumo e de definição de si.

Os objetos tinham um papel-chave tanto no padrão antigo quanto no novo. Para o velho sistema da família e da herança, o movimento dos bens de uma geração para a seguinte constituía um importante método de preservação da corporação, garantindo sua continuidade, retransmitindo seus valores, e trazendo para dentro da linhagem cada uma das sucessivas gerações. Lois nos permitiu vislumbrar como este antigo sistema funcionava como um meio de comunicar significados de uma geração para a seguinte.

Para o novo sistema, os bens são igualmente importantes. Constituem uma das fontes às quais a família e seus indivíduos recorrem a fim de obter um significado que não mais lhes é legado pela linhagem. Tais bens são úteis desta forma somente porque são produtos de um sistema gerador de significado e porque são perpetuamente revistos por novas circunstâncias sociais. A grande e geral aceitação de seu significado os torna praticamente inúteis para as gerações sucessivas. Como resultado, eles agora raramente transmitiam-se de uma geração para outra; e muito ocasionalmente se prestavam à memorialização das gerações passadas enquanto uma corporação em qualquer sentido substancial. O uso dos objetos como um registro da família e como um meio de sua continuidade se tornou algo muito difícil de se alcançar no novo padrão de consumo.

Então, o que Lois tem que nós não temos? Esta é uma outra maneira de perguntar qual é a natureza daquilo que Leslett (1971) chamou de "o mundo que nós perdemos"? Quando se pede que Lois dê conta do valor de suas antiguidades, eis o que ela diz:

> LR: "Bom, elas são preciosas, não tanto por seu valor, mas à medida que posso olhar para elas e saber exatamente de que casa elas vieram."
>
> GM: "Você se pega fazendo isso de tempos em tempos?"
>
> LR: "Ah, sim. Quando eu olho o *buffet*, sei que as tias o colocavam na sala de jantar."

O passado continua a viver no presente. Lois vive em um mundo que é rico em pertencimento. Os objetos físicos que a rodeiam falam continuamente para ela acerca de seus familiares e de suas vidas. As posses da família reclamaram seu arquivamento. Mas elas são muito mais do que isso. A cultura material de uma casa como a de Lois confere ao passado uma certa presença. Como resultado, Lois vive em um tipo de "lar" que o restante de nós só consegue imaginar vagamente. Sua casa é um lugar de surpreendente significação. É ricamente trabalhada e profundamente enraizada. O que ela pensa dos "lugares" nos quais o resto de nós vive? Eu lhe mostrei uma fotografia de uma sala de estar moderna e ela reagiu demonstrando discordar honestamente do *mainstream*.

> LR: "Bom, claro que esta não é absolutamente a minha ideia do que seja uma casa. Isso é moderno."
>
> GM: "Como você se sente em relação a um lugar como esse?"
>
> LR: "Eu não tenho qualquer sentimento por ele, absolutamente nenhum."

O "lugar" em que Lois vive reverbera de significado e a família inteira faz-se ouvir quando a memória desliga essa reverberação. Os outros lugares, aqueles nos quais a maioria de nós vive, não reverberam. Ela não consegue ouvir nada neles e eles não despertam nela qualquer sentimento. Ela não tem "sentimento" por esses lugares porque, em sua perspectiva e dentro de seu senso das relações pessoa-objeto, não há qualquer sentimento neles. Vivemos em lugares que não têm história, o que, para alguns de nós, é animador. Podemos escrever sobre esses lugares como um ato de autoexpressão e autodefinição. Mas, para Lois, esses lugares são vazios e intensamente frívolos.

CONCLUSÃO

Lois e sua coleção são meramente, em certo sentido, diferentes versões da família. Ambos são consequência de um empreendimento familiar que se estende por sete gerações. Ambos são artefatos históricos de certo tipo. Os objetos da coleção são tão densamente investidos da memória de seres humanos, e os seres humanos, tão densamente investidos do significado dessas grandiosas antigas peças de mobília, que os dois parecem constituir diferentes momentos de um processo histórico que infinitamente converte ancestrais em objetos e objetos em descendentes. Lois é uma participante em um processo que quase já se desvaneceu por completo. Ela é, nesta medida, a curadora não somente do passado de sua família, mas também de um passado ocidental muito mais amplo.

Parte II

TEORIA

Esta segunda parte do livro é dedicada a assuntos teóricos. É aqui que tentaremos dar conta, sob um ponto de vista teórico, das propriedades significativas dos bens de consumo e da interpenetração entre cultura e consumo. As ciências sociais têm sido excessivamente lentas em desenvolver pesquisas teóricas nesta área, que foi vitimada também por algumas falsas guinadas importantes. O argumento do "produto como linguagem" foi uma delas. No capítulo 4, examinaremos este argumento conforme foi utilizado no estudo do simbolismo do vestuário. Demonstraremos aqui que a comparação linguagem-vestuário é infundada. No capítulo 5, é feita uma tentativa de transcender a abordagem "linguagem-produto" e de criar uma explicação teórica mais satisfatória das características culturais e das propriedades simbólicas dos bens de consumo.

QUATRO

Vestuário como linguagem
Uma lição objetiva no estudo das propriedades expressivas da cultura material

Há alguns anos, uma nova e influente metáfora capturou a atenção das ciências sociais. Esta metáfora sugeria uma similaridade essencial entre a linguagem e objetos inanimados. De súbito, virou moda falar da "linguagem" do vestuário, da comida, das casas. Esta metáfora ajudou a chamar a atenção para as propriedades simbólicas da cultura material e dos bens de consumo. Mas criou, também, concepções completamente equivocadas sobre o que são essas propriedades simbólicas e sobre como elas operam. Este capítulo sugere que o vestuário, uma das mais expressivas categorias de produto, não é proveitosamente comparável com a linguagem. Argumenta-se aqui que o vestuário é um sistema de comunicação muito diferente, cuja significação cultural não poderá ser plenamente avaliada até que a metáfora "linguagem" seja abandonada ou revisada.

AS PROPRIEDADES EXPRESSIVAS DA CULTURA MATERIAL

O estudo do vestuário enquanto uma instância da cultura material tem diversas dimensões.[3] Este capítulo se focalizará em apenas uma delas: o vestuário como uma mídia expressiva. A primeira seção do capítulo examinará tematicamente a literatura antropológica que trata o vestuário a partir deste ponto de vista. Considerará como o estudo do vestuário foi usado para examinar categorias, princípios e processos culturais, bem como a distância social e mudanças sociais. A segunda seção do capítulo examinará crítica e empiricamente a controvérsia amplamente difundida de que o vestuário pode ser encarado como um tipo de linguagem. Buscarei demonstrar que a metáfora que trata o vestuário como linguagem é sob um aspecto problemática. Argumentarei que a metáfora oculta de nós muito do que é importante para nossa compreensão do vestuário como um meio de comunicação. A terceira seção do capítulo estenderá as implicações deste argumento para o estudo mais geral da cultura material. Argumentarei que se é para a metáfora que liga cultura material e linguagem continuar a ser usada, é preciso que isso seja feito não mais como um estudo de comparação, mas como um estudo de contraste. Devemos nos preocupar muito mais com as diferenças entre linguagem e cultura material e muito menos com as similaridades entre ambas. Farei menção a quatro oportunidades de pesquisa que seguem esta perspectiva. Espera-se que este empreendimento de três etapas se preste a um propósito maior: avançar e esclarecer um aspecto de nosso crescente interesse no caráter expressivo da cultura material.

É evidente que os desenvolvimentos teóricos dos últimos anos, particularmente aqueles realizados nas áreas da antropologia simbólica, estrutural e semiótica, encorajaram um interesse perene nos aspectos expressivos da cultura material. Em 1875, Pitt-Rivers expressou seu interesse na cultura material como "os signos e símbolos aparentes de ideias mentais específicas" (1906:23). Mas não foi senão há relativamente pouco tempo que nos tornamos preparados teórica e metodologicamente para demonstrar como a cultura material consegue dar expressão exterior às ideias interiores. O trabalho de Lévi-Strauss, em particular, nos abriu um caminho para investigar a cultura material tomando-a como constituindo-se de dados etnográficos nos quais a cultura é feita material. Nas mãos de Lévi-Strauss e de outros, a análise estrutural demonstrou como as categorias, os princípios e os processos que constituem a cultura podem ser discernidos em objetos concretos e tangíveis de cultura material.

Este e outros desenvolvimentos teóricos correlatos fizeram avançar o estudo da cultura material, alçando-o a uma nova posição de importância. Tiveram, assim, um papel significativo na reabilitação deste campo e em sua retomada do estado de negligência e desdém em que havia sido posto desde o declínio do paradigma evolucionista. Para o antropólogo interessado em examinar a cultura, o estudo da cultura material é uma recente e vital oportunidade.

A situação reabilitada da cultura material é amplamente reconhecida e não precisa receber ênfase especial aqui. O que não é tão amplamente reconhecido, contudo, é que a revitalização da cultura material trouxe à tona novas oportunidades para controvérsia, imprecisão e antropologia imperfeita. Conforme a cultura material funciona mais e mais vigorosamente como anfitriã para a atividade etnográfica, exorta-se a necessidade de redobrar a vigilância com a qual esta atividade reflete sobre si mesma. Este capítulo é uma tentativa de ir ao encontro desta responsabilidade, esclarecendo uma das consequências teóricas implícitas em nossos esforços de lidar com a cultura material como uma mídia expressiva.

ANTROPOLOGIA E ESTUDO DO VESTUÁRIO: UMA REVISÃO TEMÁTICA

Os estudos existentes sobre o vestuário como mídia expressiva revelam diversos modos nos quais o vestuário pode ser visto como uma manifestação concreta de "ideias mentais particulares". Nesta seção, revisarei esses estudos visando demonstrar o que o estudante da cultura material pode esperar descobrir a respeito da cultura através da análise do vestuário.

O VESTUÁRIO E O ESTUDO DE CATEGORIAS CULTURAIS

Bogatyrev, em seu pioneiro estudo da indumentária *folk* morávia (1971), demonstrou o número e a variedade de categorias culturais que podem ser discernidas e investigadas através da análise do vestuário.[4] O projeto do autor, embora tenha sido expressado na linguagem do Círculo Linguístico de Praga, é compatível com os termos de análise introduzidos por Saussure (1966) e mais tarde utilizados para propósitos não linguísticos por Lévi-Strauss (1966).[5] A indumentária *folk* morávia é tratada como uma coleção de "sistemas de diferenças" materiais, os quais codificam uma coleção de "sistemas de diferenças" conceituais paralelos. Assim, por exemplo, as discriminações de faixa etária dos morávios (um sistema de diferenças que discrimina categorias de pessoa por idade) encontram correspondência e representação nas indumentárias usadas por eles em diferentes idades (indumentárias que constituem, elas próprias, um sistema de diferenças que discrimina categorias de pessoa por distribuição diferencial da cor, do modelo, do tecido e das demais características do vestuário). Outras categorias de pessoa, como as definidas pela classe, pelo sexo, pelo status marital, pela ocupação etc, também são evidentes no vestuário morávio, o qual se presta, assim, a dar-lhes representação material no mundo social. Categorias de tempo, de espaço e de atividade também estão representadas nas roupas. No trabalho de Bogatyrev, temos uma demonstração relativamente abrangente de como o vestuário torna manifestos sistemas conceituais de diferenças que não teriam, de outro modo, "correlativos objetivos" não linguísticos.

O vestuário é, nesta medida, uma oportunidade para estabelecer as coordenadas básicas dentro das quais um mundo foi dividido pela cultura. Obviamente, nem todas as distinções que organizam o mundo *folk* morávio são evidentes para Bogatyrev na indumentária nativa, mas é legítimo afirmar que, nela, tornaram-se acessíveis para o autor todos os eixos fundamentais de acordo com os quais este mundo foi ordenado. É característico do vestuário funcionar como registro das e guia para as categorias culturais. Como coloca Sahlins em seu estudo do vestuário americano contemporâneo: "... o sistema de vestuário americano remonta a um esquema muito complexo de categorias culturais e à relação entre elas, constituindo um verdadeiro mapa – não é exagero dizer – para o universo cultural" (1976:179).

O VESTUÁRIO E O ESTUDO DE PRINCÍPIOS CULTURAIS

Se as categorias culturais são evidentes no vestuário, o mesmo se dá com os princípios culturais.[6] O vestuário revela tanto os temas quanto as relações formais que servem a uma cultura, enquanto ideias norteadoras e bases reais ou imaginárias, de acordo com as quais suas categorias são organizadas. Poderíamos usar qualquer outro de uma série de estudos como nossa ilustração etnográfica. O estudo de Adam (1973) sobre os produtos têxteis dos sumbaneses, o de Drewal (1983) sobre a arte iorubá, o de Schwarz (1979) sobre o vestuário sul-americano, e meus próprios esforços (1982a) para dar conta da legislação suntuária e dos ornamentos dos vestidos elizabetanos; todos eles revelam como princípios culturais prontamente organizadores podem ser depreendidos do vestuário. No caso de Adam, é demonstrado que o *design* têxtil explicita três padrões formais básicos, os quais também são observados na organização sumbanesa das distinções espaciais, das práticas de casamento, das negociações formais, da linguagem cerimonial, da organização social e das distinções da ocasião e do tempo do ritual. Os princípios que organizam esses diversos aspectos da vida social encontram-se, assim, representados no *design* abstrato dos produtos têxteis. Em meu estudo do vestuário elizabetano, busquei mostrar como a contradição entre ideias hierárquicas e igualitárias que informavam a organização do mundo social eram variadamente representadas e mediadas pelo *design* da ornamentação dos gibões e culotes elizabetanos. Em ambos os estudos, os princípios de todo um mundo encontram-se entrelaçados no próprio tecido de seu vestuário.

Vale enfatizar que o vestuário é uma fonte particularmente valiosa de evidência para o estudo de princípios culturais. Categorias culturais estão antes de qualquer categoria linguística e podem, portanto, ser extraídas do informante com relativa facilidade através do testemunho verbal. Princípios culturais, por outro lado, são frequentemente menos explícitos e conscientemente alimentados pelo informante e, portanto, mais difíceis de obter através de técnicas convencionais de entrevistas. O que não é explícito de modo consciente para o informante pode, contudo, fazer-se ouvir pela distribuição e pelo *design* característicos de seu vestuário.

O VESTUÁRIO E O ESTUDO DE PROCESSOS CULTURAIS

O vestuário é, assim, um meio através do qual categorias e princípios culturais são codificados e tornados manifestos. Por ser dotado de tais capacidades, é também um valioso meio de comunicação para o ritual em geral, e para os ritos de passagem em particular. Carregado de potencial e efeito semiótico, o vestuário é uma das principais oportunidades para o exercício dos poderes metafóricos (Fernandez 1977) e performativos (Tambiah 1977) do ritual. O vestuário também pode ser usado para marcar e mesmo efetivar a transição de uma categoria cultural para outra, que se dá no rito de passagem. Cada um dos três estágios descritos por Van Gennep (1960) e elaborados por V. Turner (1967) pode ser representado no ritual e atualizado para os participantes e observadores através do uso estratégico do aspecto comunicativo do vestuário (cf. Leach 1961).

Muito poucos são os estudos que examinam este uso do vestuário. Um raro esforço, o estudo de T. Turner sobre os ornamentos corporais dos Tchikrin (1969), demonstra o quanto a lógica da transição de faixa etária deste grupo brasileiro encontra-se inscrita na decoração pessoal que acompanha o rito de passagem. H. Kuper (1973b) considerou o ritual dos Ncwala do Sudoeste da África e Wolf (1970), o simbolismo das cores de um ritual de luto chinês. Winick (1961) faz uma referência de passagem ao uso dos sapatos como marcadores de transição na América do Norte contemporânea, mas estudos detalhados deste fenômeno são quase inexistentes. Aqui, também, o estudo do vestuário funciona como um produtivo "caminho" para o estudo de um universo significativo.

O VESTUÁRIO E O ESTUDO DA DISTÂNCIA SOCIAL

O estudo do vestuário apresenta outras oportunidades para a reflexão sobre a cultura. Uma abordagem da distância social, por exemplo, foi empreendida por Murphy (1964), através do análise do véu dos Tuareg, e por Messing (1960), através da apreciação da toga etíope. O véu é usado pelos Tuareg para legitimar diferenças de status, mudanças no tom de um relacionamento, e sobretudo para tirar o indivíduo de situação nas quais papéis conflitantes criam expectativas também elas conflitantes. Para os etíopes, a toga é usada para criar distância social de acordo com o humor e para refletir diferenças de status, papel e função.

Nestas duas instâncias, encontramos o vestuário sendo usado como um meio de comunicação mais ativo, individual e variado. O uso do vestuário para representar categorias, princípios e processos culturais é uma empresa amplamente coletiva, na qual o indivíduo enquanto comunicador desempenha um papel relativamente passivo. No exemplo fornecido por Murphy e Messing, o vestuário permite ao indivíduo comunicar uma informação particular em uma base mais ativa, idiossincrática e mutável. Em resumo, esta manifestação do caráter expressivo do vestuário é, para usar a distinção semiótica padrão, mais da alçada da *parole* que da *langue*. O estudo deste aspecto do vestuário abre a possibilidade de examinar a cultura da maneira como ela é exercida pelos indivíduos em suas negociações da vida cotidiana. Permite-nos observar a cultura material enquanto um meio de comunicação ativo e rotineiro.

O VESTUÁRIO E O ESTUDO DA MUDANÇA E DA HISTÓRIA

Através do vestuário, também é possível empreender o estudo da mudança e da história. H. Kuper (1973a) examinou o papel do vestuário no sudoeste da África colonial. A autora demonstrou, entre outras coisas, o uso do vestuário como um instrumento ao mesmo tempo da influência hegemônica do Ocidente e da tentativa indígena de resistência. De minha parte (1985a), busquei mostrar como o vestuário pode ser usado como um operador histórico que se presta não somente a refletir circunstâncias históricas mutantes, mas também funciona como mecanismo que cria e constitui esta mudança em termos culturais. Tomando a cor da vestimenta de dois grupos na corte de Elizabeth I, tentei mostrar como o vestuário serve como um agente da história, dando forma e ordem culturais a um momento histórico altamente inovador e dinâmico.

O vestuário desempenha seu papel diacrônico de várias maneiras. Uma de suas principais manifestações enquanto reflexo e agente de mudança é o fenômeno da moda (Barthes 1983; Gibbins e Gwyn 1975; Kidwell e Christman 1974; Richardson e Kroeber 1940; Roberts 1977; Sapir 1931; Schwartz 1963; Simmel 1904; Wills e Midgley 1973). Sob esta ou outras formas, o vestuário às vezes é a confirmação da mudança e, às vezes, aquilo que dá início a ela. Algumas vezes é um meio de constituir a natureza e os termos de um conflito político; outras, um meio de criar consenso. Algumas vezes é instrumento de uma tentativa de dominação; outras, o arsenal da resistência e do protesto.

Estes variados aspectos da relação entre vestuário e história não foram amplamente estudados. Mas são, eles também, a cultura material em estado dinâmico e ativo. Neste papel diacrônico, o vestuário funciona como um mecanismo comunicativo através do qual a mudança social é contemplada, proposta, iniciada, reforçada e negada. Seu estudo nos permite observar o aspecto expressivo da cultura material sob uma de suas formas mais radicalmente criativas.[7]

Em suma, os estudos anteriores acerca do vestuário revelam o quanto da cultura pode ser examinado a partir da cultura material das roupas. Processos, princípios e categorias culturais, distância social, comunicação cotidiana e história; tudo isto é acessível ao estudante da cultura material através da análise do vestuário. Não é, de fato, um exagero argumentar que todo este material etnográfico e as "ideias primárias" que ele representa são ambos não apenas acessíveis, mas particularmente compreensíveis, quando contemplados sob esta perspectiva. O vestuário faz a cultura material de modos diversos e esclarecedores.

O VESTUÁRIO COMO LINGUAGEM: RÉQUIEM PARA UMA METÁFORA

É característico deste e de outros estudos do vestuário recorrer a uma metáfora específica ao falar do aspecto expressivo das roupas. A literatura crítica sugere, continuamente, que o vestuário é uma espécie de linguagem. Assim, Bogatyrev nota a semelhança entre a indumentária *folk* e a linguagem morávias (1971:84), Turner chama a linguagem corporal tchikrin de um tipo de "linguagem simbólica"(1969:96), Wolf fala do "vocabulário" do sistema simbólico das vestimentas de luto chinesas (1970: 189), Messing denomina a toga etíope de "linguagem não verbal" (1960:558) e Nash se refere a um aspecto do vestuário contemporâneo como "linguagem silenciosa" (1977:173). A comparação elaborada por Sahlins é detalhada e inclui referências à "sintaxe", à "semântica" e à "gramática" do vestuário (1976:179). Neich é ainda mais rigoroso em sua comparação e advoga o uso de um "modelo linguístico explícito" para o estudo da decoração pessoal em Nova Guiné (1982:214). Esta tendência a comparar o vestuário à linguagem não se limita aos estudos antropológicos; existe no trabalho de outros cientistas sociais (Gibbins 1971; Gibbins e Schneider 1980; Holman 1980b, 1980c, 1981; Roach e Eicher 1979; Rosenfeld e Plax 1977), bem como no de outros escritores populares (por exemplo, Lurie 1981).[8]

Claramente, nem sempre esta comparação entre linguagem e vestuário é feita com o mesmo grau de seriedade e convicção. Algumas vezes ela funciona apenas como ornamento retórico. Além do mais, mesmo quando a metáfora é usada intencionalmente, é difícil culpar a imagem da qual ela deriva. Isto porque esta *é* uma figura de linguagem de grande auxílio e que é bem-sucedida em iluminar certas propriedades compartilhadas pelo vestuário e pela linguagem. Parece, também, que a comparação segue o mesmo válido instinto que inspirou tanto trabalho e progresso na antropologia recente, dando continuidade à tradição de aplicar modelos linguísticos ao estudo de fenômenos não linguísticos (por exemplo, Lévi-Strauss 1963).

É preciso observar, ainda, que a metáfora foi usada tão livremente que começou a virar moda e a tomar os contornos fixos de um saber convencional. O que um dia foi uma vívida e iluminadora sugestão de similaridade convertia-se, cada vez mais e mais, em algo afirmado como fato explícito. Este último desenvolvimento na história dessa metáfora transformou radicalmente seu valor como mecanismo retórico e instrumento acadêmico. Enquanto "metáfora morta", ela agora ameaçava encobrir na mesma medida em que uma vez havia se prestado a revelar. Embotava nosso senso crítico da mesma forma como, antes, havia estimulado nossas faculdades imaginativas.

O tempo, portanto, viria a sepultar esta metáfora ou a reabilitá-la. É necessário analisar a relação entre vestuário e linguagem e determinar onde vigoram as similaridades e as diferenças. Este novo escrutínio da metáfora promete uma ideia mais clara das propriedades expressivas do vestuário e das outras instâncias da cultura material que parecem dar voz à cultura.

RELATÓRIO DE PESQUISA E COMENTÁRIO CRÍTICO

A fim de investigar algumas das similaridades e diferenças existentes entre linguagem e vestuário, um estudo foi empreendido durante o outono e o inverno de 1982-1983.[9] O objetivo deste estudo foi delinear um projeto de pesquisa que examinaria como o vestuário é "decodificado" ou interpretado pelo observador. Um estudo mais amplo ajudará a substanciar as descobertas deste projeto inicial, mas este piloto já nos fornece dados suficientes para formular a questão levantada neste capítulo.[10]

Foi enquanto examinava as vinte e cinco horas de testemunhos em entrevistas geradas pelo estudo-piloto que comecei a ter sérias dúvidas acerca da sabedoria de uma profunda comparação linguagem-vestuário. A fim de demonstrar este ceticismo, é necessário recorrer brevemente aos termos e conceitos da linguística estrutural.

O discurso, argumentam Jackobson e Halle (1956:58-62), implica na operação de dois princípios linguísticos (cf. Saussure 1966; Barthes 1967). Um dos princípios, o da seleção, ocorre quando o falante elege uma unidade linguística de cada classe paradigmática para preencher cada uma das "lacunas" que formam a frase. Cada classe consiste em todas as unidades que podem potencialmente preencher a mesma lacuna em uma dada frase. Essas unidades são capazes de substituírem-se umas às outras e, portanto, desfrutam de uma relação de equivalência. Mas são definidas também pela diferença entre uma e outra e, portanto, desfrutam de uma relação de contraste. As unidades de cada classe paradigmática podem ser encaradas como um plano vertical, no todo não dissimilar, da engrenagem rolante que compõe o mecanismo das lacunas. Essas unidades ficam a postos para tomar seus lugares e, assim, mudar o significado da frase. Quando o falante emprega o princípio de seleção, evoca uma unidade de cada classe paradigmática e, deste modo, explora o sistema de contraste que cada uma dessas classes representa.

O segundo princípio linguístico, o da combinação, ocorre quando o falante combina as unidades selecionadas das classes paradigmáticas em uma cadeia sintagmática. Esta consiste nas várias lacunas para as quais existem alternativas paradigmáticas. Regras de combinação especificam como as unidades devem ser acordadas em uma cadeia sintagmática. Este é o plano horizontal da linguagem, que lhe confere seu aspecto linear e discursivo. Qualquer cadeia sintagmática cria um contexto sequencial, que atua sobre o significado de cada unidade, conforme estas vão entrando no discurso. A unidade, já definida por suas relações paradigmáticas, é submetida a um processo adicional de definição quando é conjugada com outros itens em uma cadeia sintagmática.

O código de qualquer linguagem particular consiste em uma especificação das unidades das classes paradigmáticas e das regras para sua combinação sintagmática. O código estabelece como os princípios de seleção e de combinação devem ser usados em qualquer exercício linguístico particular.

Cada falante de uma linguagem é ao mesmo tempo constrangido e licenciado pelo código que informa seu uso de tal linguagem. Ele ou ela não tem escolha senão aceitar o modo pelo qual características distintas foram definidas e combinadas para formar fonemas. Ele ou ela não tem escolha senão aceitar o modo pelo qual os fonemas foram definidos e combinados para formar morfemas. A criação de frases fora dos morfemas também é constrangida, mas aqui o falante desfruta de um limitado poder discricionário e de liberdade combinatória. Este poder discricionário cresce quando o falante combina frases em elocuções. Neste estágio, a ação de regras compulsórias de combinação já cessou por completo. O falante não é mais constrangido, mas livre em sua atividade combinatória. Jackobson e Halle se referem a esta característica da linguagem como "uma escala ascendente de liberdade" (1956:60). Na base da escala, o falante é constrangido por completo; no topo, ele ou ela é completamente livre. É este caráter dual da linguagem que lhe permite figurar simultaneamente como um meio de comunicação coletivo e sistemático e como um instrumento de poder expressivo infinitamente variado.

Este modelo da linguagem é, para os presentes propósitos, bem ilustrado por Neich (1982), em seu estudo da decoração pessoal em Monte Hagen, Nova Guiné. Neich sugere que podemos tratar esta decoração pessoal como um código que especifica escolhas paradigmáticas apropriadas para uma combinação sintagmática. O haganês escolhe uma unidade decorativa de cada classe paradigmática e combina as unidades selecionadas em uma cadeia sintagmática, seu enxoval de roupas. Cria o haganês, assim, uma mensagem sobre seu status e seu papel em situações formais e informais? Seja ele ou ela um doador, um ajudante do doador, um guerreiro etc, isto pode ser lido pelo observador na decoração de seu corpo. Para Neich, esta decoração demonstra ambos os princípios da linguagem. O autor argumenta que a decoração pessoal dos haganeses, examinada à luz de um modelo linguístico estrutural, revela um caráter semelhante ao da linguagem, e que poderíamos chamá-lo de uma "semiótica ou sistema de signos" (1982:217) (cf. Barthes 1967:111).

Minhas pesquisas sugerem que a aplicação do modelo linguístico estrutural ao vestuário é problemática. Apesar de o vestuário comportar uma semelhança com a linguagem em alguns aspectos, afasta-se dela de um modo fundamental. Ironicamente, as ocasiões em que o vestuário se conforma mais plenamente à linguagem e aos seus princípios de seleção e combinação são aquelas em que falha completamente enquanto mecanismo semiótico. Ou, dito de outra maneira, quando, enquanto código, o vestuário mais se assemelha à linguagem, é também quando é menos bem-sucedido como meio de comunicação. Há, nesta medida, uma diferença fundamental entre linguagem e vestuário, que precisa ser levada em conta se pretendemos fazer uma análise bem-sucedida do aspecto comunicativo do vestuário.

Examinando meus dados de pesquisa, busquei determinar como os informantes interpretavam exemplos do vestuário. A avaliação externa de uma tal atividade interna é, claro, extremamente difícil. O máximo que eu poderia esperar fazer era estabelecer um padrão característico de interpretação, com a expectativa de que este padrão se constituísse em um guia fidedigno para a atividade interior. Embora esta última pressuposição fosse em si mesma problemática, me parecia que de fato havia um padrão característico, e que este padrão efetivamente funcionava, pelo menos de uma forma negativa, para lançar dúvidas sobre uma das supostas similaridades entre linguagem e vestuário.[11]

Os informantes foram instados a responder a uma série de *slides* que retratavam uma variedade de instâncias do vestuário contemporâneo norte-americano. Houve três categorias de respostas a esses *slides*. Tais categorias representam níveis de relativa facilidade de interpretação.

Na primeira categoria de interpretação, os informantes foram rápidos e em nada hesitantes em suas leituras do vestuário retratado. De modo característico, deram suas respostas ao *slide* quase que instantaneamente. Selecionando um termo de nosso vocabulário de tipos sociais, o informante identificaria a pessoa retratada como uma "dona de casa", um "*hippie*", um "executivo" etc. Algumas vezes este termo seria acompanhado de um adjetivo demográfico (por exemplo, "classe média", "inculto", "abastado").

É difícil avaliar, a partir destes signos externos, exatamente que processo interno havia ocorrido. Mas parecia improvável que o informante tivesse executado uma "leitura" das roupas retratadas em qualquer aspecto semelhante aos termos que associamos propriamente à linguagem.

Em primeiro lugar, não havia evidência de uma leitura linear das roupas. Os informantes não pareciam começar sua atividade interpretativa com uma lacuna do corpo e trabalhar em direção às outras. Eles não classificavam através da cadeia sintagmática a fim de determinar como cada seleção paradigmática modificava o significado de outras seleções da própria cadeia. Pareciam, ao contrário, ler as roupas antes como um conjunto. Era claro que as roupas eram examinadas para descobrir o efeito diferencial de suas várias partes, mas a sucessiva combinação dessas partes não parecia desempenhar um papel importante na formulação do significado pelo informante. As partes do vestuário não se apresentavam de modo linear ao informante (uma vez que elas existem não em sequência, mas enquanto elementos copresentes), e tampouco o informante as lia desta forma. Ao contrário, o vestuário apresentava as partes de sua "combinação sintagmática" simultaneamente, e era também assim que estas eram lidas.

Em segundo lugar, o significado das roupas era sempre dado em termos de um vocabulário limitado de adjetivos e nomes. Por sua própria conta, os informantes buscavam determinar o "*look*" das roupas perante este vocabulário. Estes "*looks*" não constituíam um conjunto de possibilidades infinitas, mas, sim, um universo delimitado. O informante não demonstrou expectativas de que a mensagem de uma roupa em particular constituísse uma nova peça de discurso. E, mais importante, ele ou ela não mostrou evidência de possuir os recursos interpretativos necessários para lidar com uma tal mensagem. Ele ou ela tinha à sua disposição o uso somente de um limitado conjunto de adjetivos e nomes, que não permitia inovação.

Na segunda categoria, os informantes experimentaram hesitação e dificuldade em fazer a interpretação. Incapazes de fazer uma identificação imediata de uma roupa, eles começavam um exame mais cuidadoso da "frase corporal" e de suas partes componentes. Frequentemente, fariam comentários do seguinte tipo: "Vamos ver, eles estão vestindo 'x', então eles devem ser 'a', mas eles também estão vestindo 'y', então talvez eles sejam 'b'." Tipicamente, o informante se queixaria então de que as partes da vestimenta "não combinam realmente", e que seria portanto difícil ler o indivíduo retratado. Este período de hesitação e incerteza seria resolvido por uma ou duas estratégias. Ou o informante tomaria o item mais saliente do traje e ofereceria seu significado como uma interpretação da mensagem da roupa, ou ele/ela tentaria conciliar mensagens contraditórias com uma vinheta explicativa (por exemplo, "Bom, ele está vestindo um blazer porque ele era um executivo, mas o blazer não combina com as calças e com os sapatos porque ele perdeu o emprego e está à beira da falência").

Esta segunda, e mais difícil, categoria de interpretação guarda uma característica similar em relação à primeira. Novamente, aqui, não há evidência de uma leitura linear de como a frase corporal se apresenta. A despeito do fato de que o informante estava agora prestando muito mais atenção à frase corporal, ele aparentemente não estava lendo cada item da roupa em sua relação sintagmática com os outros termos do vestuário. De fato, parecia que o informante empregava sua leitura cuidadosa não para decodificar a frase, mas para resolver um quebra-cabeças. Engajava-se em uma caça por pistas que lhe permitissem retirar a ambiguidade de uma mensagem potencialmente opaca.

Esta categoria de interpretação também nos permite ver o que advém desse código quando confrontado com uma mensagem modestamente nova. O informante não trata uma nova combinação de partes do vestuário como uma frase que pode ser tornada inteligível através da aplicação de um código. Trata-a como um quebra-cabeças que pode ser resolvido somente ignorando um de seus elementos contraditórios ou inventando uma história que explique a contradição. Novamente, e talvez de modo mais forte, vemos que o informante possuía recursos interpretativos limitados. Ou o traje se conformava a um dos termos contidos em seu limitado conjunto exegético, ou permanecia ambíguo. O exercício da liberdade combinatória por parte daquele que vestia o traje analisado, ainda que em pequeno grau, não criava discurso, mas confusão.

A terceira, e ainda mais difícil, categoria de interpretação também se adequa ao padrão notado aqui. Quando confrontados com trajes ainda mais anômalos, os informantes hesitariam, começariam suas respostas "aos trancos e barrancos", e em seguida desistiriam do esforço interpretativo como um todo, frequentemente com uma explicação do tipo: "Ah, ele [a pessoa retratada no *slide*] pode ser qualquer um, eu não consigo ler este cara de jeito nenhum". O indivíduo retratado no *slide* desviava tão completamente de um "*look*" prescrito que era impossível de ser lido mesmo em termos especulativos. Assim, quando o indivíduo retratado tinha exercido a liberdade combinatória característica da linguagem e começado a agrupar os elementos do vestuário em uma nova combinação, o intérprete estava menos apto a dar um sentido à mensagem resultante. No momento em que o vestuário mais se aproximava da linguagem, menos bem-sucedido revelava-se enquanto meio de comunicação.

DISCUSSÃO

A explicação mais competente deste comportamento decodificador é, talvez, a de que temos no vestuário um código de tipo peculiar. Parece que o vestuário como meio de comunicação não tem um aspecto sintagmático genuíno. O código não fornece regras de combinação para a manipulação das seleções paradigmáticas com efeito semiótico. A combinação dos elementos do vestuário não é, portanto, uma parte crucial da criação de suas mensagens. Em resumo, o código não tem capacidade gerativa. Seus usuários não desfrutam de liberdade combinatória.

O código do vestuário, para usar os termos do argumento de Jackobson discutido acima, é quase totalmente constrangido. Não possui uma escala de liberdade ascendente completa. O código especificou não somente os componentes da mensagem, mas também as próprias mensagens. Essas mensagens vêm, por assim dizer, pré-fabricadas. Dado que aquele que veste não tem liberdade combinatória, o intérprete do vestuário examina o traje não por uma nova mensagem, mas, sim, por uma antiga, fixada pela convenção. A liberdade combinatória pode ser exercida por aquele que veste somente sob pena de desnortear o intérprete. No vestuário, a liberdade combinatória não pode ser exercida sem destituir o traje de seus potenciais e efeitos combinatórios.

Este aspecto do código do vestuário foi antecipado por Jackobson. Em um artigo intitulado "Language and its Relation to Other Communication Systems" (1971), Jackobson argumenta que para certos meios de comunicação não linguísticos, o código é uma coleção de mensagens mais que um meio para sua criação. Diferentemente da linguagem, que estabelece signos e as regras para sua combinação em mensagens, um sistema tal como o vestuário não fornece oportunidade gerativa, e precisa, portanto, especificar antes de qualquer ato de comunicação as mensagens de que o sistema é capaz (cf. Culler 1975:3-54).

É por causa da ausência do princípio de combinação (e da liberdade gerativa que ele permite) que os informantes decodificam o vestuário conjuntamente como o fazem. O processo decodificador consiste em identificar acuradamente uma mensagem clara (já especificada pelo código), através da precisa identificação de elementos altamente redundantes e que se pressupõem mutuamente, dos quais se trata a mensagem. Ou, ainda, este processo consiste em confrontar-se com uma interpretação dificultada por um conjunto heterogêneo de elementos não previsto pelo código. Para o código do vestuário, inovações do tipo das possuídas pela linguagem não constituem uma oportunidade para comunicação, mas sim uma barreira para ela.

Deve-se notar que Neich atribui um aspecto sintagmático ao vestuário somente com considerável apreensão. Ele reconhece, primeiro, que o vestuário não parece ter a mesma liberdade combinatória que é evidente na linguagem; segundo, que o vestuário não possui a mesma qualidade linear discursiva da linguagem; e terceiro, que há entre os haganeses sintagmas do vestuário fixos – mensagens "que o indivíduo não mais precisa combinar por si mesmo" (182:221). Mas isto são apenas precauções. Neich insiste, por fim, que a decoração pessoal possui suficiente linearidade e liberdade de combinação para ser agrupada juntamente com a linguagem, e tratada de acordo com os termos de um modelo linguístico estrutural. Meu ponto é que o modelo não se aplica. Os esforços interpretativos dos meus informantes sugerem que o vestuário não dispõe de liberdade combinatória, e é portanto codificado e decodificado de uma maneira totalmente incompatível com o modelo linguístico estrutural. Com efeito, eu iria além e diria, como o fiz acima, que quando uma mensagem do vestuário exibe o aspecto combinatório da linguagem, torna-se ela mesma imprecisa. O modelo, portanto, não apenas falha em iluminar aspectos do vestuário, mas positivamente nos desencaminha de nossa tentativa de compreender suas propriedades expressivas.

AS PROPRIEDADES EXPRESSIVAS DA CULTURA MATERIAL RECONSIDERADAS

Os estudantes da cultura material recorreram mais de uma vez a um modelo de linguagem para ajudá-los em suas tentativas de compreender as propriedades expressivas de seus dados. Este capítulo está encarregado de sugerir que esta imagem crítica é, talvez, desaconselhável. Aqueles de nós que buscam dar conta do aspecto expressivo da cultura material nestes termos estão condenados a trabalhar sob a luz débil de uma metáfora mal escolhida. Não há dúvida de que esta metáfora já encorajou *insights* e pesquisas valiosas. Mas, à medida que continuamos a insistir nas similaridades entre cultura material e linguagem, permaneceremos com uma consciência imperfeita acerca de diferenças importantes.

Isto não é sugerir que a metáfora deva ser abandonada, mas sim que os termos de nossa análise devem talvez ser modificados a fim de examinar não as similaridades, mas as diferenças entre linguagem e cultura material. A metáfora funcionará para nós como estudo contrastivo, tão bem como funcionou um dia como estudo comparativo.

Deixe-me propor quatro tópicos que vêm à luz quando se consideram as diferenças entre cultura material e linguagem enquanto mídias expressivas. Por exemplo, podemos considerar se os códigos não linguísticos da cultura material comunicam ou não, caracteristicamente, coisas que a linguagem propriamente dita não consegue. As culturas encarregam a cultura material da responsabilidade de comportar certas mensagens que não podem confiar ou não confiam à linguagem? Forge, por exemplo, argumenta (1970:288) que de fato é este o caso, e é provável que um olhar crítico em relação à literatura etnográfica revelasse outras instâncias nas quais a cultura material empreende tarefas expressivas que a linguagem não performatiza ou não consegue performatizar.

Quando contemplamos a possibilidade de que a linguagem e a cultura material difiram em seus fins comunicativos, torna-se particularmente importante entender como ambas diferem enquanto meios comunicativos. Tome, por exemplo, a aparente diferença identificada neste capítulo entre os códigos do vestuário e os da linguagem. Argumentou-se que o vestuário não possui uma liberdade combinatória e que é, portanto, incapaz de criar mensagens novas. Esta descrição do vestuário dá a entender que ele constitui, em certo sentido, um código "fechado". Isto sugere uma fugaz semelhança entre o vestuário e o pensamento mítico e a atividade do *bricoleur* descrita por Lévi-Strauss (1966:17). Como este pensamento e esta atividade, o vestuário abastece a sociedade com um conjunto fixo de mensagens. Encoraja o uso do código visando mais a repetição semiótica do que a inovação. Permite a representação de categorias, princípios e processos culturais sem, ao mesmo tempo, incentivar sua manipulação criativa. A linguagem, por outro lado, é um código muito mais "aberto", e se aproxima muito mais do pensamento científico e da atividade do engenheiro, que, como notou Lévi-Strauss (1966: 19-20), estão constantemente criando novas mensagens e fazendo com que os eventos tenham um efeito inovador sobre a estrutura. O vestuário é constante em suas responsabilidades semióticas; a linguagem é mutável.

Em resumo, o vestuário é um código conservador. A cultura pode, portanto, confiar a esta instância da cultura material mensagens que a linguagem poderia violar. Pode codificar no vestuário e na cultura material informações que deseje tornar públicas, mas que não pretende ver transformadas. Como coloca Miles Richardson, "a cultura material continua a ter uma existência, por assim dizer, paralela ao turbilhar e ao fluir das opiniões, atitudes e ideias" (1974:4).

Em segundo lugar, podemos nos perguntar se a cultura material enquanto meio de comunicação trabalha de um modo mais subliminar e não aparente que a linguagem. São suas mensagens menos explícitas e sua interpretação menos consciente que as da linguagem? É provável que pesquisas futuras respondam afirmativamente a esta questão. A informação semiótica da cultura material parece, tipicamente, penetrar na consciência pelas bordas de um foco central de preocupações mais prementes.

O caráter não conspícuo da cultura material lhe confere diversas vantagens enquanto meio de comunicação. Antes de mais nada, converte a cultura material em engenho incomum e em mecanismo oblíquo a serviço da representação de verdades culturais fundamentais. Permite à cultura insinuar suas crenças e pressupostos no tecido mesmo da vida cotidiana, para aí serem apreciados mas não observados. Tem, nesta medida, grande valor propagandístico na criação de um mundo de significado.

Além disso, a não conspicuidade das mensagens da cultura material também permite-lhes carregar significados que não poderiam ser tornados mais explícitos sem o perigo de gerar controvérsia, protesto e recusa. Particularmente quando a mensagem é de teor político e codifica diferenças de status, a cultura material consegue falar em voz baixa. Declarações políticas podem, portanto, ser empreendidas com diminuto risco de contradeclarações (cf. Givens 1977; McCracken 1982b:82).

Em terceiro lugar, é possível que a cultura material e a linguagem difiram na relativa universalidade de seus códigos. Minhas pesquisas sugerem que dentro de uma única comunidade discursiva que compartilha um código relativamente uniforme de linguagem, podem existir diferenças muito marcadas no código para o vestuário. Diferentes classes e grupos de idade codificarão e decodificarão as mensagens do vestuário de maneiras surpreendentemente disparatadas e com baixo grau de mútua inteligibilidade. O estudo do vestuário e de outras instâncias da cultura material pode funcionar, assim, como uma oportunidade para examinar a diversidade social e ideacional. O trabalho pioneiro de Bernstein (1971) sobre a diversidade de códigos de linguagem na Inglaterra contemporânea pode servir como modelo para este estudo, mas novamente devemos nos atentar, aqui, à maneira como os códigos da cultura material diferem deste modelo da linguagem, tanto quanto o fizemos no tocante à maneira como se conformam a ele.

Finalmente, deve-se observar que a cultura material enquanto meio de comunicação é severamente limitada no número e na variedade de coisas que pode comunicar. E ela não pode exercer os poderes retóricos que a linguagem possui. Nenhum código não linguístico nos permite comunicar o estado de saúde de uma tia em Winnipeg, nossa opinião sobre o governo Thatcher, nossa avaliação do mais recente romancista norte-americano. A cultura material viabiliza a representação de somente um número muito limitado de coisas em apenas um número muito limitado de formas. E não pode ser usada para expressar ironia, metáfora, ceticismo, ambivalência, surpresa, reverência e sincera esperança. A cultura material admite um escopo expressivo muito pequeno.

O estudo das propriedades expressivas da cultura material precisa acertar contas com um paradoxo. A cultura material é, como tentei demonstrar neste capítulo, extremamente limitada em seu leque expressivo. Privada da liberdade combinatória e do potencial gerativo, é um meio de comunicação relativamente empobrecido. Logo, figura como uma espécie de mistério por que a cultura deva utilizá-la para qualquer intenção comunicativa, quando possui a alternativa de um código tão sutil e sofisticado como a linguagem. A resposta a este paradoxo deve ser a de que a cultura material, a despeito de todas as suas aparentes limitações, possui certas virtudes não compartilhadas com a linguagem. Aparentemente, dispõe de vantagens semióticas que a tornam mais apropriada que a linguagem para certos propósitos comunicativos. Busquei notar acima três destas vantagens, e parece-me que o estudo da cultura material avançará com descobertas de outros autores. A estratégia de pesquisa que explora as diferenças entre cultura material e linguagem promete, penso eu, um entendimento mais profundo da natureza expressiva da cultura material. Promete revelar-nos como e por que ela funciona como uma mídia de comunicação útil.

No restante deste livro, teremos a oportunidade de nos voltar para o paradoxo notado aqui. Teremos a chance de vislumbrar por que a cultura deve recorrer a um meio de comunicação tão rudimentar e tão desajeitado quanto a cultura material. A resposta geral para este mistério parece ser a de que a cultura material dispõe de uma função instrumental poderosa e variada. Pode ser usada para performatizar certos tipos de ação social e cultural. Esta habilidade instrumental, esta capacidade de se prestar à construção de si e do mundo tornam a cultura material indispensável à cultura. Se a cultura material é em certos sentidos um meio de comunicação imperfeito, possui por outro lado notáveis poderes pragmáticos. No capítulo que se segue, teremos ocasião para documentar os diversos modos pelos quais o significado da cultura material é posto a serviço da construção do mundo social e cultural.

CINCO

Manufatura e movimento de significado no mundo dos bens

Este capítulo é, sob alguns aspectos, o eixo de articulação do livro. Revisita o capítulo anterior, desenvolvendo de modo mais abrangente os termos teóricos lá sugeridos. Precisamos ir além das limitações e das banalidades hoje inerentes à abordagem "bens como linguagem", e este capítulo propõe um dos esquemas teóricos que poderíamos usar para fazer isto. Mas este capítulo também retematiza os capítulos de abertura deste livro. Neles, sublinhei o processo histórico através do qual cultura e consumo tornaram-se cada vez mais dependentes. Neste capítulo, busco demonstrar o presente estado desta relação e mostrar como cultura e consumo operam enquanto sistema nos dias atuais.

CULTURA E CONSUMO

Os bens de consumo têm uma significação que vai além de seu caráter utilitário e de seu valor comercial. Esta significação consiste largamente em sua habilidade em carregar e em comunicar significado cultural (Douglas e Isherwood 1978; Sahlins 1976). Na última década, um corpo diverso de acadêmicos fez da significação dos bens de consumo o foco de um estudo acadêmico renovado (Arnould e Wilk 1984; Baudrillard 1968, 1970; Belk 1982, 1985; Bronner 1983; Felson 1976; Furby 1978; Graumann 1974-75; Hirschman 1981; Holman 1980a; Krampen 1979; Leiss 1983; Levy 1978; Prown 1982; Quimby 1978; Rodman e Philibert 1985; Schlereth 1982; Sellerberg 1976; Solomon 1983). O trabalho destes autores estabeleceu uma espécie de subcampo que atravessa as ciências sociais, e que agora se dedica com crescente clareza e profundidade ao estudo das relações pessoa-objeto. Este capítulo busca contribuir com uma nova perspectiva teórica a este campo emergente, mostrando que o significado carregado pelos bens tem uma qualidade móvel que as teorias prevalecentes não reconhecem.

Uma das maiores limitações das presentes abordagens ao estudo do significado cultural dos bens de consumo é que elas falham em observar que este significado está constantemente em trânsito. O significado está ininterruptamente fluindo das e em direção às suas diversas localizações no mundo social, com a ajuda de esforços individuais e coletivos de *designers*, produtores, publicitários e consumidores. Há uma trajetória tradicional ao movimento deste significado.

Usualmente, ela parte de um mundo culturalmente constituído e se transfere para o bem de consumo.

FIGURA

MOVIMENTO DE SIGNIFICADO

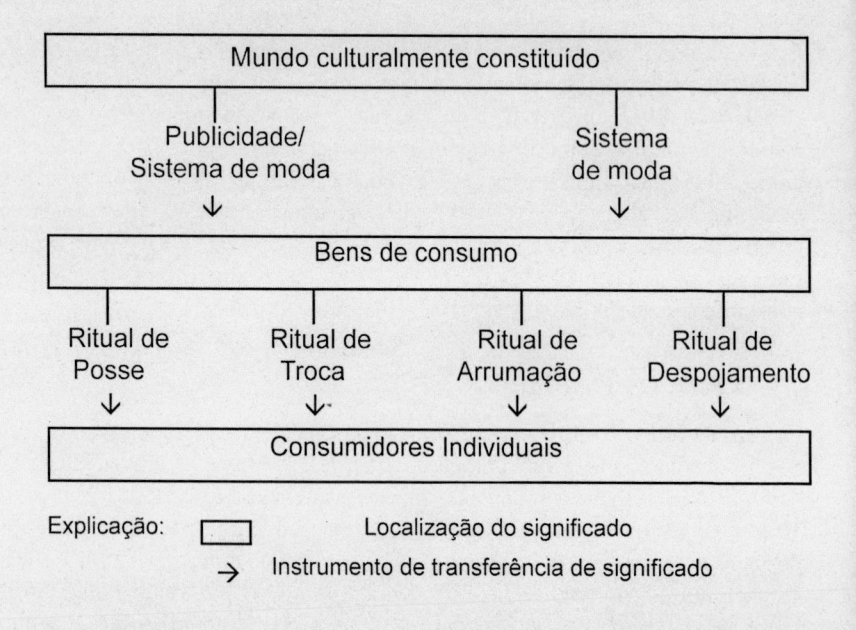

```
┌─────────────────────────────────────────────────┐
│         Mundo culturalmente constituído         │
└─────────────────────────────────────────────────┘
       Publicidade/              Sistema
      Sistema de moda            de moda
            ↓                       ↓
┌─────────────────────────────────────────────────┐
│                 Bens de consumo                 │
└─────────────────────────────────────────────────┘
  Ritual de     Ritual de     Ritual de     Ritual de
   Posse         Troca        Arrumação   Despojamento
     ↓             ↓              ↓             ↓
┌─────────────────────────────────────────────────┐
│             Consumidores Individuais            │
└─────────────────────────────────────────────────┘
```

Explicação: ▭ Localização do significado
→ Instrumento de transferência de significado

Em seguida, este significado se afasta do objeto e se transfere para o consumidor individual. Em outras palavras, há três localizações para o significado: o mundo culturalmente constituído, o bem de consumo e o consumidor individual, bem como dois momentos de transferência: mundo-para-bem e bem-para-indivíduo. É o objetivo deste capítulo analisar esta trajetória, e mostrar onde está localizado o significado e como ele é transferido. Isto será feito em cinco seções, considerando cada um dos cinco momentos da trajetória por vez.

A apreciação da qualidade móvel do significado cultural em uma sociedade de consumo ajudará a iluminar certos aspectos dos bens, do consumo e da sociedade moderna. Esta perspectiva nos demanda que olhemos os consumidores e os bens de consumo como estações intermediárias do significado. Nesta medida, nos encoraja a atentar para as propriedades estruturais e dinâmicas do consumo que nem sempre são plenamente enfatizadas. Também nos incita a encarar atividades tais como a publicidade, o mundo da moda e os rituais de consumo como instrumentos de movimento do significado. Incentiva-nos, aqui, a atentar para a presença de um grande e poderoso sistema no coração da sociedade moderna, que confere a esta sociedade parte de sua coerência e flexibilidade, ainda que funcione como fonte ininterrupta de incoerência e de descontinuidade. Em suma, uma compreensão plena da qualidade móvel do significado cultural e de consumo pode ajudar a demonstrar parte da total complexidade do consumo atual e a revelar de modo mais detalhado exatamente o que é ser uma "sociedade de consumo".

LOCALIZAÇÕES DO SIGNIFICADO CULTURAL: O MUNDO CULTURALMENTE CONSTITUÍDO

A localização original do significado que reside nos bens é o "mundo culturalmente constituído". Este é o mundo da experiência cotidiana através do qual o mundo dos fenômenos se apresenta aos sentidos do indivíduo, totalmente moldado e constituído pelas crenças e pressupostos de sua cultura. Este mundo foi conformado pela cultura de duas maneiras. A cultura detém as "lentes" através das quais todos os fenômenos são vistos. Ela determina como esses fenômenos serão apreendidos e assimilados. Em segundo lugar, a cultura é o "plano de ação" da atividade humana. Ela determina as coordenadas da ação social e da atividade produtiva, especificando os comportamentos e os objetos que delas emanam. Enquanto lente, a cultura determina como o mundo é visto. Enquanto "plano de ação", ela determina como o mundo será moldado pelo esforço humano. Em resumo, a cultura constitui o mundo suprindo-o com significado. Este significado pode ser caracterizado em termos de dois conceitos: categorias culturais e princípios culturais.

ESTRUTURA DE SIGNIFICADO: CATEGORIAS CULTURAIS

As categorias culturais são as coordenadas fundamentais do significado.[12] Representam as distinções básicas com as quais a cultura divide o mundo dos fenômenos. Por exemplo, cada cultura especifica as categorias culturais do tempo. Em nossa cultura, essas categorias incluem um elaborado sistema capaz de discriminar unidades tão finas quando um "segundo" e tão vastas quanto um "milênio". Menos precisas mas não menos significativas são as distinções impostas entre tempo de lazer e de trabalho, tempo sagrado e profano, e assim por diante. Cada cultura também especifica categorias sociais de espaço. Em nossa cultura, estas incluem categorias de medição e aquelas de "ocasião". A flora, a fauna e a paisagem dos mundos natural e sobrenatural também são segmentadas pela cultura em um conjunto de categorias. Talvez as mais importantes categorias culturais sejam aquelas que segmentam a comunidade humana em distinções de classe, status, gênero, idade e ocupação.

Categorias culturais de tempo, espaço, natureza e pessoa criam o vasto corpo das categorias. Juntas, elas dão origem a um sistema de distinções que organiza o mundo dos fenômenos. É assim que cada cultura estabelece sua própria visão de mundo peculiar, e é assim que cada uma delas expressa os entendimentos e as regras apropriados a um contexto cultural e absurdamente inapropriados para os demais. A cultura faz de si mesma um conjunto privilegiado de termos, dentro do qual virtualmente nada parece estranho ou ininteligível para o indivíduo, e fora do qual não há ordem, sistema, pressupostos seguros ou compreensão pronta. Em suma, a cultura "constitui" o mundo, investindo-o com seus próprios significados particulares. É deste mundo assim constituído que parte o significado cultural rumo aos bens de consumo.

CATEGORIAS CULTURAIS NA AMÉRICA DO NORTE

Pouco importa que as categorias culturais na América do Norte pareçam ter suas próprias características especiais. Em primeiro lugar, elas possuem uma indeterminação que não é normalmente evidente em outras circunstâncias etnográficas. As categorias culturais de pessoa, por exemplo, são marcadas por uma persistente e notável ausência de clareza. As categorias culturais de idade, por exemplo, não são bem definidas.

Uma segunda característica das categorias culturais na moderna América do Norte é sua aparente qualidade "eletiva". Dedicada como é à liberdade do indivíduo, esta sociedade permite a seus membros declararem de acordo com suas próprias vontades as categorias culturais que presentemente ocupam. Exercendo esta liberdade, os adolescentes declaram-se adultos, os membros da classe trabalhadora declaram-se membros da classe média, os idosos declaram-se jovens, e assim por diante. O pertencimento a uma categoria, que na maioria das culturas é mais estritamente especificado e policiado, é, em nossa própria, muito mais um assunto de escolha individual. Nesta cultura, os indivíduos são em grande medida aquilo que reivindicam ser, mesmo quando essas reivindicações são, da perspectiva de uma sensata avaliação sociológica, implausíveis.

Uma terceira característica das categorias culturais na América do Norte que precisa ser notada é o fato de que elas estão submetidas a constante e rápida mudança. A qualidade dinâmica das categorias culturais claramente contribui para sua indeterminação. Mais importante, contudo, é que esta qualidade também torna as categorias culturais sujeitas a esforços manipulativos do indivíduo. Os grupos sociais podem buscar mudar seu lugar no esquema categórico, enquanto os profissionais de marketing podem tentar estabelecer ou encorajar uma nova categoria de pessoa (por exemplo, o "adolescente", o *"yuppie"*), a fim de criar um novo segmento de mercado. As categorias culturais na América do Norte estão sujeitas a serem repensadas e rearranjadas por diversas partes interessadas.

A SUBSTANCIAÇÃO DE CATEGORIAS CULTURAIS

As categorias culturais são a grade conceitual de um mundo culturalmente constituído. Elas determinam como este mundo será segmentado em parcelas discretas e inteligíveis, e como essas parcelas serão organizadas em um sistema coerente mais amplo. Apesar de toda a sua importância, contudo, essas categorias não têm presença substancial no mundo que organizam. Elas são o tablado sobre o qual o mundo está suspenso, mas permanecem invisíveis para todos que nele vivem.

Mas as categorias culturais são constantemente substanciadas nas práticas humanas. Agindo de acordo com o "plano de ação" da cultura, os membros de uma comunidade estão o tempo todo realizando as categorias no mundo. Estão constantemente determinando essas distinções, de modo a tornar o mundo que criam consistente com o mundo que imaginam. Em certo sentido, os membros de uma cultura estão constantemente engajados na construção e na constituição do mundo em que vivem.

Um dos modos mais importantes no qual as categorias culturais são substanciadas é através dos objetos materiais de uma cultura. Como veremos a seguir, esses objetos são criados de acordo com o "plano de ação" da cultura e, desta maneira, tornam relevantes as suas próprias categorias. Conferem-lhes substância. Os objetos contribuem, assim, para a construção do mundo culturalmente constituído, precisamente porque são um registro vital e visível do significado cultural que seria, de outro modo, intangível. Com efeito, não é exagerado dizer que eles têm uma função "performativa" (Austin 1963; Tambiah 1977), à medida que dão ao significado cultural uma concretude que ele não teria para o indivíduo. A realização material das categorias culturais desempenha um papel vital na constituição cultural do mundo. O significado que organizou o mundo torna-se, através dos bens, parte visível e demonstrável deste.

O processo através do qual uma cultura torna manifestas suas categorias culturais foi estudado em certo detalhe dentro da antropologia. A antropologia estrutural proporcionou um esquema teórico para este estudo e diversas subespecialidades, tais como as antropologias da arte, do vestuário, da habitação e da cultura material, supriram áreas exclusivas de investigação. Como resultado deste trabalho, há agora um claro entendimento teórico do modo pelo qual mídias linguísticas e especialmente não linguísticas expressam categorias culturais (Barthes 1967; Lévi-Strauss 1963, 1966: 116; Sahlins 1976; Sausurre 1966), bem como um amplo leque de investigações empíricas na área da organização espacial (Doxtater 1984; H. Kuper 1972), das formas habitacionais (Bourdieu 1973; Carlisle 1982; Cunningham 1973; Lawrance 1981, 1982, 1984; McCracken 1984a, 1986b), da arte (Fernandez 1966; Greenberg 1975), do vestuário (Adams 1973; Joseph 1986; McCracken e Roth 1986; Schwarz 1979), do ornamento (G. Clark 1986; Drewal 1983), da tecnologia (Lechtman e Merrill 1977) e da comida (Appadurai

1981; Carroll 1982; Douglas 1971; Ortner 1978). O estudo desta cultura material ajudou a determinar de que modo e sob que forma as categorias culturais são substanciadas no mundo culturalmente constituído. Ajudou a mostrar como o mundo é mobiliado com objetos materiais que refletem a e contribuem para sua constituição cultural.

A SUBSTANCIAÇÃO DAS CATEGORIAS CULTURAIS EM BENS

Os bens são uma instância da cultura material. São uma oportunidade para a expressão do esquema categórico estabelecido pela cultura. Os bens são uma oportunidade para fazer cultura material. Como outras espécies de cultura material, eles permitem a discriminação pública, visual, de categorias culturalmente especificadas, codificando-as sob a forma de um conjunto de distinções delas próprias. Categorias de pessoa, divididas em parcelas de idade, sexo, classe e ocupação podem ser representadas em um conjunto de distinções materiais através dos bens. Categorias de espaço, tempo e ocasião também podem ser refletidas nesta mídia de comunicação. Os bens ajudam a substanciar a ordem da cultura.

Diversos estudos examinaram o modo pelo qual os bens se prestam a esta substanciação. O estudo de Sahlins (1976) do simbolismo dos bens de consumo norte-americanos analisa os "sistemas" de alimento e de vestuário e mostra sua correspondência a categorias culturais de pessoa. O estudo de Levy (1981) da correspondência entre tipos de comida e categorias culturais de sexo e idade na sociedade americana é outra excelente ilustração do modo pelo qual se pode abordar de um ponto de vista estruturalista a informação demográfica contida nos bens. Ambos os estudos demonstram que a ordem dos bens é modelada na ordem da cultura. Ambos demonstram que muito do significado dos bens pode ser referido às categorias culturais nas quais a cultura segmenta o mundo. A substanciação das categorias de classe em bens de consumo foi considerada por Belk, Mayer e Bahn (1981, Coleman (183), Davis (1965), Form e Stone (1957), Goffman (1951), Sommers (1963, Vershure, Magel e Sadalla (1977) e Warner e Lunt (1941). A substanciação das categorias de gênero não é tão bem examinada, mas parece estar capturando mais a atenção acadêmica (Allison et al. 1980; Belk 1982; Levy 1959; Hirschman 1984). A substanciação das categorias de idade também parece estar recebendo mais atenção (Disman 1984; Olson 1985; Sherman e Newman 1977-78; Unruh 1983). Os bens, juntamente com outras instâncias da cultura material, se prestam à substanciação da cultura.

ESTRUTURA DO SIGNIFICADO: PRINCÍPIOS CULTURAIS

O significado cultural também consiste em "princípios culturais". Neste caso, o significado reside não nas categorias de pessoa, atividade, espaço ou tempo, mas nas ideias ou nos valores de acordo com os quais estes e outros fenômenos culturais são organizados, avaliados e construídos. Se as categorias culturais são o resultado da segmentação do mundo pela cultura em parcelas discretas, os princípios culturais são as ideias através das quais esta segmentação é performatizada. São os pressupostos licenciados ou as ideias organizadoras que permitem distinguir todos os fenômenos culturais, classificá-los, e inter-relacioná-los. Enquanto ideias orientadoras do pensamento e da ação, eles encontram expressão em cada aspecto da vida social e, não menos que em todo o resto, nos bens.

Esses princípios, como as categorias, são substanciados pela cultura material em geral e pelos bens de consumo em particular. Vale observar que as categorias e os princípios culturais pressupõem-se mutuamente e sua expressão nos bens é necessariamente simultânea. Os bens são, portanto, incapazes de significar umas sem os outros. Quando os bens mostram a distinção entre duas categorias culturais, fazem-no codificando alguma coisa do princípio de acordo com o qual tais categorias são distinguidas. Assim, o vestuário, que evidencia uma discriminação entre homens e mulheres ou entre as classes alta e baixa, também mostra algo da natureza da diferença que se supõe existir entre essas categorias.[13] Comunica a suposta "delicadeza" das mulheres e a suposta "força" dos homens, o suposto "refinamento" da classe alta e a suposta "vulgaridade" da classe baixa. O vestuário comunica as propriedades que se supõe serem inerentes a cada uma dessas categorias, e isto funciona como base para a discriminação. Aparentemente, as categorias de classe e de sexo nunca são comunicadas sem esta indicação de como e por que devem ser distinguidas. O mundo dos bens, diferentemente do da linguagem, nunca se engaja em um simples assinalar da diferença. É, com efeito, sempre mais acessível e mais revelador. Seus signos são sempre, em certo sentido, mais motivados e menos arbitrários que os da linguagem.

Os princípios culturais na América do Norte moderna têm a mesma qualidade indeterminada, mutável e eletiva das categorias culturais. Princípios tais como o "naturalismo" podem cair em descrédito por uma década, somente para serem reabilitados e avançar a um novo patamar de importância na outra, como ocorreu nos anos 60.[14] O princípio da "desarmonia", tão útil à estética *punk*, antes não era sequer um princípio, mas meramente o termo para fenômenos que tinham de algum modo fugido à aplicação bem-sucedida de um outro princípio.

A literatura etnográfica sobre o significado dos objetos enquanto princípios pode ser encontrada em Adams (1973), Fernandez (1966), McCracken (1982a) e Drewal (1983). Não é abundante uma literatura substantiva que mostre a presença e a natureza do significado enquanto princípio nos objetos da sociedade norte-americana contemporânea. O artigo de Levy faz uma referência passageira a isso, assim como o faz Sahlins (1976), e a ideia é implicitamente abordada no trabalho de Lohof (1969) acerca do significado investido nos cigarros Marlboro. O tema também vem à tona na tentativa de sociólogos de fazer dos objetos índices de status e de classe. Lauman e House (1970), por exemplo, buscaram estabelecer o significado do mobiliário doméstico, recorrendo aos princípios de "moderno" e "tradicional". Felson, em seu estudo dos "estilos de vida materiais" (1976), colocou algo que chamou de "fator bricabraque", enquanto Davis (1958) cunhou o termo "Bauhaus ajaponesado" para caracterizar um certo princípio de *design* interior. O princípio de "ciência" (ou, mais especificamente, a preocupação com o domínio técnico da natureza e a crença de que as atividades humanas podem ser positivamente transformadas através de inovações tecnológicas) foi o motivo preferido dos utensílios de cozinha e dos automóveis na América do Norte dos anos 50 e 60 (Csikszentmihalyi e Rochberg-Halton 1981:52). Acadêmicos da subárea de cultura material dos estudos americanos e da história da arte fizeram a contribuição mais notável a este tópico (Quimby 1978; Schlereth 1982). Prown (1980) e Cohen (1982), por exemplo, examinaram os princípios evidentes na mobília americana.[15]

Está claro em qualquer um desses casos que, como as categorias, os princípios da cultura são substanciados pelos bens de consumo, e que esses bens assim carregados ajudam a forjar o mundo culturalmente constituído. Tanto as categorias quanto os princípios organizam o mundo dos fenômenos, bem como os esforços de uma comunidade em manipular este mundo. Os bens substanciam ambos e, portanto, integram o mundo culturalmente constituído ao mesmo tempo como objetos dele e como sua objetivação. Em resumo, os bens são simultaneamente as criaturas e os criadores do mundo culturalmente constituído.

INSTRUMENTOS DE TRANSFERÊNCIA DE SIGNIFICADO: MUNDO-PARA-BENS

O significado, assim, reside em primeiro lugar no mundo culturalmente constituído. Para tornar-se inerente aos bens de consumo, precisa desengajar-se do mundo e transferir-se para o bem. O objetivo desta seção é observar duas das instituições que são usadas atualmente como instrumentos desta transferência. Examinaremos as instituições da publicidade e do sistema de moda.

PUBLICIDADE

A publicidade atua como potente método de transferência de significado, fundindo um bem de consumo a uma representação do mundo culturalmente constituído dentro dos moldes de um anúncio específico. O diretor de criação de uma agência busca conjugar esses dois elementos de tal modo que o espectador/leitor vislumbre uma similaridade essencial entre eles. Quando esta equivalência simbólica é estabelecida com sucesso, o espectador/leitor atribui ao bem de consumo certas propriedades que ele ou ela sabe que existem no mundo culturalmente constituído.

As propriedades conhecidas do mundo passam assim a residir nas propriedades desconhecidas do bem de consumo. A transferência de significado do mundo para o bem foi realizada.

Os mecanismos de um processo de tal maneira complicado merecem uma exposição mais detalhada. O diretor de criação preocupa-se em efetivar a conjunção bem-sucedida de dois elementos. Um destes elementos é especificado pelo cliente. Na maior parte dos casos, é dado ao diretor um bem de consumo, cujas propriedades físicas e aspecto externo são fixos e não sujeitos à manipulação. O outro elemento, a representação do mundo culturalmente constituído, é constrangido e livre em proporções quase idênticas. O cliente, às vezes induzido pela pesquisa de marketing e por suas recomendações, especificará as propriedades a serem buscadas para o bem de consumo. Assim guiado, o diretor dispõe então de um amplo círculo de controle discricionário. Submetido somente ao constrangimento negativo das limitações orçamentárias e ao constrangimento positivo de uma contínua "imagem da marca", o diretor é livre para "disponibilizar" as propriedades simbólicas desejadas de qualquer um dos quase infinitos modos possíveis.

Este processo de disponibilização consiste em longas e elaboradas séries de escolhas (Dyer 1982; McCracken 1980; Sherry 1985; Singer 1986; Williamson 1978). A primeira escolha é difícil. O diretor precisa identificar para seus propósitos, com clareza suficiente, as propriedades procuradas para o bem em questão. Isto às vezes resultará em um período de complicadas conversas entre cliente e diretor, nas quais ambas as partes alternadamente conduzirão ou seguirão uma à outra em uma apreciação minuciosa das propriedades buscadas para o bem. Em qualquer caso, a agência de publicidade iniciará ela mesma processos consultivos para estabelecer com satisfatória nitidez seus próprios objetivos. A segunda escolha é igualmente difícil, mas talvez menos consultiva. O diretor precisa determinar onde residem as propriedades desejadas no mundo culturalmente constituído, uma vez que tem à sua disposição um vasto leque de possibilidades para escolher. O "lugar" precisa ser selecionado, e a primeira decisão aqui é se o anúncio terá um contexto de fantasia ou um naturalista. Se o último for escolhido, segue-se a necessidade de decidir se este contexto será um interior ou um exterior, uma paisagem urbana ou rural, um ambiente cultivado ou inexplorado. Também é preciso escolher a que horas do dia e em que momento do ano ele se situará. Se pessoas devem aparecer no anúncio, é preciso determinar seu sexo, idade, classe e ocupação. O vestuário, a postura corporal e o estado emocional dessas pessoas também deve ser especificado (Goffman 1979). Essas são as partes do mundo culturalmente constituído que podem ser evocadas no anúncio.

Deve-se notar que o processo de seleção pode ser melhor ou pior conduzido de acordo com a habilidade e o treinamento do diretor. Não há um caminho simples entre as propriedades desejadas para o bem de consumo e as partes do mundo culturalmente constituído que podem fornecê-las na propaganda. Este é, como ressaltam os profissionais do ramo de publicidade, um processo "criativo" no qual as seleções mais apropriadas para o anúncio não são tanto calculadas, mas sim vislumbradas. Imprecisão e erro neste processo criativo são não apenas possíveis, mas extremamente frequentes. Também deve-se notar que o processo de seleção, por ser criativo, procede dos níveis inconscientes tanto quanto dos conscientes. Os diretores não estão sempre plenamente cientes de como e por que uma seleção é feita, mesmo quando esta seleção se apresenta como obrigatória e necessária (por exemplo, Arlen 1980:99, 119).

Em suma, o diretor precisa escolher a partir das alternativas que foram estabelecidas pela rede de categorias e princípios culturais, nos termos da qual a cultura constituiu o mundo. Essas escolhas serão determinadas pelo diretor, que decidirá quais categorias e princípios mais claramente se aproximam do significado que o cliente busca para o produto. Uma vez que este processo esteja completo, um terceiro conjunto de escolhas precisa ser realizado. O diretor precisa decidir exatamente como o mundo culturalmente constituído deve ser retratado na propaganda. Este processo consistirá em passar em revista todos os objetos nos quais o significado selecionado foi substanciado, e então decidir quais deles serão usados para evocar tal significado no anúncio. Em seguida é preciso decidir como o produto será apresentado neste contexto altamente planejado. Convenções fotográficas e visuais serão exploradas aqui de modo a dar ao espectador/leitor a oportunidade de vislumbrar uma equivalência essencial entre o mundo e o objeto. O diretor precisa conjugar esses dois elementos, a fim de encorajar uma identificação metafórica, uma "igualdade", com o consumidor em potencial. O mundo e o bem precisam ser encarados como compartilhando uma harmonia especial. Precisam ser vistos como "fundidos". Quando esta "igualdade" é vislumbrada, através de uma ou muitas exposições a estímulos, o processo de transferência tomou lugar. O significado transportou-se do mundo culturalmente constituído para o bem de consumo. Este bem agora "figura como" um significado cultural de cuja carga estava previamente imaculado.

Imagens visuais e material verbal parecem assumir uma relação muito particular neste processo de transferência. É principalmente o aspecto visual da propaganda que conjuga o mundo e o objeto, elementos entre os quais busca-se fazer a transferência de significado. O material verbal funciona sobretudo como uma espécie de lembrete que instrui o espectador/leitor acerca das propriedades salientes que se supõe estarem sendo expressas pela parte visual do anúncio. O texto, especialmente as manchetes, torna explícito o que já estava implícito na imagem, fornecendo instruções sobre como a parte visual do anúncio deve ser lida. O componente verbal permite ao diretor conduzir a atenção do espectador/leitor exatamente às propriedades significativas que se tem a intenção de transferir (cf. Barthes 1983:33-39; Dyer 1982:139-182; Garfinkle 1978; Moeran 1985).

Tudo isso precisa, agora, ser decodificado com sucesso pelo espectador/leitor. Vale enfatizar que este espectador/leitor é o autor final do processo de transferência. O diretor pode apenas fazer o mundo e o bem de consumo conjugarem-se, sugerindo sua similaridade essencial. Cabe ao espectador/leitor perceber esta similaridade e efetuar a transferência de propriedades significativas. O espectador/leitor é, nesta medida, um participante essencial no processo de transferência de significado, como Williamson (1978:40-70) empenhou-se em sublinhar. O espectador/leitor precisa completar o trabalho do diretor.

A propaganda é um tipo de canal através do qual o significado está constantemente fluindo, em seu movimento do mundo culturalmente constituído para os bens de consumo. Através do anúncio, bens antigos e novos estão constantemente destituindo-se de velhos significados e assimilando outros. Como participantes ativos neste processo, somos mantidos informados do atual estado e estoque de significado cultural presentes nos bens de consumo. Nesta medida, a propaganda funciona para nós como um léxico dos significados culturais correntes. Em grande parte, é ela que mantém a consistência entre aquilo que Sahlins chamou de "ordem da cultura" e de "ordem dos bens" (1976:178).

O SISTEMA DE MODA

O sistema de moda é menos frequentemente observado, estudado e compreendido como um instrumento de movimentação de significado, ainda que funcione, também ele, como um meio através do qual os bens são sistematicamente investidos e desinvestidos de suas propriedades significativas. O sistema de moda é um instrumento de movimentação de significado um pouco mais complicado que a propaganda. No caso desta, o movimento é realizado pela agência de publicidade e por seus esforços em desprender o significado do mundo culturalmente constituído e transferi-lo para um bem de consumo, através de um anúncio. No caso do sistema de moda, o processo dispõe de mais fontes de significado, agentes de transferência e meios de comunicação. Parte desta complexidade adicional pode ser capturada notando que o mundo da moda atua de três modos distintos para transferir o significado para os bens.

O sistema de moda, em uma de suas capacidades, opera uma transferência de significado do mundo culturalmente constituído para os bens de consumo notavelmente similar em caráter e em efeito à transferência feita pela publicidade. Na mídia de uma revista ou de um jornal, evidencia-se o mesmo esforço em conjugar o bem a aspectos do mundo, com o objetivo de chegar ao mesmo processo de entrever similaridades. O sistema de moda, nesta capacidade, toma novos estilos de se vestir ou de mobiliar a casa e os associa a categorias e princípios culturais estabelecidos. Assim, o significado transporta-se do mundo culturalmente constituído para o bem. Este é o aspecto mais simples desta capacidade do sistema de moda de disponibilizar significado e, ironicamente, é aquele que Barthes (1983) achou mais perturbador e difícil de interpretar plenamente.

Uma segunda capacidade do sistema de moda é que ele realmente inventa, de modo modesto, novos significados culturais. Esta invenção é empreendida por "líderes de opinião", que ajudam a moldar e a refinar o significado cultural existente, encorajando a reforma de categorias e princípios culturais. Estes são líderes de opinião "distantes": indivíduos que, em virtude de seu nascimento, beleza, celebridade ou façanhas, são tidos em alta conta. Esses grupos e indivíduos são fontes de significado para os de posição mais baixa. Isto é sugerido no fato de que suas inovações de significado são estimuladas pelas apropriações imitativas dos que estão posicionados abaixo (Simmel 1904).[16] Classicamente, estes grupos de posição elevada constituem uma elite social convencional: as classes alta-alta e alta-baixa. Elas são, por exemplo, a origem do "visual *preppie*[17]", que foi ultimamente ampla e profundamente propagado pelo efeito "tricke-down". Mais recentemente, esses grupos constituem-se dos deliberadamente *nouveau riche*[18] que agora predominam nos seriados noturnos, tais como "Dallas" e "Dinastia", e que parecem ter influenciado os hábitos de consumo e de estilo de vida dos norte-americanos. Estrelas de cinema e da música *pop*, reverenciados por seu status, por sua beleza e às vezes por seu talento, também integram este grupo relativamente novo de líderes de opinião. Todos esses grupos inventam e disponibilizam uma espécie de significado, que é largamente modulado pelas coordenadas culturais prevalecentes, estabelecidas pelos princípios e pelas categorias culturais. Esses grupos são também permeáveis a inovações culturais, mudanças de estilo, valor e atitude, os quais, em seguida, passam adiante para as classes subordinadas que os imitam.

Uma terceira capacidade do sistema de moda é a de se engajar não apenas na invenção de significados culturais, mas também em sua reforma radical. Parte do significado cultural das sociedades industriais ocidentais está submetida a mudanças constantes e profundas. A instabilidade radical deste significado deve-se ao fato de que as sociedades ocidentais são, na expressão de Claude Lévi-Strauss (1966:233-234), "sociedades quentes". Elas aceitam de bom grado, na verdade até mesmo encorajam, as mudanças radicais que se seguem ao deliberado esforço humano e que são o efeito de forças sociais anônimas (Braudel 1973:323; Fox e Lears 1983; McKendrick et al. 1982).[19] Como resultado, o significado cultural de uma sociedade complexa, industrial, ocidental, "quente" está constantemente sofrendo mudanças sistemáticas. Em contradição com virtualmente toda a etnografia precedente, vive-se aí em um mundo que é constituído, não apenas culturalmente, mas também historicamente. Com efeito, não é exagerado dizer que as sociedades quentes demandam tais mudanças e dependem delas para conduzir certos setores econômicos, sociais e culturais do mundo ocidental (cf. Barber e Loebel 1953; Fallers 1961). O sistema de moda funciona como um dos canais de captura e de movimento desta categoria de significado altamente inovador.

Os grupos responsáveis por esta reforma radical do significado são, normalmente, aqueles que vivem à margem da sociedade: *hippies*, *punks* ou *gays* (Blumberg 1974; Field 1970; Meyerson e Katz 1957). Na difusão da liderança, esses grupos inventam um significado de tipo muito mais radical e inovador que o de seus pares da classe alta. De fato, todos eles representam um desvio das convenções culturalmente constituídas da sociedade norte-americana moderna, e todos eles ilustram a peculiar tendência ocidental para tolerar violações dramáticas das normais culturais. Cada um desses grupos gera novo significado cultural, mesmo que somente através do processo negativo de violar categorias culturais de idade e status (*hippies* e *punks*) ou de gênero (*gays*). Suas redefinições destas categorias culturais e de uma série de princípios culturais que os acompanha são incorporadas pelo *mainstream* cultural. Grupos inovadores deste tipo tornam-se "provedores de significado", mesmo quando se dedicam a subverter a ordem estabelecida (como os *hippies*) e mesmo quando se obstinam em não permitir que suas invenções culturais sejam absorvidas pelo *mainstream* (como os *punks*, cf. Hebdige 1979; Martin 1981).

Se as fontes de significado são mais dinâmicas e numerosas, assim também o são os agentes que apanham este significado e realizam sua transferência para os bens de consumo. No caso do sistema de moda, esses agentes enquadram-se em duas categorias principais. Os *designers* de produto são uma delas. Estes são, às vezes, os mais conspícuos dos indivíduos, que se estabelecem em Paris ou Milão como árbitros do *design* de roupas e envolvem a si mesmos, sempre que possível, em um culto de personalidade. Arquitetos e *designers* de interiores às vezes assumem estatura aproximadamente comparável, e exercem uma influência internacional semelhante (Kron 1983). Mas, com mais frequência, esses *designers* não são tão conhecidos; de fato, a maioria é anônima para todos os que não são de seu meio industrial (Clark 1976; Meikle 1979; Pulos 1983). Os *designers* de automóveis de Detroit são o caso aqui, assim como os desenhistas de produto das indústrias de móveis e de utensílios. (Figuras como Raymond Loewy são exceções que confirmam a regra). A segunda categoria consiste nos jornalistas de moda e nos observadores sociais. Os primeiros podem pertencer à imprensa ou ao cinema, e podem ser mais ou menos discretos. Os segundos são, às vezes, jornalistas que estudam e documentam novos desenvolvimentos sociais (por exemplo, Lisa Birnbach 1980; Kennedy Fraser 1981; Tom Wolfe 1970; Peter York 1980) ou, às vezes, acadêmicos que empreendem uma pesquisa aproximadamente similar, de um ponto de vista um tanto diferente (por exemplo, Roland Barthes 1972; Christopher Lasch 1979). Da mesma forma, pesquisadores de marketing estão começando a se prestar a este papel (por exemplo, John Naisbitt 1982; Arnold Mitchell 1983 e, possivelmente, John Molloy 1977).

Esses dois grupos são responsáveis pela transferência de significado. Normalmente, eles estabelecem uma divisão do trabalho relativamente igualitária. Os jornalistas desempenham a primeira das duas etapas em que se divide o empreendimento. Funcionam como salvaguardas de um certo tipo, ao fazerem a crítica das inovações culturais, sociais e estéticas assim que elas aparecem, julgando algumas delas como importantes e outras como triviais. Assemelham-se, neste aspecto, às salvaguardas do mundo da arte (Becker 1982) e da música (Hirsch 1972). É responsabilidade deles observar, o melhor que puderem, o redemoinho da massa de inovações, e determinar o que é mera coqueluche e o que é realmente moda, o que é efêmero e o que vai durar. Depois de terem completado sua difícil e frequentemente errônea tarefa de separar o joio do trigo, se engajam em um processo de disseminação através do qual tornam suas escolhas conhecidas.

Deve-se admitir que todos, na cadeia de difusão (Rogers 1983), desempenham um papel de salvaguarda e ajudam a desencorajar ou encorajar os gostos daqueles que recorrem a eles enquanto líderes de opinião. Os jornalistas são chaves especiais neste processo, porque fazem sentir sua influência mesmo antes de uma inovação passar para seus "primeiros adeptos" (Baumgarten 1975; Meyersohn e Katz 1957; Polegato e Wall 1980).

Enquanto os jornalistas se prestam a diferenciar certas inovações de outras, os *designers* dão início à tarefa de conformar o significado dentro do *mainstream* e de investi-lo nos bens de consumo. Os *designers* diferem do diretor da agência de publicidade na medida em que ele ou ela está transformando não apenas as propriedades simbólicas do bem de consumo, mas também suas propriedades físicas. Fora as feiras de negócios e de moda, através das quais somente alguns dos consumidores em potencial podem ser alcançados, os *designers* não dispõem, como a propaganda, de um contexto doador-de-significado no qual ele ou ela pudesse inserir o bem de consumo. Ao contrário, o bem de consumo deixará as mãos do *designer* e entrará em qualquer um dos contextos que o consumidor escolher para ele. Assim, o *designer* precisa transformar o objeto de tal maneira, que o espectador/dono possa perceber que o objeto assim formulado possui certo significado cultural. O objeto precisa deixar as mãos do *designer* com suas novas propriedades simbólicas plenamente expostas em suas novas propriedades físicas.

O *designer*, como o diretor, depende do espectador/dono para preencher o ato final de associação. O *designer* depende do espectador/dono para efetivar a transferência de significado do mundo para o bem. Mas há uma dificuldade especial aqui. Diferentemente do diretor, o *designer* não dispõe das ferramentas altamente manejáveis e retóricas da publicidade para encorajar e dirigir esta transferência. O *designer* não é capaz de informar o espectador/dono acerca das qualidades pretendidas para o bem. Estas precisam estar autoevidentes para o espectador/dono, que precisa estar apto a prover-se do novo significado. É necessário, portanto, que o espectador/dono tenha acesso tanto quanto o *designer* às mesmas fontes de informação sobre as novas modas em *design*. É preciso que lhe seja dado o conhecimento em primeira mão do novo significado, assim ele ou ela poderá identificar a significação cultural das propriedades físicas do novo objeto. O *designer*, em suma, conta com o jornalista no começo do processo de transferência de significado, e depois novamente no final. O jornalista fornece novo significado para o *designer* da mesma maneira que o faz para o receptor do trabalho deste *designer*.

Em resumo, tanto a publicidade quanto o sistema de moda são instrumentos para a transferência de significado do mundo cultural e historicamente constituído para os bens de consumo. Constituem dois dos meios através dos quais o significado é investido no "código objeto". É graças a eles que os objetos de nosso mundo carregam tal riqueza, variedade e versatilidade de significado e podem funcionar para nós de modo tão diversificado, em atos de autodefinição e de comunicação social.[20]

LOCALIZAÇÃO DO SIGNIFICADO CULTURAL: OS BENS DE CONSUMO

Que os bens de consumo são o *locus* do significado cultural é um fato muito bem estabelecido para se fazer necessária uma demonstração elaborada aqui. Como coloca Sahlins em relação a uma categoria de produto, o vestuário, "considerado como um todo, o sistema do vestuário americano implica em um esquema muito complexo de categorias culturais e das relações entre elas, um verdadeiro mapa – não é exagerado dizer – do universo cultural" (1976:179).

O que pode ser dito acerca do vestuário pode ser dito de virtualmente todas as categorias de produto de alta complexidade e de diversas outras de baixa complexidade. Vestuário, transporte, comida, interiores e exteriores da habitação, ornamentos; todos funcionam como mídias para a expressão do significado cultural de acordo com o qual nosso mundo foi constituído.[21]

Que os bens possuem significado cultural é algo às vezes evidente e às vezes oculto para os consumidores. Certas modalidades desta informação, em especial o status, são alvo de preocupação autoconsciente e de manipulação. Não menos frequentemente, contudo, os consumidores individuais vêm a perceber o significado cultural carregado pelos bens de consumo somente em circunstâncias excepcionais. Aqueles que perderam seus bens ao terem sua casa roubada, por empobrecimento súbito, ou em função de um progressivo despojamento ao longo dos anos falam do intenso sentimento de perda e mesmo de um profundo pesar (Belk 1982:185). Os rituais de posse a serem discutidos abaixo também sugerem que as propriedades significativas dos bens não são sempre conspicuamente evidentes para seu dono, independentemente do quanto elas se prestam a informar e a controlar a ação dele ou dela.[22]

Foi observado no começo deste capítulo que a última década assistiu a um transbordar de trabalhos sobre a significação cultural dos bens de consumo. A abundância desta literatura nos reafirma que o estudo do significado cultural carregado pelos bens é um empreendimento acadêmico florescente. Nada nesta literatura, contudo, atenta para a qualidade móvel deste significado, e isto bem pode nos servir para fazer desta um pressuposto operativo na área. É tempo de perguntar, sistemática e continuamente, de onde vem este significado, através de que meios é disponibilizado, para quem se dirige e onde virá a assentar-se.

INSTRUMENTOS DE TRANSFERÊNCIA DE SIGNIFICADO: BEM-PARA-CONSUMIDOR

Já rastreamos agora o movimento do significado do mundo cultural e historicamente constituído para os bens de consumo, considerando o papel de dois instrumentos neste processo. Resta observar como este significado, agora assentado nos bens de consumo, pode ser transferido novamente. Resta observar como o significado é transportado do bem de consumo para o consumidor. A fim de descrever este processo, é necessário fazer referência a um outro conjunto de instrumentos de transferência de significado.

Este segundo conjunto de instrumentos movimenta o significado do bem de consumo para o consumidor. Todos esses instrumentos parecem qualificar-se como instâncias especiais de "ação simbólica" (Munn 1973; V. Turner 1969). A ação simbólica, ou "ritual", como é mais convencionalmente chamada, é um tipo de ação social dedicada à manipulação do significado cultural, para propósitos de comunicação e categorização coletiva e individual. O ritual é uma oportunidade para afirmar, evocar, assinalar ou revisar os símbolos e significados convencionais da ordem cultural. O ritual é, nesta medida, uma poderosa e versátil ferramenta para a manipulação do significado cultural. Sob a forma do clássico "rito de passagem", é usado para mover um indivíduo de uma categoria cultural de pessoa para outra, e deste modo um conjunto de propriedades simbólicas pode ser abandonado (por exemplo, as de uma "criança") e um outro pode ser apropriado (por exemplo, as de um "adulto") (Van Gennep 1960; Turner 1967). Outras formas de ritual dedicam-se a diferentes fins sociais. Algumas formas são usadas para conferir "realidade experimental" a certos princípios e conceitos culturais (Tambiah 1977). Outras são usadas para forjar certos contratos políticos (McCracken 1984c). Em resumo, o ritual, em sua manipulação do significado cultural, é posto a serviço de diversos fins.

Na América do Norte, o ritual é usado para transferir o significado dos bens para os indivíduos. Ele se presta a este propósito de quatro maneiras: os rituais de troca, de posse, de arrumação e de despojamento. Cada um deles representa um estágio diferente em um processo mais geral, através do qual o significado é movido do bem de consumo para o consumidor individual.

RITUAIS DE TROCA

Os rituais de troca na América do Norte contemporânea, especialmente aqueles do Natal e dos aniversários, têm na escolha, na compra e na apresentação dos bens de consumo uma festa, e em sua recepção uma outra (Caplow 1982; Cheal 1985, 1986). Este movimento dos bens é potencialmente também um movimento de propriedades significativas. Frequentemente, o doador-do-presente escolhe um presente porque este possui as propriedades significativas que ele ou ela deseja ver transferidas para o receptor-do-presente. De fato, em muitas trocas de presentes intenciona-se que o receptor do presente seja também o receptor das propriedades simbólicas que o presente contém. Assim, por exemplo, a mulher que recebe um modelo particular de vestido é também tornada receptora de um conceito particular dela mesma enquanto mulher (Schwartz 1967). O vestido contém este conceito e o doador convida a receptora a definir a si mesma nestes termos. Similarmente, muitos dos presentes que circulam em fluxo contínuo entre pais e filhos são motivados precisamente nestes termos. Os presentes para a criança contêm propriedades simbólicas que o pai gostaria que o filho absorvesse (Furby 1978: 312-313).

O ritual de troca de presentes estabelece um potente meio de influência interpessoal. Permite aos indivíduos insinuar certas propriedades simbólicas na vida de um receptor-de-presentes. Permite-lhes iniciar a possibilidade de transferência de significado. Em termos mais gerais, todos os consumidores, enquanto doadores-de-presentes, são feitos agentes de transferência de significado, à medida que distribuem seletivamente certos bens dotados de certas propriedades para recipientes que, de outra forma, poderiam ou não tê-los escolhido. A análise da troca de presentes, um estudo bem estabelecido nas ciências sociais (Davis 1972; Mauss 1970; McCracken 1983a; Sahlins 1972), já se encontra encaminhada no campo da pesquisa de consumo (Belk 1979; Scamon, Shaw e Bamossy 1982), e merece ser ainda mais explorada. É preciso atentar para o processo de escolha através do qual o doador identifica o presente dotado dos significados culturais que ele está procurando passar adiante ao recipiente. É preciso atentar também para a significação da embalagem e da apresentação do presente, bem como para o contexto doméstico (momento e lugar) no qual esta apresentação é feita. Estes aspectos do ritual doméstico de dar presentes têm importância vital para as propriedades significativas dos bens aí trocados.

RITUAIS DE POSSE

Os consumidores despendem um bom tempo limpando, discutindo sobre, comparando, refletindo sobre, mostrando ou mesmo fotografando muitas das suas novas posses. As festas para celebrar a abertura de uma nova casa parecem ser, às vezes, uma oportunidade para a exibição, enquanto o processo de "personalização" (Hirschman 1982a: 37-38; Kron 1983; Rapoport 1968, 1982) das casas funciona especialmente como ocasião para intensa comparação, reflexão e discussão. Apesar de todas essas atividades terem uma funcionalidade explícita, todas elas parecem ter o efeito adicional de permitir ao consumidor reivindicar a posse do que é seu. Este processo de reivindicação não é uma simples asserção de territorialidade através da posse. É também uma tentativa de extrair do objeto as qualidades que lhe foram conferidas pelas forças de marketing do mundo dos bens. Este processo pode ser observado de modo mais completo por sua ausência. Ocasionalmente, o consumidor argumentará que uma de suas posses, como um carro, uma casa, um artigo de vestuário, ou um outro bem carregado de significado, "nunca realmente pareceu pertencer a mim". Há certos bens que o consumidor nunca reivindica com sucesso, porque nunca aspira com sucesso às propriedades simbólicas nele contidas. O bem torna-se um paradoxo: o consumidor o possui sem o possuir. Suas propriedades simbólicas permanecem imóveis. Normalmente, contudo, os indivíduos dispõem com sucesso dos rituais de posse, e os administram para extrair as propriedades significativas que foram investidas nos bens de consumo. Quando isto ocorre, eles são capazes de utilizar os bens como marcadores de tempo, espaço e ocasião, e de recorrer à sua habilidade de discriminar as categorias culturais de classe, status, gênero, idade, ocupação e estilo de vida. Os rituais de posse permitem ao consumidor ou à consumidora reivindicar e assumir um tipo de posse sobre o significado de seus bens de consumo. Ajudam a completar o segundo estágio da trajetória de movimento deste significado. Como vimos, as agências de publicidade e o mundo da moda transportam este significado do mundo cultural e historicamente constituído para os bens. Através de seus rituais de posse, os indivíduos transferem este significado dos bens para suas vidas.

Vale observar que os rituais de posse, especialmente aqueles dedicados a "personalizar" o objeto, parecem desempenhar, em pequena escala e para propósitos privados, quase as mesmas atividades de transferência de significado performatizadas pela agência de publicidade. O ato de personalização é, com efeito, uma tentativa de transferir significado do próprio mundo do indivíduo para o bem recém-adquirido. O novo contexto, neste caso, é o complemento individual de bens de consumo, que assumiu agora significados tanto pessoais quanto públicos. De fato, é principalmente desta forma, talvez, que uma posse anônima – manifestadamente, a criação de um distante processo interpessoal de manufatura de massa – é tornada uma posse que pertence a alguém e fala por ele ou ela. É desta maneira, talvez, que os indivíduos criam um "mundo de bens" pessoal, que reflete suas próprias experiências e conceitos de si e do mundo. O significado que a publicidade transfere para os bens é o significado da coletividade. O significado que estes gestos pessoais transferem para os bens é o significado da coletividade tal como foi modulado pela experiência particular de um consumidor individual.

RITUAIS DE ARRUMAÇÃO

É claro que parte do significado extraído dos bens tem uma natureza perecível. Como resultado, o consumidor ou consumidora precisa extrair este significado de suas posses repetidamente. No momento em que este contínuo processo de transferência de significado dos bens para o consumidor se faz necessário, o consumidor provavelmente recorrerá a um ritual de arrumação. O objetivo deste ritual é proceder às dores características necessárias para assegurar que aquelas propriedades especiais e perecíveis que residem em certas roupas, em certos penteados, em certos *looks* serão, por assim dizer, "insinuadas" para fora dos bens que lhes servem de suporte e, ainda que breve e precariamente, postas para viver no consumidor individual. Os rituais de "se arrumar para sair", através dos quais uma pessoa se apronta para uma "noitada", são um bom exemplo aqui, porque ilustram o tempo, a paciência e a ansiedade com os quais ele ou ela se preparará para o escrutínio público característico de uma noite de gala ou de um jantar especial. Estes rituais equipam o indivíduo que está "saindo para um programa" com as propriedades significativas especialmente glamorosas e exaltadas que residem nos "melhores" bens de consumo. Uma vez capturadas e assimiladas ao indivíduo, este adquire novos poderes de confiança, agressão e defesa. A linguagem com a qual a publicidade descreve certas maquiagens, produtos para modelar o cabelo e roupas fornece um conhecimento tácito das propriedades que podem ser obtidas desses bens através de rituais de arrumação específicos.

Às vezes não é o consumidor, mas sim o bem que precisa ser arrumado. Neste caso, são as propriedades do objeto que são perecíveis por natureza e carentes de constante manutenção. A quantidade extraordinária de tempo e energia imensamente redundantes desperdiçada com certos automóveis constitui, talvez, o melhor exemplo aqui (Myers 1985:562). Este ritual de arrumação "sobrecarrega" o objeto a fim de que este possa, em troca, fornecer propriedades especialmente realçadas para seu dono. Novamente, aqui, o papel do indivíduo no investimento de significado torna-se evidente. A atenção contínua dada aos bens de consumo, que contribui para que estes possam transmitir suas qualidades significativas, torna-se mais notadamente evidente quando está ausente. Vemos, por exemplo, indivíduos idosos que cessaram esta atividade. Sherman e Newman relatam que os ocupantes de casas de repouso que viam a si mesmos como estando "no fim da linha" se engajavam em um processo de "despojamento dos objetos significativos em suas vidas" (1977-78: 188).

No campo da pesquisa do consumidor, o estudo do ritual foi significativamente avançado por Rook (1984, 1985) – que observou o quanto o consumo é ritualizado, assinalando o valor de estudá-lo a partir desta perspectiva – e por Rook e Levy (1982), que examinaram o ritual de arrumação e o simbolismo dos produtos usados para esta finalidade.[23] Está claro que os rituais de arrumação constituem um dos meios pelos quais os indivíduos efetuam uma transferência de propriedades simbólicas. No caso destes rituais, o movimento do significado ocorre entre os bens de consumo e o consumidor. Os rituais de arrumação ajudam a extrair o significado desses bens e a investi-los no consumidor.

RITUAIS DE DESPOJAMENTO

Os indivíduos que extraem significado dos bens às vezes vêm a encarar essas fontes de significado em termos pessoais. Passam a associar o bem às propriedades pessoais que possui. Esta possível confusão entre o consumidor e o bem de consumo estimula o recurso a um ritual de despojamento. Este é empregado para dois propósitos. Quando o indivíduo compra um bem que previamente pertenceu a outrem, tal como uma casa ou um carro, o ritual é usado para apagar o significado associado ao dono anterior. O despojamento permite ao novo dono evitar o contato com as propriedades significativas do dono anterior, bem como "libertar" o significado da posse e reivindicá-lo para si. O segundo tipo de ritual de despojamento ocorre quando o indivíduo está prestes a dispensar um bem, ou por o estar dando ou por o estar vendendo. Será feita uma tentativa de apagar o significado que foi, por associação, investido no bem. Em momentos de franqueza, os indivíduos dariam a entender que se sentem "um pouco estranhos em relação a alguém usando meu casaco velho". Com honestidade ainda maior, confessam que temem a destituição do significado pessoal, um fenômeno que se assemelha à "fusão de identidades" que às vezes ocorre entre doares de órgãos e transplantados (Simmons, Klein e Simmons 1977:68). Ambos os rituais sugerem uma preocupação de que o significado dos bens possa ser transferido, obscurecido, confundido, ou mesmo perdido quando os bens mudarem de mãos (Douglas 1966). O bem, portanto, precisa ser esvaziado do significado antes de ser passado adiante, bem como precisa ser novamente limpo quando for incorporado pelo novo dono. O que parece ser mera superstição é, na verdade, um reconhecimento implícito da qualidade móvel do significado investido nos bens.[24]

Em suma, rituais pessoais são usados de modo variado para transferir o significado contido nos bens para os consumidores individuais. Os rituais de troca são usados para direcionar bens carregados de certas propriedades significativas para indivíduos que, assim o supõe o doador-do-presente, estão necessitados de tais propriedades. Neste caso, o doador está convidando o receptor a compartilhar das propriedades que o bem possui. Os rituais de posse são empreendidos pelo dono de um bem a fim de estabelecer acesso às suas propriedades significativas. Esses rituais são destinados a realizar a transferência das propriedades de um bem para seu dono. Os rituais de arrumação são usados para efetivar a transferência contínua de propriedades perecíveis, propriedades que provavelmente se desvaneceriam quando de posse do consumidor. Os rituais de arrumação permitem ao consumidor "refrescar" as propriedades que ele ou ela extraiu dos bens. Esses rituais também podem ser usados para manter e "avivar" certas propriedades significativas residentes nos bens. Finalmente, os rituais de despojamento são usados para esvaziar o significado dos bens, a fim de evitar que a perda-de-significado ou o contágio-de-significado possa ocorrer. Todos esses rituais são uma espécie de versão microscópica dos instrumentos de transferência de significado que os fazem movimentar-se no mundo dos bens. Cabe a eles transportar o significado dos bens para o consumidor.

LOCALIZAÇÕES DO SIGNIFICADO CULTURAL: CONSUMIDORES INDIVIDUAIS

Quando o significado finalmente vem a se assentar no consumidor, está completa sua jornada através do mundo social. Este significado é utilizado para definir e orientar o indivíduo de maneiras que estamos apenas começando a contemplar. Está claro que, nesta cultura, os indivíduos têm uma enorme liberdade para definir o significado que buscam extrair dos bens. A primeira parte deste capítulo observa que a América do Norte contemporânea deixa indefinida uma grande parcela do indivíduo. Uma das maneiras através das quais os indivíduos satisfazem a liberdade e a responsabilidade de sua autodefinição é pela sistemática apropriação das propriedades significativas dos bens.

Com efeito, esta nos serve bem como um meio para contemplarmos os consumidores engajados no contínuo empreendimento da criação de si. Cada vez mais as ciências sociais tratam o *self* e outros artefatos culturais, tais como a linguagem e a sociedade, como coisas que estão "sempre em produção, em processo" (Bruner 1984:3; Bakhtin 1981:270; Gergen e Davis 1985; Handler e Linnekin 1984; Kavanaugh 1978; Sapir 1931). De acordo com esta visão, não há nada fixo ou dado em fenômenos culturais deste tipo. O *self*, a linguagem e a sociedade são totalmente criados e sustentados somente enquanto resultados de esforços contínuos e deliberados. É tempo, talvez, de observar a contribuição feita pelos bens de consumo a este processo criativo e performativo.

Vejamos o consumidor, por exemplo, como alguém engajado em um "projeto cultural" (McCracken 1987a), cujo propósito é completar o *self*. O sistema de consumo supre os indivíduos com os materiais culturais necessários à realização de suas variadas e mutantes ideias do que é ser um homem ou uma mulher, uma pessoa de meia-idade ou um idoso, um pai, um cidadão ou um profissional. Todas essas noções culturais estão concretizadas nos bens, e é através de sua posse e uso que o indivíduo as assimila em sua própria vida. Como coloca Kavanaugh, "...os indivíduos em uma sociedade 'criam a si mesmos' ou definem-se culturalmente através da objetificação de modelos conceituais [culturais] sob formas fenomenais culturalmente prescritas" (1987:67).

Claramente, a tarefa de autocompletar-se através do consumo não é fácil, tampouco é sempre bem-sucedida. Muitos indivíduos buscam nos bens tipos de significado que não existem aí. Outros buscam se apropriar de tipos de significado para os quais não são considerados habilitados por um reconhecimento sociológico sensato. Outros, ainda, tentam constituir suas vidas somente em termos do significado dos bens. Todas essas patologias consumistas são evidentes no consumo moderno, e todas elas ilustram como o processo de transferência de significado pode dar errado em função do indivíduo e da coletividade.[25] Em situações normais, contudo, o indivíduo usa os bens de maneira não-problemática para constituir partes cruciais de si e do mundo. Os imperativos lógicos e os detalhes deste processo de construção de si e do mundo através dos bens são muito pouco estudados e somente agora estão sendo submetidos a um exame rigoroso. Nossa cultura submeteu suas crenças e práticas a um estudo detalhado, com uma profundidade e um entusiasmo sem precedentes no registro etnográfico. Com profundidade e entusiasmo similares, também fez das posses materiais uma de suas preocupações mais coercitivas. É, portanto, duplamente díspare e desafortunado que o estudo do uso dos bens na construção de si e do mundo tenha sido negligenciado de forma tão prolongada e profunda.

CONCLUSÃO

Foi apenas recentemente que o campo das relações pessoa-objeto escapou das limitações impostas sobre ele por seu pai-fundador, Thorstein Veblen. O campo começou a reconhecer que o significado cultural carregado pelos bens de consumo era enormemente mais variado e complexo do que a atenção vebleniana ao status era capaz de distinguir. Mas agora que o campo fez este avanço, deveria considerar a possibilidade de fazer um outro. Deveria começar a dar conta da qualidade alienável, móvel e manipulativa do significado. Este capítulo buscou encorajar este desenvolvimento, fornecendo uma descrição teórica da estrutura e do movimento do significado cultural dos bens de consumo. Sugeriu-se que o significado reside em três instâncias: o mundo culturalmente constituído, o bem de consumo e o consumidor individual. Identificaram-se na publicidade, no sistema de moda e nos rituais de consumo meios através dos quais o significado é extraído e transferido entre essas instâncias. A publicidade e o sistema de moda movem o significado do mundo culturalmente constituído para os bens de consumo, enquanto os rituais de consumo o transferem destes para o consumidor. Esta é a trajetória do movimento do significado cultural nas sociedades modernas desenvolvidas.

Parte 3

PRÁTICA

As primeiras duas partes deste livro são dedicadas à história e à teoria da relação entre cultura e consumo. Esta terceira parte tratará dos usos a serviço dos quais colocamos o significado cultural investido nos bens de consumo. Consideraremos como o significado dos bens é utilizado para preservar ideais (capítulo 7), para sustentar e transformar estilos de vida (capítulo 8), e para resistir à mudança social ou dar início a ela (capítulo 9). No capítulo 6, refletiremos sobre como o significado dos bens se insere na definição e na redefinição do gênero.

SEIS

Bens de consumo, construção de gênero e uma teoria "*trickle-down*" reabilitada

A TEORIA *TRICKLE-DOWN*

A teoria *trickle-down*, estabelecida pela primeira vez por Simmel, era uma engenhosa descrição da mudança na moda.[1] A teoria sustenta que dois princípios conflitantes agem como uma espécie de engrenagem ou força motivadora para a inovação. Grupos sociais subordinados, seguindo o princípio da imitação, buscam estabelecer suas reivindicações por um novo status adotando o vestuário dos grupos superiores. Estes, seguindo o princípio da diferenciação, respondem adotando novas modas. Renunciam a antigos marcadores de status e abraçam novos, abandonando aqueles às reivindicações dos grupos subordinados. Deste modo, o grupo superior continua a deter marcadores de status peculiares a si, preservando a diferença de status que pretende que tais marcadores signifiquem.

A teoria sustenta que este processo de imitação e diferenciação tem um caráter progressivo. Os novos marcadores de status arquitetados pelo grupo superior estão eles mesmos sujeitos a uma eventual apropriação subordinada, e então outros ainda mais novos precisarão ser criados. Os comportamentos dos grupos superiores e subordinados se revelam mutuamente provocadores. Isto estabelece um ciclo de mudanças que se autoperpetua. Isto cria um mecanismo que conduz a moda adiante, em um contínuo processo de inovação.

A teoria também sustenta que o processo de imitação e diferenciação tem um caráter sucessivo. Os grupos superiores e subordinados que se engajam em uma ação mutuamente provocativa são sempre grupos próximos. São sempre adjacentes uns aos outros na escala social mais ampla. Por exemplo, um grupo subordinado não se apropria de um estilo muito superior até que este estilo tenha cascateado e chegado ao grupo que é seu superior imediato.

A teoria *trickle-down* tem vários pontos fortes. Primeiro, insere a difusão da moda em um contexto social. Permite-nos perceber como o movimento da moda se articula com o sistema social no qual se desenrola. A teoria pressupõe que este sistema consistirá na distribuição diferencial de status, que será constituído por grupos sociais classificados como altos ou baixos. Sustenta que o movimento da moda será dirigido pela natureza hierárquica dessas relações sociais e pela interação social que essas relações engendram. Em resumo, a teoria *trickle-down* nos fornece uma compreensão de como o contexto social no qual o movimento da moda ocorre determinará sua direção, ritmo e dinâmica.

A teoria *trickle-down* nos permite, também, encarar o comportamento de diferentes grupos sociais em relação à moda como expressões de uma mesma lógica subjacente. Permite-nos perceber que os dois motivadores de mudança na moda agem em conjunto porque se pressupõem mutuamente. Uma vez que haja imitação, argumenta a teoria, haverá diferenciação. Uma vez que haja diferenciação, haverá imitação. A teoria *trickle-down* nos mostra que os elementos que se pressupõem mutuamente em termos lógicos tornam-se mutuamente provocativos em termos sociais.

Há dois problemas com este aspecto da teoria. Primeiro, vale observar que o termo "*trickle-down*" é, de fato, uma designação inapropriada ou, pelo menos, um erro de metáfora. Isto porque o que conduz essa dinâmica de difusão não é, como implica o termo, uma força similar à da gravidade, que puxa para baixo. O que dirige a dinâmica é um padrão ascendente de "caça e perseguição", gerado por um grupo social subordinado que "caça" os marcadores de status de alta-classe, e por um grupo social superior que se transfere em apressada fuga para outros e novos marcadores. É um movimento ascendente – e não descendente – que leva adiante este sistema de difusão.

O segundo problema é que Simmel não especificou a operação do efeito *trickle-down* em todos os seus detalhes e complexidades. O autor não conseguiu notar que somente dois grupos no sistema social possuem um motivo único para seu comportamento em relação à moda. O grupo mais altamente classificado age exclusivamente com o propósito de diferenciação (uma vez que não possui nenhum grupo acima para imitar). O grupo mais inferiormente classificado age somente com o objetivo de imitação (uma vez que não tem nenhum grupo mais baixo em relação a quem deva diferenciar-se). Mas, para todos os grupos intermediários no sistema, os motivos para mudar de moda não são tão prognosticáveis. Eles podem empreender uma mudança na moda com o objetivo de imitação, diferenciação ou ambos. Esses grupos sociais são, afinal de contas, superiores a determinado grupo e subordinados a outro. Têm, portanto, oportunidade de agir às vezes como imitadores e às vezes como diferenciadores. Qualquer dado ato de mudança na moda pode brotar a partir de motivos imitativos, diferenciativos ou da combinação de ambos. Exatamente qual desses motivos está em ação em qualquer ato específico de mudança na moda é algo que não pode ser determinado *a priori*.

O fato de Simmel não ter conseguido observar a dualidade de motivos em ação nos grupos intermediários tornou sua teoria insuficientemente apreciativa no que toca a algumas realidades empíricas que pretendia dar conta. Isto desestimulou um notável leque de oportunidades de pesquisa, uma vez que obscureceu a existência de tais tópicos. A dualidade das motivações da moda levanta diversas questões. Existem alguns grupos sociais consistentemente mais imitativos que outros e alguns consistentemente mais diferenciativos? Existem grupos sociais tão agressivamente imitativos a ponto de moverem-se ascendentemente tão rápido que nunca sentem a pressão da imitação vinda de baixo? Criam estes grupos tamanha pressão sobre os superiores que estes precisam empreender mudanças na moda sempre de um modo reativo e diferenciativo e nunca de forma imitativa? Em resumo, existem alguns grupos sociais que ascendem por seus próprios esforços, enquanto outros conduzem-se para cima somente sob a pressão dos que estão abaixo (e nunca em função de uma pressão dirigida por eles mesmos)? As questões nos compelem por si mesmas. Mas levantam também questões mais amplas que, por sua vez, também nos incitam a refletir. Como os sistemas sociais são transformados por essas diferenças no comportamento em relação à moda? Como eles reagem às tensões e pressões internas que tal comportamento deve acionar em uma hierarquia de status? Estas oportunidades de pesquisa não foram exploradas pela comunidade pesquisadora da moda. Esta falha deve ser, em parte, atribuída à insuficiência da teoria que orienta tais pensadores.

O terceiro ponto forte da teoria *trickle-down* é sua habilidade em fornecer ao observador da moda os indícios prévios de uma mudança iminente. A teoria de Simmel permite ao observador prever que haverá mudança no comportamento de um grupo em relação à moda a partir do momento em que há uma mudança no comportamento de um grupo próximo. Logo que um grupo subordinado começa a se apropriar de uma moda de um grupo superior, uma diferenciação por parte deste é posta em andamento. Reciprocamente, logo que um grupo superior começa a se diferenciar de um grupo subordinado, este empreenderá novos atos de apropriação. Tirando o "tempo de defasagem", a motivação para que um grupo mude sua moda deriva diretamente da mudança levada a efeito por um outro grupo em seu comportamento. O observador da moda pode, então, "ler" o comportamento futuro de um grupo no comportamento presente de outro. Da maneira como caminham as teorias previsionistas, isto efetivamente funciona como um aviso prévio. A teoria de Simmel estabelece uma espécie de linha de alerta antecipado para o estudo da difusão da moda.

Dotada desses pontos fortes, a teoria *trickle-down* encontrou ampla recepção no estudo da moda em geral e do vestuário em particular. A teoria foi usada, com especial rendimento, no estudo histórico da moda. Foi, com efeito, identificada como um princípio fundamental de explicação para este campo de estudo (Brenninkmeyer 1963:51). A teoria *trickle-down* também foi usada com proveito no estudo das implicações sociológicas da moda contemporânea.[2]

A despeito de seu valor heurístico e de sua ampla adoção, a teoria *trickle-down* tem sido recebida com crescente ceticismo nos últimos anos. Não é um exagero dizer que o venerável modelo tem sido submetido a ataques por todos os lados.

Horowitz (1975) argumentou que a moda de elite foi suplantada pela moda de massa e que a última envolve pouca imitação dos superiores por parte dos subordinados (1975:291).[3] King (1963) dá um golpe mais sério no modelo argumentando que a exposição da mídia permite a adoção simultânea de novos estilos por todos os níveis da sociedade. Cada nível, argumenta o autor, é conduzido não pelo comportamento do grupo superior em relação à moda, mas por seus próprios inventores de moda. O percurso da difusão da moda é melhor representado, afirma King, por um modelo "*trickle*-atravessado". A direcionalidade do modelo foi ainda mais fundamentalmente desafiada por Field (1970) e Blumberg (1974), ambos os quais sublinham a trajetória "*trickle*-ascendente" de certos símbolos de status.[4]

Blumer (1969) sugere que a moda precisa ser vista como um processo de "seleção coletiva" no qual a teoria *trickle-down* não desempenha um papel importante. O vestuário não tira seu prestígio da elite. Ao contrário, "o seu potencial para virar moda" (1969:281) é determinado por fatores independentes do controle da elite.

Blumer argumenta que a teoria de Simmel, embora apropriada para o estudo da moda europeia dos séculos XVI, XVII e XVIII, é incapaz de dar conta da moda na sociedade moderna (1969:278). King e Ring argumentam, de forma similar, que os níveis de "diferenciação de estilo" não mais distinguem as classes sociais (1980:14).

Este sentimento parece figurar como uma espécie de consenso entre a comunidade de acadêmicos que se ocupam do estudo da difusão da moda. Pesquisas modernas, seguindo as descobertas de Katz e Lazarsfeld (1955) sobre os líderes de opinião, e mais particularmente o trabalho de King (1963) acima referido, dedicam-se agora em grande medida a identificar líderes da moda (por exemplo, Baumgarten 1957; King e Ring 1980; Polegato e Wall 1980; Sproles 1981; Summers 1970; e Tigert, King e Ring 1980). A teoria de Simmel, antes tão central para o estudo da difusão da moda, ameaça assumir o status de antiguidade teórica. Foi relegada a velhos livros-textos, esses museus das ideias que uma vez foram úteis e que agora figuram como graciosas curiosidades antiquadas.

Uma das desvantagens desses novos modelos de difusão é que eles não possuem o poder de previsão da teoria *trickle-down*. O modelo sugerido por Blumer, "seleção coletiva", fornece pouco alerta prévio. Para antecipar novas modas, o observador da moda precisa esperar a "convergência e [o] arranjo" do gosto para uma direção específica (Blumer 1969:283). Este é um processo tão variável e amorfo que a previsão deverá sempre ser prematura. Uma vez que o processo tenha resultado em uma seleção e uma moda tenha sido estabelecida, a teoria não especifica nenhuma consequência. Modas subsequentes emergirão de um processo tão mal definido quanto o que estabeleceu a moda então corrente. Blumer reconhece que novas modas sucedem as antigas, mas sua teoria não estabelece bases para dar conta desta relação (1969:283).

O "ciclo de vida da moda" esboçado por Sproles (1981:121-22) identifica a trajetória de difusão da moda e os fatores que governam este processo. Mas a teoria de Sproles não oferece condições para a previsão de uma nova moda enquanto esta não tiver entrado no ciclo de vida e, mesmo aí, a previsão terá de engalfinhar-se contra imponderáveis, tais como a adoção de modas por um líder, a continuidade histórica, as estratégias de marketing, a disponibilidade da massa, a pertinência social da novidade e as pressões da conformidade social. Similarmente, o líder da moda, ou o "agente da mudança", que agora recebe tanta atenção, nos oferece avisos antecipados de caráter limitado. A previsão só se torna possível quando essas lideranças começam a responder a uma nova moda. A "flutuação do status" (Field 1970) e os fenômenos de "liderança subcultural" (Blumberg 1975) são positivamente, do ponto de vista das previsões, descobertos de modo casual. Não há, aparentemente, uma segunda adivinhação que preveja que os símbolos e estilos existentes entre os subordinados chegarão aos superiores por um efeito *trickle-up*.

Nenhuma dessas teorias estabelece uma dinâmica que permita ao observador da moda predizer, no momento mesmo de uma inovação, o eventual aparecimento de uma segunda e reativa invenção. Esta pareceria ser uma das principais virtudes do conceito de Simmel, e seria uma das perdas que a teoria da difusão da moda sofreria se fosse permitido que a teoria *trickle-down* caísse em desuso.

A TEORIA *TRICKLE-DOWN* REVISADA

O declínio da teoria *trickle-down* de uma posição de proeminência explanatória talvez não a torne inválida para todos os propósitos investigativos. Ela ainda pode servir aos pesquisadores da moda como uma das teorias através das quais se podem elaborar considerações acerca do diverso e complicado corpo de dados que constitui o mundo da moda. A fim de remodelar a teoria *trickle-down* para o estudo da moda contemporânea, contudo, é necessário refinar e complementar o modelo de diversos modos. Eu empreendi esta revisão teórica à luz de um recente desenvolvimento na moda contemporânea, especificamente o comportamento de vestuário de mulheres profissionais na América do Norte (ver Dillon 1980; Douglas e Solomon 1983).

Nos últimos vinte e cinco anos, transformações nos conceitos acerca das mulheres encorajaram mudanças no vestuário das americanas. Cassel (1974) nota que o movimento feminista dos anos 60 e 70 produziu diversas inovações, incluindo o "uniforme" feminista radical (1974:87) e o "visual balneário" da Organização Nacional das Mulheres (1974:88). Ambos criaram um novo estilo de vestuário para as mulheres: o primeiro, apagando todas as características "femininas"; o segundo, exagerando-as agressivamente. Mais recentemente, vimos surgir um terceiro estilo de vestuário que, embora muito distinto de seus predecessores, também reflete um conceito transformado da feminilidade e o esforço para representar este conceito em uma nova e diferente maneira de se vestir.

O traje da profissional mulher de negócios não apaga nem exagera a feminilidade. Busca, ao contrário, dar à mulher executiva "um visual de autoridade", de acordo com o livro-decreto de John Molloy, *The Woman's Dress for Sucess Book* (1977:35). O visual de autoridade para a roupa da mulher de negócios é uma tentativa de isolar certas propriedades do vestuário do homem executivo e incorporá-las na moda feminina. O objetivo deste empreendimento é dar à mulher executiva credibilidade, presença e autoridade no mundo dos negócios.

É possível perceber nesta tentativa o mesmo esforço, conduzido pelo mesmo motivo, que caracteriza os subordinados descritos por Simmel. Vemos mulheres trabalhadoras, como qualquer grupo subordinado, se apropriando do vestuário de um outro grupo a fim de reivindicar um status novo e igual. A roupa de negócios, aparentemente, foi alvo do efeito *trickle-down*.

É duvidoso se, em uma primeira olhada, Simmel aceitaria este fenômeno como um exemplo de sua teoria. Está claro, certamente, que a teoria não prevê uma aplicação deste tipo. E isto porque existem diferenças notáveis. Primeiro, a parte apropriadora é um grupo definido não por sua localização social, mas pelo gênero. Segundo, os grupos em questão não se diferenciam por seu status relativo. Embora o status ocupacional de homens e mulheres possa diferir, seu status social não o faz necessariamente. Terceiro, vemos o efeito *trickle-down* ocorrer não através de uma adoção em massa de um artigo ou estilo de vestuário, mas através de uma seleção e adoção cuidadosas de somente certas propriedades.

A teoria de Simmel possui, ainda assim, uma certa utilidade para o estudo deste fenômeno. Primeiramente, sua aplicação nos permite ver, de um só golpe, uma similaridade essencial entre esta instância do comportamento em relação ao vestuário e instâncias anteriores. A adoção rápida e quase universal da categoria de vestuário "negócios" pode ser vista como um fenômeno estranho e peculiarmente moderno, mas ainda como uma outra manifestação de um processo familiar. Em segundo lugar, a teoria nos permite explicar este novo fenômeno da moda nos termos da força imitativa, assimilativa e apropriativa colocada por Simmel. E, em terceiro lugar, ela nos permite perguntar se a apropriação do visual negócios pelas mulheres provocará uma reação da parte de quem este estilo foi imitado. Com efeito, a teoria nos convida positivamente a determinar se está sendo estabelecido aqui um mecanismo de mudança na moda que irá criar ainda mais inovações.

Se a teoria de Simmel ainda é útil, ela requer, não obstante, uma revisão para que possa ser aplicada nos dias modernos. Revisões teóricas da teoria *trickle-down* tais como as que precisam ser feitas para acomodar o vestuário das mulheres profissionais são, talvez, características daquelas que precisam ser feitas para adaptar a teoria à moda moderna em geral. Talvez seja preciso esperar que os grupos que assumem os papéis de subordinados e superiores no moderno processo *trickle-down* não sejam definidos por sua estratificação social. Eles podem, ao invés disso, ser delineados ao longo de uma ou várias outras dimensões demográficas (gênero, idade e etnicidade). Talvez seja necessário esperar, também, que esses grupos não se distingam por seu status social relativo. Embora seja possível que exista alguma diferença de status, esta não necessariamente será definida em termos de posição social. Além disso, deve-se esperar que a imitação que ocorre aí não seja uma apropriação em massa de um símbolo ou de um estilo, mas sim um empréstimo seletivo, que atue preservando algumas características do grupo subordinado mesmo enquanto lhe permite reivindicar o status do grupo superior de quem o empréstimo foi feito.

Mas não são somente estas as revisões necessárias para adaptar a teoria *trickle-down* às circunstâncias modernas. Também é preciso ter alguma ideia teórica do contexto cultural no qual a imitação e a diferenciação se dão. Na teoria de Simmel, falta efetivamente uma apreciação deste contexto. Ela, portanto, não consegue nos fornecer uma compreensão mais detalhada dos motivos e fins particulares que inspiram a mudança de moda. Não consegue nos fornecer a lógica e a substância da mudança que aborda. Uma complementação teórica das ideias de Simmel, capaz de lhes permitir oferecer uma descrição do contexto cultural da mudança na moda, demanda uma breve análise dos avanços recentes no estudo do simbolismo da moda.

É amplamente observado que o vestuário tem uma função comunicativa cultural, atuante em grande parte através de sua habilidade para expressar categorias distintas dentro do status, da idade, do gênero, da classe, da ocupação, do status marital, da religião e da política (Bogatyrev 1971; Kuper 1973a; Messing 1960; Murphy 1964; Neich 1982; Wolf 1970).[5] O vestuário representa estas categorias culturais através de um processo de correspondência. Na linguagem do estruturalismo, o vestuário constitui um "sistema material de diferenças" que corresponde a e se comunica com um "sistema conceitual de diferenças".[6] É deste modo que o vestuário permite à comunidade distinguir os superiores dos subordinados, os jovens dos velhos, os casados dos solteiros, os crentes dos incrédulos, e assim por diante.

Também é amplamente observado que o código expressivo fornecido pelo vestuário para esse propósito comunicativo terá uma peculiar capacidade simbólica (Kuper 1973b; McCracken 1983a; Schwarz 1979). Os signos do vestuário, argumenta-se, não se prestam meramente a distinguir uma categoria cultural de outra. Também demonstram, de maneira simbólica, como essas categorias são ditas diferentes umas das outras. Em resumo, o vestuário não somente marca a diferença entre categorias culturais, mas também especifica a natureza da diferença que existe entre elas.

Este modelo da natureza simbólica e cultural do vestuário nos fornece uma perspectiva mais exata a partir da qual contemplar o fenômeno *trickle-down* que o vestuário das mulheres profissionais representa. Atentemos em primeiro lugar para o modo pelo qual o vestuário foi usado na América para representar a distinção entre as categorias "masculino" e "feminino". O Quadro I fornece estes dados de forma resumida. Este mapa nos dá, em termos gerais, o sistema de diferenças materiais que corresponde ao – e, deste modo, representa o – sistema de diferenças conceituais que distingue as categorias culturais de masculino e feminino. Especifica como a distinção entre homens e mulheres é expressa pelas características simbólicas de seu vestuário.

Quadro I
Simbolismo do vestuário e diferenciação de gênero

	Mulheres	Homens
Corte da roupa	Não feito sob medida	Feito sob medida
Tecido	Macio, fino, leve	Áspero, espesso, pesado
Cor	Claras e policromáticas	Escuras e monocromáticas
Modelo	Curvo, arredondado, delicado e fofo	Quadrado e anguloso
Estilo	Elaborado	Despojado

Fonte: Adaptado de Sahlins (1976:190-191).

Estas distinções simbólicas não discriminam meramente uma categoria da outra. Comunicam, também, o que convencionalmente tomamos como sendo a natureza da diferença entre homens e mulheres. Deste ponto de vista estereotipado (e, agora, propriamente disputado), parece ser peculiarmente adequado que os homens devam se vestir em trajes mais bem cortados, de tecidos pesados e ásperos; em cores escuras e mais monocromáticas; em linhas angulares; e, por fim, em um estilo menos elaborado. Isto porque estas são as qualidades do vestuário que, supõe-se, representam mais adequadamente o caráter culturalmente prescrito para os homens. Supõe-se que, especialmente no trabalho, os homens devam ser disciplinados, sóbrios, estáveis e circunspectos. As características objetivas deste guarda-roupas codificam, portanto, as supostas características do homem norte-americano. E, deste mesmo ponto de vista estereotipado e espúrio, considera-se apropriado que as mulheres se vistam em trajes de confecção menos artesanal; de tecidos leves; de cores claras e policromáticas; em modelos arredondados; com maior grau de elaboração. Estas características materiais e objetivas do vestuário representam mais adequadamente as supostas qualidades internas de quem o veste. Espera-se que as mulheres, especialmente no trabalho, sejam indisciplinadas, superficiais, delicadas, extravagantes, expressivas e volúveis. Em resumo, o vestuário dá conta simbolicamente das categorias culturais que ele próprio distingue.

No ambiente de trabalho, o caráter simbólico do vestuário masculino e feminino assume especial significação. As mulheres, enquanto grupo subordinado, descobrem-se designadas a um guarda-roupas que expressa qualidades que as desqualificam a uma participação ativa e igual em seu lugar de trabalho. Seu vestuário anuncia uma ausência de engenhosidade, competência e confiabilidade. Os homens, enquanto grupo superior, possuem, por distinção contrastante, um guarda-roupa que proclama e justifica sua posição de destaque no trabalho. Seu vestuário expressa habilidade, disciplina e fidedignidade, exatamente as características mais úteis a seus papéis ocupacionais.

Esta descrição simbólica do vestuário é essencial para um entendimento adequado do efeito *trickle-down*. Dá conta do contexto cultural no qual a imitação e a diferenciação acontecem – um contexto tão importante quanto o social, no qual insistiu Simmel. O mérito deste contexto cultural é o de nos permitir ver com maior detalhe e profundidade em que consiste o efeito *trickle-down*. No caso das mulheres profissionais, ele nos permite notar que o processo de imitação empreendido por um grupo subordinado é acionado por motivos mais específicos e na perseguição de fins mais propositados do que é possível perceber pela teoria de Simmel.

As mulheres, enquanto grupo subordinado no mundo do trabalho, não imitam o grupo superior em resposta a uma vaga força geral que leva a imitar. Tampouco o fazem na simples busca por maior prestígio e status. Sua motivação é mais particular e estratégica: é, antes de qualquer outra coisa, escapar da praga do caráter simbólico de seu atual estilo de vestir. A teoria de Simmel trata a mudança como um esforço para alcançar o novo; não como um esforço para escapar ao antigo. O ato negativo da desassociação é o que precede o ato da imitação. É a fim de deixar para trás um estilo de se vestir e suas conotações simbólicas pejorativas que a mudança é contemplada e a imitação é empreendida.

Se o *motivo* da imitação é deixado sem especificação pela teoria de Simmel, o mesmo ocorre com o *fim* ao qual a imitação é dedicada. As mulheres adotaram o traje de seus colegas homens no ambiente de trabalho a fim de se apropriar das qualidades expressivas nele contidas. Imitaram em busca de um objeto social: a aceitação enquanto parceiras iguais e competentes no mundo do trabalho. A imitação empenhou-se em adquirir os complementos simbólicos nos quais a competência e a equidade estão expressas. Logo, a imitação não se caracterizou pela simples perseguição de prestígio, nem se resumiu à ação de uma força generalizada; constituiu-se em uma atividade propositada, motivada pela apreciação dos compromissos simbólicos de um estilo de se vestir e das vantagens simbólicas implícitas no outro estilo.

A PREVISÃO E A TEORIA *TRICKLE-DOWN*

Se a teoria de Simmel não conseguiu perceber o contexto cultural da imitação, também deu conta inadequadamente da diferenciação. Novamente, aqui, a teoria postula uma força vaga e geral, quando um mecanismo muito mais específico pode ser identificado. A insuficiência da teoria neste aspecto é particularmente grave, uma vez que é com o processo de diferenciação que emergem seus poderes de previsão. Conforme a diferenciação é caracterizada em termos vagos e gerais, a previsão acaba por ter a mesma qualidade imprecisa. Da maneira como é colocada, a teoria nos permite dizer somente que o grupo superior empreenderá a diferenciação a partir da descoberta de que um grupo subordinado empreendeu a imitação. Não nos permite especificar em que esta mudança consistirá. O fornecimento de um contexto cultural torna possível uma previsão mais exata.

De acordo com a teoria de Simmel, a imitação das mulheres enquanto parte subordinada deveria provocar um ato de diferenciação da parte superior. A teoria sugere que o processo será empreendido pelos superiores a fim de restabelecer os marcadores de status que são distintivamente os seus próprios. Uma interpretação mais culturalmente sofisticada da teoria *trickle-down* nos permite dar um passo além. Estabelecemos que o processo de imitação é simbolicamente propositado e formulado não somente para efetivar uma identidade de vestuário com os superiores, mas também para se apropriar de seus distintivos de poder e de autoridade. Esta compreensão nos permite prever não somente que os homens buscarão um novo estilo de vestuário, mas também que buscarão um estilo no qual o poder e a autoridade sejam restabelecidos. Enquanto grupo superior, os homens procurarão realizar um ato de diferenciação que fará mais do que apenas recriar um estilo exclusivo de vestuário masculino. Eles buscarão também recriar um exclusivo visual de autoridade. Agindo como qualquer grupo superior, eles buscarão preservar não somente seus marcadores de status superior, mas também seus marcadores de poder mais elevado. Em outras palavras, uma teoria *trickle-down* que forneça um contexto cultural pode prever não somente que acontecerá uma mudança por parte dos superiores, mas também as propriedades simbólicas que o novo estilo buscará. Pode predizer não apenas o fato, mas também a direção da mudança.

Para ilustrar, deixe-me notar um recente desenvolvimento da moda masculina, no qual o processo de diferenciação parece estar em andamento. A coleção de outono de roupas masculinas apresentada pela edição de setembro de 1983 da revista *Esquire* anunciava para os homens a emergência de um "Retorno à Heroica Elegância". Este desenvolvimento foi descrito pelo redator da *Esquire*, Vincent Boucher (1983:38), como um retorno ao "refinamento", à "graça", à "polidez" e à "opulência". Com efeito, a coleção era notavelmente suntuosa. Empregava tecidos luxuosos, detalhes distintivos, punhos franceses, elaboradas abotoaduras, coletes e notáveis acessórios de diversos tipos. O objetivo da coleção, sugeriu Boucher (1983:38), era expressar o "heroísmo" daquele que envergava os trajes; supunha-se que estes lhe renderiam "admiração". A pressuposição que conduzia este estilo era de que "o impulso para se vestir ricamente e com autoridade é uma tradicional prerrogativa masculina que nunca saiu de moda". Em resumo, o visual de "heroica elegância" descrito por Boucher é formulado para ter significado político declarado; é explicitamente uma afirmação de poder.

Não menos notável, neste desenvolvimento na moda masculina, é o desafio às convenções que governaram longamente o vestuário masculino. O visual "heroico" rompe deliberadamente com o simbolismo contido, conservador e despojado do vestuário masculino. Mas, deve esta ruptura radical com o código do vestuário nos surpreender? De jeito nenhum. Na verdade, a teoria de Simmel a prevê. A imitação dos homens por parte das mulheres borrou os contornos da distinção cultural que se espera que o código do vestuário represente. É, portanto, plenamente esperável que os homens, enquanto grupo superior, busquem restabelecer a distinção (e o código) com uma inovação na moda deles próprios.

Complementada por uma teoria simbólica e uma nova atenção ao contexto cultural da mudança na moda, a teoria de Simmel dá um passo adiante. Observando que as mulheres, enquanto grupo subordinado, se apropriaram do "visual de autoridade" do vestuário masculino, a teoria sugere que será a retomada desta vantagem simbólica que constituirá o objetivo específico de mais uma inovação na moda masculina.

Certamente, o "retorno à heroica elegância" que emergiu nas páginas da *Esquire* e na indústria da moda parece ser um esforço deliberado para restabelecer o "visual de autoridade" em novos termos masculinos. Nas palavras de Boucher, este retorno busca a "admiração" e permite que o homem "se vista ricamente e com autoridade". Com seus tecidos nobres, estilo elegante e acessórios ousados, o visual heroico é deliberadamente exagerado onde a roupa masculina convencional era apagada. É extravagante onde esta é conservadora e sóbria. Esse jeito de vestir é, aparentemente, formulado para ser visualmente coercitivo, um autoanúncio. Busca, à moda do cortesão renascentista, sair preemptivamente na frente de todas as reivindicações visuais de status que competem entre si. O visual heroico é um ato de agressão simbólica que explora suas qualidades de riqueza, extravagância e suntuosidade como instrumentos de política interpessoal. Há pouca dúvida de que o estilo heroico busque criar um novo visual de autoridade de proporções particularmente assustadoras.

Meu ponto é que a emergência deste novo estilo na moda masculina poderia ter sido prognosticado antes de sua aparição. A partir do momento em que as mulheres começaram a se apropriar do "visual de autoridade", era possível predizer que um desenvolvimento correspondente no vestuário masculino seria buscado para reivindicar novamente este visual. É claro que os detalhes exatos deste desenvolvimento não são prognosticáveis; que os homens adotariam a "heroica elegância" ao invés de um outro visual de autoridade não poderia ser antecipado. Mas é possível prever a aparição de um estilo de caráter e intenção similares. Em resumo, uma teoria *trickle-down* culturalmente sofisticada permite ao observador antecipar novas modas e julgar novos estilos de acordo com um conjunto de expectativas altamente explícitas. Informado dos motivos e objetivos simbólicos de modas imitativas anteriores, o observador torna-se presciente na antecipação de modas diferenciativas futuras.

Este poder de previsão é um aperfeiçoamento da teoria de Simmel. O aviso antecipado da inovação na moda estabelecido pela teoria *trickle-down* era limitado: podia prever o fato, mas não o caráter da mudança. Complementada por uma teoria do simbolismo do vestuário, ela se torna mais acurada. Pode especificar com precisão aproximada a direção da mudança e algumas de suas propriedades simbólicas. Tomadas em conjunto, essas capacidades de previsão munem o observador da moda de uma linha de aviso antecipado de certa sofisticação.

Este é um poder de previsão consideravelmente maior do que aquele que as presentes teorias da difusão podem fornecer. Como notei, essas teorias são incapazes de relacionar diferentes atos de comportamento em relação à moda em termos causais. No máximo, podem predizer a adoção de modas em um grupo a partir do comportamento em relação à moda de líderes de outro grupo. Não podem prever a mudança em um grupo pela ocorrida em outro. Nem identificar os motivos ou as estratégias simbólicas desses grupos. Essas deficiências impossibilitam a previsão da direção e das propriedades da mudança na moda.

CONCLUSÃO

Este capítulo buscou demonstrar que a teoria *trickle-down* de Simmel pode ser retomada de seu atual estado negligenciado e tornada útil para o estudo de certas instâncias da mudança na moda na sociedade contemporânea. Esta reabilitação requer diversos ajustes teóricos. Em primeiro lugar, o foco da teoria precisa ser modificado. Os grupos devem ser definidos não somente em termos do status social hierárquico, mas também em termos das diferenças de status estabelecidas pelo sexo, pela idade e pela etnicidade. Esses grupos também devem ser vistos como engajados em uma apropriação seletiva, mais que em um empréstimo total.

Mudanças ainda mais significativas precisam ser feitas na ênfase da teoria. Não é o suficiente enfatizar o contexto social que preocupou Simmel. A teoria deve atentar também para o contexto cultural da inovação e da difusão da moda. O fornecimento de um contexto cultural habilita a teoria a dar conta dos motivos e fins simbólicos de grupos sociais engajados em um comportamento em relação à moda. Este, em contrapartida, permite uma análise mais penetrante dos atos de imitação e de diferenciação nos quais consiste o efeito *trickle-down*. E esta análise, por sua vez, liberta a teoria de suas presentes limitações. Não é mais necessário ou útil dar conta da imitação e da diferenciação nos termos psicológicos e sociais gerais oferecidos por Simmel. O recurso a uma teoria simbólica nos permite dar conta desses atos em termos ainda mais exatos.

O aporte de uma sensibilidade cultural para a teoria *trickle-down* lhe confere nova relevância para o estudo do comportamento contemporâneo em relação à moda. Também dá à teoria uma habilidade de previsão mais sofisticada. Em um momento em que as teorias da difusão sofrem de uma certa insuficiência de sua capacidade de previsão, esta reabilitação da teoria de Simmel tem algo de recomendável. Permite-nos restaurar uma venerável teoria, recolocando-a em uma posição de utilidade investigativa e restabelecendo algo de seu status anterior.

SETE

O poder evocativo das coisas
Bens de consumo e a preservação de esperanças e ideais

Este capítulo examina outro uso pragmático dos bens de consumo. Neste caso, estamos preocupados não com a redefinição do gênero, mas com o cultivo de esperanças e ideais. Os bens de consumo são pontes para tais esperanças e ideais. São por nós utilizados para recobrar estes significados culturais deslocados, para cultivar algo que de outra maneira estaria fora de nosso alcance. Sob esta forma, os bens de consumo são um meio de perpetuamente renovar nossas expectativas consumistas. O lado negro deste aspecto do consumo é que ele ajuda a aumentar nosso apetite consumista, de modo que nunca atingimos uma "suficiência" de bens e declaramos "Eu tenho o bastante". Este aspecto do consumo também ajuda a iluminar algumas das associações irracionais, fantásticas e escapistas que fazemos com os bens de consumo. Tratar os bens como pontes para o significado deslocado ajuda a tornar essas questões mais inteligíveis.

SIGNIFICADO DESLOCADO E BENS DE CONSUMO

Este capítulo oferece uma descrição teórica de uma categoria pouco estudada de significado cultural.[7] Esta é aqui chamada de "significado deslocado", porque consiste em um significado cultural que foi deliberadamente removido da vida cotidiana de uma comunidade e realocado em um domínio cultural distante. O capítulo também busca dar conta teoricamente do papel do consumo na evocação deste significado. O consumo é um dos meios pelos quais a cultura restabelece o acesso a este significado que foi deslocado. Em suma, este capítulo é formulado para mostrar o que é "significado deslocado" e como ele é representado e manipulado através do sistema de consumo.

O tópico "significado deslocado" não foi amplamente estudado nas ciências sociais. Os tópicos "ideais" e "valores" foram considerados (por Kluckhohn 1962; Rokeach 1979; Silverman 1969, por exemplo), mas esses estudos não abordaram a natureza estrategicamente "deslocada" deste tipo de significado cultural. Esta é uma prática tão comum e útil às comunidades humanas que é estranho que existam tão poucos conceitos teóricos para lidar com ela. É o objetivo deste capítulo fornecer tal conceito.

Se o estudo do significado deslocado não é abundante, o papel de objetos inanimados na representação e na retomada de significado cultural é muito melhor compreendido. Na antropologia, as subdisciplinas do estruturalismo e da cultura material examinaram, ambas, este tópico (Douglas e Isherwood 1978; McCracken 1986a, 1986b; Reynolds e Stott 1986; Sahlins 1976). Os estudos americanos, um campo que também usa o título de "cultura material", fizeram deste tópico o objeto de pesquisa intensa e sofisticada (Prown 1982; Quimby 1978; Schlereth 1982). No campo do comportamento do consumidor, um interesse de longa data neste tópico foi aguçado por novas abordagens a este estudo (Belk 1982; Hirschman e Holbrook 1981; Holman 1980; Levy 1981; Mason 1981, 1984; Solomon 1983). A psicologia também abrigou novas pesquisas nesta área (Csikszentmihalyi e Rochberg-Halton 1981; Furby 1978; Graumann 1974-75). A sociologia, seguindo um período de intenso interesse nos anos 50 (por exemplo, Goffman 1951; J. Davis 1956, 1958), parece estar retornando a este tópico (Lauman e House 1970; Nicosia e Mayer 1976; F. Davis 1985). O campo da história também está começando a se dedicar a esta questão (Fox e Lears 1983; Lears 1981; McCracken 1985; McKendrick 1982). A despeito de toda a sua amplitude e penetração, este trabalho também falhou em considerar a categoria de significado aqui chamada de "significado deslocado".[8]

Uma compreensão mais clara do papel dos bens de consumo na representação e na retomada do significado deslocado promete diversas contribuições para o meio acadêmico. Primeiro, ajudará a esclarecer uma das formas pelas quais os objetos carregam significado. Isto, em contrapartida, ajudará a fazer avançar o presente esforço nas ciências sociais para compreender como os objetos funcionam como mídias de comunicação não-linguística. Vislumbrar o papel dos bens na retomada do significado deslocado converte-se, também, em novos *insights* acerca das propriedades sistemáticas do consumo, hoje repudiadas como "irracionais", "fantásticas" ou "escapistas". Ao funcionarem como pontes para o significado deslocado, os bens ajudam a perpetuamente fomentar os gostos e as preferências individuais e a prevenir que se atinja uma "suficiência". Nesta medida, os bens são parte essencial do sistema de consumo ocidental, bem como da relutância deste sistema em jamais admitir que "o bastante é o bastante". Um entendimento adequado do significado deslocado promete *insights* relativos a aspectos atualmente obscuros do consumo.

SIGNIFICADO DESLOCADO

A lacuna entre o "real" e o "ideal" na vida social é um dos mais opressivos problemas com o qual uma cultura deve lidar. Não há uma solução simples. Aqueles que se refugiam em um otimismo ingênuo devem eventualmente aceitar que esta brecha é uma característica permanente da vida social. Aqueles que, ao contrário, direcionam-se para um cinismo aberto e para uma aceitação formal desta lacuna, devem lidar com a perspectiva inadministrável de uma vida sem maiores objetivos e esperanças. A discrepância entre as realidades e os imperativos morais de uma comunidade não têm remédio óbvio.

Há, contudo, diversas estratégias à disposição de uma cultura para o tratamento deste aspecto crônico da vida social. As preocupações deste capítulo estão voltadas somente para uma delas, aquela que pode ser chamada de estratégia do "significado deslocado".

Confrontada com o reconhecimento de que a realidade é inacessível aos ideais culturais, uma comunidade pode deslocar esses ideais. Isto os removerá da vida cotidiana e os transportará para outro universo cultural, para aí serem mantidos ao alcance, mas fora de perigo. A estratégia do significado deslocado permite a uma cultura remover seus ideais em segurança.

Mas a estratégia faz mais do que simplesmente resguardar ideais culturais. Também ajuda a dar uma espécie de demonstração empírica deles. Ao serem transportados para um domínio cultural distante, os ideais passam a ser vistos como realidades praticáveis. Aquilo que, de outra maneira, seria insubstanciável e potencialmente improvável no mundo atual, é agora validado e de certa forma "provado" por sua existência em um mundo outro, distante. Com o deslocamento dos ideais, a lacuna entre o real e o ideal pode ser reduzida a dificuldades locais, particulares. Passa a refletir circunstâncias mais contingentes que necessárias. A estratégia do significado deslocado luta contra a discrepância entre o real e o ideal utilizando-se do astuto expediente de tirar o ideal da briga.

ALOCAÇÕES PARA O SIGNIFICADO DESLOCADO

A cultura que recorre à estratégia do "significado deslocado" deve encontrar um lugar para seus ideais. Há muitas alternativas aqui. Os ideais podem ser removidos para um número quase infinito de alocações nos *continua* do tempo e do espaço. O *continuum* do tempo, por exemplo, é com frequência transformado na alocação de uma "idade do ouro". O *continuum* da idade do ouro é, sempre, um período histórico para o qual existem evidências e documentação assegurando uma abundância. De fato, tal período não é senão um momento imensamente fictício, no qual a vida social é imaginada como tendo se conformado de modo perfeito aos ideais culturais. Uma versão desta noção aparece nas *Metamorfoses* de Ovídio.

> "De ouro foi esta primeira era, a qual, sem ser compelida, sem leis, por sua própria vontade manteve a fé e fez o que era certo. Não havia medo de punição ou palavras de ameaça que pudessem ser lidas nos brasões; não havia multidão suplicante fitando temerosamente sua face julgadora; mas, sem julgamentos, viveu-se em segurança."
> (Ovídio 1960:9)

A tradição da "idade do ouro" é especialmente ativa no Ocidente, onde desde suas origens hesiódicas e platônicas tem continuamente provado ser útil como paraíso seguro para acalentados ideais. (Nisbet 1969:51). Von Grunebaum chamou esta confiança em um passado perfeito de "classicismo cultural". O autor esclarece que esta estratégia do significado deslocado existiu não apenas no Ocidente, mas também em diversas tradições orientais (1964).[9]

Às vezes, não é um passado glorioso que se torna o lugar de ideais não-cumpridos, mas sim um áureo futuro. A tradição ocidental deu ampla demonstração também deste tipo de alocação. Os teólogos cristãos propuseram "o outro mundo" como um dogma fundamental de fé. Mesmo os filósofos do século XVIII, que discordaram deste conceito cristão de futuro, criaram sua própria versão dele a fim de ter um lugar para manter os dogmas a salvo das provas empíricas (Becker 1932:150). O futuro é uma locação versátil, dotada de muitas possibilidades alternativas: uma comuna anarquista livre de leis e de propriedades, a democracia perfeita na qual todas as pessoas são plenamente livres e iguais, o estado socialista perfeito que coloca o bem comum à frente dos interesses individuais, a perfeita sociedade *laissez-faire* na qual o individualismo econômico decide todos os assuntos coletivos. Alguns destes podem constituir possibilidades realistas. Mas, mais importante, é que constituem locações temporais nas quais os ideais podem encontrar proteção da possibilidade de contradição.

O futuro é, em alguns aspectos, mais acomodativo que o passado enquanto refúgio para o significado deslocado. É, afinal de contas, menos constrangido pelo registro histórico ou por fatos demonstráveis. O futuro não tem limites senão os da imaginação que o contempla. É tábula rasa, enquanto o passado possui certas notações já postas, às vezes inconvenientes. Como resultado, há talvez algum princípio de deslocamento do significado que diz que a escolha do passado ou do futuro como locação dependerá do grau de implausibilidade do ideal a ser deslocado. Quanto mais extremo for o grau desta implausibilidade, mais provável será a transferência do ideal para o futuro.

Mas o caráter "inespecífico" do futuro não é somente uma vantagem, como também um ponto fraco. Um passado de ouro é capaz de dar credibilidade aos ideais culturais, pela "demonstração" de que estes uma vez existiram. Períodos futuros não podem estabelecer uma tal ilusão. Não oferecem base para o argumento de que os ideais são praticáveis porque uma vez o foram. Ao que parece, contudo, o "verdadeiro crente" ainda é capaz de encontrar locação futura para seus ideais, forçando evidências de plausibilidade. A visão utópica, pelo visto, tem sua própria facticidade. Existe na mente do crente com tal vivacidade e autoridade que tem a força de um fato demonstrável. Ideais deslocados para uma locação futura podem funcionar como sua própria prova. São validados pela imaginação, verificados no ato do pensamento. Este bem pode ser um ato de fé (Manuel e Manuel 1979:27). Em suma, o futuro é uma locação um tanto mais acomodativa para o significado deslocado que o passado, mas, em contrapartida, dispõe de menos autoridade.

Também é possível transportar ideais alheios no *continuum* do espaço. Em algum lugar dos dias de hoje, é possível encontrar uma sociedade que aparente viver uma vida na qual "todos mantêm a fé e fazem o que é certo". Idealmente, esta sociedade é suficientemente distante para assegurar que um exame minucioso não será facilmente empreendido, já que tal escrutínio é quase sempre desapontador. Com esta condição, o deslocamento no espaço funciona tão eficazmente quanto o deslocamento no tempo. As imperfeições de uma dada sociedade podem agora ser desculpadas como aberrações locais. Os ideais encontraram um lugar seguro.

Há algumas propriedades sistemáticas ao deslocamento do conhecimento ideal no espaço. Os países colonizados tendem a encarar o "país mãe" ou a "terra pátria" como o preenchimento perfeito dos ideais locais. Esta concepção equivocada é encorajada especialmente pelos esforços de propaganda nos quais se engajam todos os colonizadores. É verdade, também, que essas sociedades tendem a favorecer suas oposições estruturais quando buscam novas locações fora. As sociedades industriais tendem a manifestar certo apego e predileção para com as sociedades pastorais. E estas aspiram às oportunidades de perfeição que o desenvolvimento trará. Similarmente, as sociedades tradicionais admiram as modernas, e estas, em contrapartida, devolvem a gentileza. Em algum lugar no *continuum* do espaço, existe um "outro" perfeito em termos do qual os ideais localmente inalcançáveis podem ser formulados.

A cultura que busca lutar contra a discrepância entre o real e o ideal através da estratégia do significado deslocado nunca se desapontará. Os *continua* do espaço e do tempo são anfitriões inesgotáveis. Representam um vasto experimento etnográfico no qual elementos humanos reconhecíveis são combinados e recombinados em configurações ricamente diversas. Alguns desses experimentos devem seguramente funcionar como razoáveis fac-símiles do que se deseja para seu próprio tempo e espaço. Assim é possível a uma cultura proteger-se da desagradável possibilidade de falhar localmente em realizar ideais que constituem uma condição necessária e universal.

A estratégia do deslocamento é claramente mais do que uma vã ficção, um jogo que as culturas jogam para sua própria diversão. É, na verdade, um dos mais poderosos mecanismos da história. Parte significativa da riqueza dos registros etnográfico e histórico decorre precisamente do esforço em realizar ideais distantes "aqui e agora". A estratégia do "significado deslocado" é, portanto, uma fonte vital para a transformação histórica. Qualquer que tenha sido o sucesso obtido na perseguição dos ideais deslocados, é fato que ela também deu origem a uma espantosa coleção de desventuras e calamidades. A força essencial da estratégia do deslocamento pode ser medida pelo fato de que este catálogo de desastres não a desencoraja. Que a retomada do significado deslocado tenha trazido tragédia e desespero para virtualmente toda cultura nada fez no sentido de desacreditar a estratégia, e em nada diminuiu o entusiasmo com o qual esta ainda é perseguida. De todas as estratégias através das quais uma cultura pode lutar contra a discrepância entre o real e o ideal, a do significado deslocado deve talvez ser encarada como a caracteristicamente imprudente "favorita do gênero".

SIGNIFICADO DESLOCADO DE ORDEM MICRO

O que ocorre em grande escala, para nações e culturas, se dá também em uma escala muito menor, para os indivíduos. Como as culturas, os indivíduos exibem uma característica recusa em atribuir a falência dos ideais aos próprios ideais. Como as culturas, os indivíduos preferem deslocar seus ideais, removendo-os do "aqui e agora" para um outro tempo ou lugar relativamente seguro. Os indivíduos, como as culturas, encontram na estratégia do significado deslocado um truque útil, escamoteação capaz de sustentar a esperança, fazendo face aos impressionantes níveis de pessimismo.

As estratégias evocadas pelos indivíduos assemelham-se às evocadas pelas culturas. Eles buscam locações para seus ideais fora, nos *continua* do tempo e do espaço. Eles "descobrem" uma "idade do ouro" pessoal, na qual a vida se conformou às suas mais apaixonadas expectativas ou aos mais nobres ideais: os anos felizes da infância ou talvez apenas um único feriado de verão. Com os ideais deslocados para esta locação amplamente ficcional, as dificuldades e os desapontamentos do momento são tornados inertes e permite-se que a esperança se mantenha.

Para os indivíduos incapazes de encontrar uma locação satisfatória no passado, o futuro se mostra mais acomodativo. Como foi notado acima, o futuro é inespecífico e, portanto, livre de constrangimentos. Que tipo de futuro se revelaria uma locação para ideais satisfatória é algo frequentemente especificado por convenções. Locações convencionais incluem "Quando eu me casar...", "quando eu finalmente me formar...", "quando as oportunidades baterem à minha porta...". Estes futuros desejáveis são invenções coletivas, sujeitas a modas volúveis. Um futuro vitoriano favorito começava com "quando eu for reconhecido..." e era especialmente popular entre os serviçais domésticos que esperavam pela descoberta de que eram a prole ilegítima de aristocratas sem filhos, de família antiga e tremendamente ricos.

Novamente, parece ser verdade que a natureza inespecífica do futuro não o impede de ter grande poder de persuasão. O crente individual constrói uma locação futura como fonte de otimismo tão convincente quanto uma locação passada. O fato de nunca ter existido não minimiza sua capacidade de validar ideais.

O que não puder ser encontrado em um passado ou em um futuro individuais pode ser buscado no *continuum* do espaço. Os indivíduos encontram-se continuamente engajados no exame da vida alheia, em busca de provas de que seus ideais pessoais são realizáveis. Esta tendência é explorada com fins políticos no "culto de personalidades" e com fins comerciais no "*star system*" hollywoodiano. Em ambos os casos a disposição em projetar de bom grado os ideais pessoais para fora da própria vida é usada para produzir efeito persuasivo. Este fenômeno foi bastante estudado pelas diversas ciências sociais, sob a rubrica das teorias do "grupo de referência distante", da "emulação de status" e da "difusão", sem que tenha sido reconhecido o processo de deslocamento.

Tanto para os grupos quanto para os indivíduos situações quase extraordinariamente infelizes podem ser tornadas toleráveis através do prudente deslocamento de certos ideais e esperanças. A estratégia do deslocamento habilitou tanto os indivíduos quanto os grupos a suportar as circunstâncias geradas pela pobreza, pelo racismo, e por todo tipo de status despossuído. Tão importante é o papel do significado deslocado nessas vidas que não é possível renunciar a ele sem dramáticas consequências. Os indivíduos e grupos que desistem de seus significados deslocados são prontamente levados ou ao desespero consumista ou à feroz rebelião. Contudo, é a medida do terrível poder do significado deslocado que ele consiga permanecer através de gerações de descontentamento, sem que seja desafiado ou sem que se desista dele.

O PODER EVOCATIVO DOS OBJETOS

Sugeriu-se aqui que cada cultura deve lidar com uma discrepância universal entre o real e o ideal, e que um dos caminhos para fazê-lo é a estratégia do significado deslocado. Deve-se observar agora que esta estratégia gera dificuldades. Como a cultura restabelece o acesso a este significado deslocado? Esta seção do capítulo argumentará que isto é feito, em parte, através de objetos inanimados e bens de consumo aos quais tal problema é remetido. Os bens servem como pontes para o significado deslocado, tanto para os indivíduos quanto para os grupos. Constituem um dos mecanismos que podem ser usados para ajudar na retomada deste significado.

A questão desta retomada é delicada. O processo de deslocamento do significado é empreendido em primeiro lugar a fim de estabelecer uma espécie de imunidade epistemológica para os ideais. Quando uma tentativa é feita na direção de retomar este significado, deve-se tomar cuidado para garantir que esta imunidade não seja comprometida. A retomada precisa ser realizada de tal modo que o significado deslocado seja trazido ao "aqui e agora" sem ter de tomar para si todas as responsabilidades de uma permanência plena. Quando o significado deslocado é resgatado de sua locação temporal ou espacial, não deve ser exposto à possibilidade de refutação. Em outras palavras, não se pode permitir que o acesso desfaça o trabalho do deslocamento.

Deixe-nos examinar exatamente como os bens de consumo ajudam a realizar esta delicada tarefa. A discussão que se segue divide-se em duas partes. A primeira analisará como os bens podem servir como pontes antes do ato da compra, quando não são mais que um rápido lampejo aos olhos do indivíduo. A segunda considerará como os bens servem como pontes quando já se encontram de posse dos indivíduos.

Os bens funcionam como pontes mesmo quando ainda não são possuídos pelos indivíduos, mas meramente cobiçados. Bem antes da compra um objeto pode servir para conectar seu futuro dono com o significado deslocado. O indivíduo antecipa a posse de um bem e, com esse bem, a posse de certas circunstâncias ideais que no momento existem em um local distante.

Neste caso, os bens ajudam o indivíduo a contemplar a posse de uma condição emocional, uma circunstância social ou mesmo todo um estilo de vida, de algum modo concretizando eles próprios essas coisas. Tornam-se uma ponte para o significado deslocado e uma versão idealizada da vida como deveria ser vivida. Quando são imaginados, esses objetos permitem ao indivíduo enumerar um conjunto muito maior de posses, atitudes, circunstâncias e oportunidades. Um exemplo simples disso é o uso da "casa de campo coberta de rosas". O indivíduo pensa sobre a eventual posse de tal casa de campo e, neste processo, reflete sobre a posse de todo um jeito de viver que especifica mais ou menos explicitamente um certo tipo de estilo de vida, de esposa, de arranjo doméstico e assim por diante. A casa de campo torna-se o "correlativo objetivo" deste diversificado pacote de significado deslocado.[10] De que maneira os bens funcionam como esses correlativos ao significado deslocado é algo que será discutido em maior detalhe abaixo.

O que é notável no uso dos bens como pontes é sua habilidade em estabelecer o acesso sem desfazer o trabalho do deslocamento. São capazes de realizar ambas as partes da estratégia do deslocamento sem comprometer nenhuma das duas. Quando os bens se tornam o "correlativo objetivo" de certos significados culturais, fornecem ao indivíduo uma espécie de acesso ao significado deslocado, que de outro modo lhes seria inacessível. Permitem ao indivíduo participar neste significado e até mesmo, em certo sentido, tomar posse dele. Mas os bens realizam este milagre semiótico sem, na realidade, trazer o significado deslocado à devastadora luz do mundo real. Os bens têm a capacidade de tornar acessível o significado deslocado sem torná-lo ao mesmo tempo vulnerável ao teste empírico ou comprometer seu status diplomático.

Os objetos podem ser orientados-para-o-futuro, como no caso da "casa de campo coberta de rosas", ou orientados-para-o-passado, como quando passam a representar uma época mais feliz. Aqui, também, um objeto vem a concretizar um conjunto muito maior de atitudes, relacionamentos e circunstâncias, todos os quais são convocados pela memória e recitados em fantasia quando o indivíduo lembra de tal objeto.

Um bom exemplo aqui é a insígnia "*rosebud*" (botão de rosa) que adorna um trenó da infância em *Citizen Kane* (*Cidadão Kane*). Este filme pode ser tomado como um estudo sobre o significado deslocado e o consumo. Explora deliberadamente as trágicas e irônicas implicações da falência do protagonista em perceber que é seu passado (real ou imaginado) o que ele busca tão desesperadamente, e que a palavra "*rosebud*" que evoca tão poderosamente este estado de felicidade é, na verdade, o nome deste trenó da infância. Este objeto, uma ponte potencial para o significado deslocado, ficou perdido em meio à coleção de objetos sem preço de Kane, nenhum dos quais pôde funcionar como a ponte que ele buscava tão urgentemente.

A tragédia de *Cidadão Kane* deve-se ao fato de que o protagonista perdera contato não somente com seu passado, mas também com a ponte que lhe permitiria ganhar acesso a este passado. Uma interpretação popular do filme encontra nele uma mensagem "antimaterialista". Medíocre, desencaminhado, Kane busca sua felicidade em coisas, em uma patologia de consumo. Mas a natureza real da dificuldade de Kane não é que ele busca sua felicidade nas coisas. A estratégia do deslocamento leva todos nós a tentativas similares. A natureza real de sua dificuldade é que ele foi incapaz de determinar em qual de suas posses realmente (ou aparentemente) residia sua felicidade.

Esses dois exemplos ilustram o uso dos objetos como pontes para o significado deslocado somente em termos pessoais. É verdade também que os grupos fazem dos objetos o "correlativo objetivo" de ideais que foram transpostos para o passado ou para o futuro. Esses objetos podem ser as bandeiras de cortes exiladas, os trajes nacionais de um país subjugado, os elementos sagrados de uma religião que espera pelo milênio, ou o emblema de qualquer grupo que aspire à realização de ideais no momento não alcançados (Firth 1973). A "cabana de toras de madeira", enquanto símbolo de virtudes cívicas primordiais, serve à nação como uma locação para manter certos ideais políticos. Os exemplos aqui são infinitos. Significados deslocados coletivos podem ser atravessados por bens de consumo tão prontamente quanto os individuais.

Até aqui, discutimos sobre objetos que são cobiçados, e não possuídos, pelos indivíduos. Mas a posse não é incompatível com o uso de um bem como ponte para o significado deslocado. Os indivíduos podem tomar posse de objetos sem destruir seu valor estratégico. Normalmente, contudo, quando o indivíduo escolhe um bem para ser ponte para o significado deslocado, escolhe algo que está bem além de seu poder de compra. Não há motivo para aspirar àquilo que está prontamente ao alcance. Ou, mais precisamente, o desejo raramente amadurece em aspirações quando o objeto de desejo está à mão. Logo, na maioria dos casos a ponte para o significado está tão inacessível quanto o próprio significado. Não admite a compra imediata. Assim, quando o indivíduo efetivamente compra o bem, quase sempre se trata de uma exceção. Este, então, ultrapassa em valor e/ou em caráter a escala do pacote de consumo presente nas posses do consumidor.

A motivação para a compra excepcional é, usualmente, antecipatória. Chega como, em uma competição de corrida, o faz o "corredor que conquista a dianteira". O bem é adquirido na antecipação da compra eventual de um pacote muito maior de bens, atitudes e circunstância, do qual é parte integrante. Tais compras são longamente contempladas e imaginadas. Normalmente, elas incluem bens de "alto envolvimento", como um carro, um relógio, uma peça de roupa, um perfume ou gêneros alimentícios especiais.[11] Os indivíduos os compram a fim de tomar posse de uma pequena parte concreta do estilo de vida ao qual aspiram. Essas pontes servem como provas da existência desse estilo de vida, e mesmo como provas da capacidade do indivíduo de reivindicá-lo.

Normalmente, a aquisição do bem não viola a regra do deslocamento. Não convoca o sistema maior do qual é parte, assim expondo-o ao julgamento empírico e colocando-o à prova. O que está sendo comprado não é a ponte inteira, mas uma pequena parte dela. A compra tem, na verdade, a qualidade de evocá-la. É o consumo em exercício. O indivíduo compreende claramente que ele/ela não está reivindicando toda a parcela de significado deslocado que fora transportada para outro tempo e espaço, mas meramente uma pequena e antecipatória parte dela. Isto confere uma outra virtude à natureza concreta e discreta do bem. Ele pode ser quebrado e usado para antecipar uma aquisição maior.

Mas, quando a compra efetivamente evoca o sistema deslocado de significado, há uma outra solução. O indivíduo simplesmente desacredita o objeto obtido como ponte para o significado deslocado e transfere este papel para um objeto que ele/ela ainda não possui. O consumidor aspira a uma vida que, finalmente, seja plena, satisfeita, repleta. Mas tão logo esta compra é feita, o consumidor transfere a antecipação para um outro objeto. Aquilo que foi buscado por tanto tempo é repentinamente desvalorizado e o indivíduo transfere-se para uma outra ponte, de modo que o significado deslocado possa permanecer deslocado. O processo de "*trading up*" é frequentemente conduzido exatamente desta maneira.

Há uma outra solução para o problema, que toma a forma da simples evitação. Sugeriu-se que as salas de estar são o *locus* da família "exemplar". Salas de estar são lugares onde as famílias vivem de acordo com os mais altos padrões, com os ideais mais precisos. Tendo investido a sala de estar com este significado deslocado, a família fastidiosamente passa a evitar o local.

"Típicos bandôs decorativos, com fitas de veludo, atravessam as portas de entrada das salas de estar da classe média; sofás protegidos, entre visitas sociais, por translúcidas capas plásticas; famílias levando as tardes a evitar o recinto, e uma concordância silenciosa, entre os consumidores de classe média, de que certos objetos são impróprios ao lugar – equipamentos de TV, telefones, poltronas reclinantes, troféus. Certas pessoas sentem até mesmo que livros não pertencem ao local. Tudo para proteger o conceito imaculado da sala de estar, um nome irônico para um aposento em que ninguém está."
(Kron 1983:93-94)

Mas a posse de objetos que funcionam como pontes para o significado deslocado é arriscada. Uma vez possuídos, esses objetos podem começar a colapsar a distância entre o indivíduo e seus ideais. Quando uma "ponte" é adquirida, o proprietário começa a correr o risco de submeter o significado deslocado à prova empírica. Uma vez que aquele carro que por tanto tempo foi o representativo de "como minha vida provavelmente será um dia" torna-se parte efetiva da vida do indivíduo, o significado deslocado deixa de estar plenamente deslocado. É agora uma parte incipiente do "aqui e agora" e, nesta medida, torna-se vulnerável à contradição. A posse de um objeto que funcionou como ponte para o significado deslocado coloca um perigo claro e presente aos ideais do indivíduo.

A mais notável ilustração disso ocorre de tempos em tempos quando indivíduos inesperadamente são contemplados com riqueza suficiente para comprar todo e qualquer objeto que sempre usaram como ponte. Um comportamento de compra desta ordem efetivamente torna toda ponte e toda locação subitamente acessíveis. O significado deslocado do indivíduo não mais se encontra seguramente fora de alcance. Uma mulher canadense recentemente ganhou 900 mil dólares em uma loteria local e, então, conseguiu gastar quase metade deste montante em um período de três semanas. Um repórter conversou com ela no final desta orgia de atividade consumista, e ela confidenciou a ele: "Grande parte da diversão é tirada da vida quando você simplesmente sai e compra o que quer que você deseje. Não é tão maravilhoso quanto você pensa antes de ganhar. Acho que você nunca consegue voltar para o modo como era antes" (Rickwood 1984: A14).

Com efeito, quando um indivíduo compra todas as coisas que serviram como pontes para o significado deslocado e descobre que seus ideais permanecem irrealizados, a vida muda irrevogavelmente.

A dificuldade enfrentada pela ganhadora da loteria o é também por qualquer indivíduo que desfrute de grande fortuna. Grandes fortunas permitem ao indivíduo comprar virtualmente toda e qualquer coisa que ele/ela possa querer. Como resultado, o consumidor desvaloriza a compra e mesmo transfere o status de "ponte" para outro objeto ainda não possuído. No momento em que qualquer coisa pode ser comprada quando der na telha, não pode haver nenhuma locação no espaço ou no tempo passível de ser usada como refúgio para os ideais pessoais. Eles nunca podem dizer: "se eu pudesse pelo menos ter uma casa de campo coberta de rosas, então..." Não há felicidade nem preenchimento contingente na vida dos realmente ricos.

Da mesma forma, contudo, há um caminho para fora deste dilema. É comprar o que é escasso e raro; é colecionar. A virtude de perseguir colecionáveis mais que meros bens de consumo é precisamente a de que eles têm sua própria insuficiência. Colecionáveis não estão disponíveis para ninguém que disponha de recursos. Sua disponibilidade é restringida pelo fato de que não são mais fabricados (no caso das antiguidades) ou pelo fato de que não são produtos de manufatura de massa e podem, portanto, reivindicar o caráter de únicos (no caso da arte). Nem mesmo um vasto poder de compra traz tais objetos ao alcance. Colecionáveis, únicos ou muito raros, precisam ser caçados, tirados de seus esconderijos, conquistados em uma disputa com outros colecionadores. Quando os bens possuem esta especial intangibilidade, podem novamente se tornar pontes. Torna-se possível para o indivíduo tratá-los como coisas às quais um certo significado deslocado se adere. Eles têm a toda importante qualidade de estar além do alcance e podem, portanto, funcionar como pontes para o significado deslocado. O indivíduo pode agora fazer de conta que há uma locação distante para seus ideais pessoais, e que estes ideais serão realizados quando a ponte para eles for obtida. Em resumo, os colecionáveis tornam o sonho possível novamente. O indivíduo aspira àquele mágico dia em que possuirá todos os Renoir que estão de fora das coleções públicas.[12]

Deixe-nos apreender agora os precisos mecanismos do processo pelo qual os bens funcionam como pontes. Como eles conseguem nos dar acesso condicional ao nosso significado deslocado? A resposta para esta questão reside nas características físicas, econômicas e estruturais dos bens, e a contribuição destas características constitui a comunicação não-linguística. Há quatro aspectos dos bens que lhes conferem especial eficácia na expressão do significado deslocado.

Primeiro, diferentemente dos signos de outras mídias de comunicação (por exemplo, a linguagem oral, a música etc), esses signos são concretos e perenes.[13] Tal característica lhes confere uma especial vantagem na representação e na retomada do significado deslocado. Este é, por sua própria natureza, insubstancial. Foi muito deliberadamente removido do "aqui e agora" e tornado remoto. Como resultado, o acesso a ele é melhor estabelecido quando é possível dar-lhe substância e facticidade. Os bens têm a virtude de sugerir e mesmo demonstrar esta substância, através de seu próprio caráter substantivo. Em termos mais teóricos, pode-se argumentar que a propriedade de concretude passa do objeto significante para aquele significado. A casa de campo coberta de rosas, por exemplo, confere às condições, circunstâncias e oportunidades abstratas por ela representadas, algo de sua própria substância assentada, colorida e imóvel. Repentinamente, a noção abstrata de uma vida perfeitamente feliz, vivida com a esposa perfeita e empenhada em circunstâncias perfeitas adquire sua própria substância. Na peculiar epistemologia do senso comum, esta substância tem diversas implicações notáveis. Sugere, com uma nova força, a plausibilidade de uma circunstância imaginada. Sugere, com uma nova plausibilidade, a posse destas circunstâncias. Finalmente, figura como uma espécie de prova experimental da existência do significado deslocado. Esses signos concretos ajudam a fomentar a ficção de que os intangíveis que representam são na verdade substanciais, e que podem ser concretamente possuídos. Criam uma espécie de concretude que figura emocionalmente como uma espécie de "prova" do significado deslocado.

Em segundo lugar, esses signos têm a vantagem de parecerem explorar um tropo retórico bastante conhecido por seus poderes persuasivos. Este tropo é a "sinédoque", uma figura de linguagem na qual a parte é usada para representar o todo (Sapir 1977). A sinédoque clássica aparece na expressão "todos os braços ao convés", na qual a parte "braços" representa o todo "marujos". Quando um objeto representa o significado deslocado, parece fazê-lo precisamente desta maneira parte-pelo-todo. O conceito individual acerca do próprio futuro é, de algum modo, centralizado em um pedaço material deste futuro. Para retornar ao nosso exemplo, é a "casa de campo coberta de rosas" que representa um grande e diversificado feixe de condições emocionais e de circunstâncias sociais. Similarmente, é o sonhado anel de casamento que se torna símbolo da bem-aventurança do matrimônio aspirado pelo indivíduo. A parte representa o todo.

Em terceiro lugar, o valor econômico desses objetos ajuda a conferir-lhes valor simbólico. O objeto desejado figura além do poder de compra individual, conforme convencionalmente disposto. É quase ou totalmente inacessível. É, nesta medida, escasso e desejável. Mas estas, significativamente, são precisamente as propriedades do significado deslocado. Este significado é, ele próprio, escasso e desejável. Por suas próprias e um tanto diversas razões, ele foi posto além do alcance do indivíduo e tornado correspondentemente mais desejável. Em outras palavras, o caráter econômico dos objetos desejados torna-os, de forma peculiar, bastante adequados para representar o significado deslocado. A similaridade lógica entre ambos constrói uma ligação peculiar entre significante e significado.

A quarta qualidade que confere aos bens uma especial eficácia na representação do significado deslocado é sua plenitude. Nas culturas de consumo modernas, os bens reúnem uma vasta coleção de objetos que exibem um leque muito considerável e finamente diferenciado de escassez e de custo. Como resultado, para a maioria dos consumidores há sempre um nível mais elevado de consumo ao qual podem aspirar. Esses níveis mais elevados funcionam como uma garantia de refúgio seguro para o significado deslocado. Mesmo que eventualmente um nível possa ser alcançado pelo indivíduo, sempre haverá um outro ainda maior para o qual o significado pode ser deslocado.

Em suma, uma vez que os ideais foram removidos para novas locações no tempo e no espaço, os bens podem servir como pontes para eles. Os bens permitem aos indivíduos e aos grupos recobrar o significado deslocado sem trazê-lo por completo para as circunstâncias demandantes do "aqui e agora". Eles funcionam tão bem nesta sua capacidade porque são bem-sucedidos em transformar o significado abstrato e incorpóreo em algo existente, plausível, passível de ser possuído e, acima de tudo, concreto. Representam o significado deslocado servindo como sinédoques para ele. Representam-no reproduzindo em si próprios seu valor e escassez. Finalmente, representam este significado criando uma série quase infinitamente expansível de locações, através de uma diversidade finamente articulada.

Bens "pontes" normalmente têm tal capacidade quando constituem meramente aquisições antecipadas. Inevitavelmente, alguns deles encontram seu caminho nas posses individuais. Quando isto ocorre, o indivíduo deve rapidamente transferir o status de "ponte" do objeto comprado para outro ainda não adquirido. Assim o significado deslocado permanece deslocado. Grandes fortunas, contudo, frustram esta estratégia colocando todo e qualquer objeto ao alcance do indivíduo. A estratégia substituta apropriada, aqui, é colecionar. A unicidade ou a grande escassez dos colecionáveis permitem-lhes funcionar como objetos além do alcance e como pontes para o significado deslocado.

IMPLICAÇÕES DO EFEITO DO DESLOCAMENTO

O uso dos bens para retomar o significado deslocado é um dos mecanismos do consumo na sociedade moderna. Contribui para perpetuar o apetite consumista. Ajuda a declarar certas aquisições obsoletas (ocasião em que não mais podem funcionar como pontes) e a demandar a compra de novos bens. A perseguição ao significado deslocado através dos bens torna o consumidor vivamente atento às luxuosas categorias de bens e às inovações dos produtos. Induz a uma disposição para violar as restrições normais do salário e a fazer a compra excepcional. Trabalha constantemente para aguçar o apetite e para aumentar a demanda.

Todas essas coisas são claramente boas para uma economia sadia. São, tão claramente quanto, sérios impedimentos para a criação de uma sociedade na qual os gostos e as preferências têm limites internos, na qual uma suficiência de bens se torna uma realidade de consumo. Sem esses limites, sem esta suficiência, não pode haver uma nova repartição de recursos dentro das economias do Ocidente nem entre as economias do primeiro e do terceiro mundos. O uso dos bens para retomar o significado deslocado nos compromete com um consumo que excede as necessidades físicas e culturais mais básicas. Compromete-nos com um sistema de consumo no qual o indivíduo sempre alcança a suficiência como condição temporária, repudiada tão logo é estabelecida. O efeito do deslocamento evita que as economias ocidentais controlem os impulsos que as conduzem, impedindo-as de tomar as rédeas das forças motivadoras das quais retiram sua energia social. Até agora, esses aspectos do consumo foram repudiados como mera cobiça e irracionalidade. De acordo com a explicação atual, os consumidores compram bens luxuosos porque são prisioneiros da extravagância. São cativos de apetites irracionais. Assim fala a visão tradicional. Na realidade, o assunto é mais complicado e, talvez, um tanto desprezível. Nosso gosto por luxos, por bens além do nosso poder de compra convencional, não é simplesmente cobiça, não é apenas autoindulgência. É tributável também à nossa necessidade, enquanto grupo e enquanto indivíduos, de restabelecer o acesso a ideais que deslocamos para locações distantes no tempo e no espaço. Este fenômeno cultural e psicológico tem sua própria racionalidade peculiar. É de uma só vez mais complicado, mais sistemático e mais curioso do que reconhecemos a princípio.

A explicação para o significado deslocado proposta aqui também nos ajudará, talvez, a compreender certas questões menos macroscópicas no campo do comportamento do consumidor. Por exemplo, saber que os bens são pontes para o significado deslocado contribui para iluminar certas instâncias da "patologia de consumo", como a chama Schlereth (1982). Os momentos de consumo compulsivo, irracional e insuportável dos indivíduos podem brotar de um esforço desesperado para reivindicar certos significados que foram por eles deslocados. É fácil perceber, também, que uma lógica desagradável e autoperpetuante pode se estabelecer, na qual o indivíduo desesperado compra um bem excepcional em busca do significado deslocado, descobre-o incapaz de lhe fornecer este significado, e então é forçado a comprar um outro e ainda mais caro bem de consumo. Ações de consumo mais comuns e constantes também podem ser iluminadas. Poderia a "dissonância pós-compra", tão frequentemente referida na literatura (Cummings e Venkatesan 1976), seguir-se, em alguns casos, precisamente à descoberta infeliz de que a aquisição de uma "ponte" não forneceu de fato o acesso ao significado deslocado? Poderia o uso dos bens como forma de alterar humores (como no caso de uma compra para "levantar o astral") também encontrar aqui uma explicação? Certamente, a noção dos bens como pontes para o significado deslocado foi totalmente domesticada e explorada pelos profissionais da propaganda. Este grupo consistentemente sugere, através de seus anúncios, que os bens são pontes e que sua aquisição dará ao consumidor acesso aos ideais deslocados.

O SIGNIFICADO DESLOCADO E A NATUREZA DA ESPERANÇA EM UMA SOCIEDADE DE CONSUMO

Uma das coisas que se esperava que este capítulo traria à luz é a íntima conexão entre os bens de consumo e a esperança na sociedade de consumo. O significado deslocado nos ajuda a resistir às conclusões pessimistas que os negócios pessoais ou coletivos ameaçam lançar sobre nós. Permite-nos supor que, enquanto no momento as coisas podem não se conformar com as expectativas ideais, há uma época ou um lugar em que elas o fazem. O deslocamento do significado nos permite criar coragem, manter a esperança. Os bens também ajudam a conservar a esperança ao sugerirem que o significado deslocado pode ser retomado e realizado no "aqui e agora". É, contudo, absolutamente essencial para nós nunca sermos contemplados com o que queremos. É necessário para nós que sempre nos sejam negados os bens que nos dariam acesso aos ideais distantes. Isto requer a constante expansão de nossos desejos. As coisas que desejamos devem sempre estar além de nós, sempre fora de alcance. Para que os bens sirvam à causa da esperança, devem ser incansavelmente abastecidos. Precisamos ter sempre novos bens para fazer nossas pontes se esperamos que a esperança brote eternamente.

CONCLUSÃO

Sugeriu Hanna Arendt (1958) que os objetos significativos seriam capazes de prevenir o "abatimento" e a deterioração de nossos ideais de *self* e do mundo. Eles ajudariam, em sua central capacidade mnemônica, a nos fazer lembrar quem e o que somos. Este capítulo fez uma reivindicação outra e contrária. Sugeriu que os bens são pontes para o significado deslocado e, nesta medida, objetos que nos contam não quem nós somos, mas quem nós gostaríamos de ser. Sugeriu que o deslocamento do significado é uma estratégia fundamental que as culturas e os indivíduos usam para lidar com a discrepância entre o "real" e o "ideal". Quando o significado é realocado no espaço ou no tempo, fica resguardado do teste empírico, mas é também removido do acesso imediato. Os bens de consumo são pontes que permitem aos grupos e aos indivíduos restabelecer uma espécie limitada de acesso a este significado. Através dos bens, somos capazes de alimentar a posse de ideais que as circunstâncias presentes nos negam no momento. De todos os tipos de significado carregados pelos bens de consumo, o significado deslocado é, talvez, o menos compreendido. Este capítulo sugeriu um dos modos pelos quais poderíamos começar a estudá-lo.

OITO

Unidades Diderot e Efeito Diderot
Aspectos culturais negligenciados do consumo

As "unidades Diderot" são complementaridades altamente consistentes de bens de consumo. O "efeito Diderot" é uma força coercitiva que as mantém. A unidade e o efeito, aqui nomeados por causa do filósofo iluminista francês Denis Diderot, são instrumentos-chave com os quais a cultura controla o consumo. O efeito Diderot é particularmente interessante porque é capaz de operar de duas maneiras totalmente diferentes. Pode compelir o/a consumidor/consumidora a permanecer dentro de seus padrões de consumo existentes. Mas, em uma segunda modalidade, pode forçar o/a consumidor/consumidora a transformar esses padrões de consumo para além de qualquer reconhecimento. Como o capítulo precedente, este detalha de que maneira o consumo é conduzido e constrangido por considerações totalmente culturais. Neste caso, o fator cultural não é o deslocamento do significado, mas a gestão de sua consistência diretamente através do conjunto de comportamentos de compra do indivíduo. Este capítulo contempla as unidades Diderot, o efeito Diderot e as implicações das unidades e do efeito para nossa compreensão da publicidade, do estilo de vida e dos mecanismos de demanda de consumo.

A UNIDADE E O EFEITO DIDEROT: VISÃO PRELIMINAR

A primeira pessoa a documentar a unidade e o efeito Diderot considerados aqui foi Denis Diderot (1713-1784). Como principal editor e autor da *Encyclopedie*, Diderot fez importante contribuição à codificação e ao avanço do conhecimento na França do século XVIII. A tradição filosófica e o próprio temperamento de Diderot levaram-no a tratar de pesadas questões de um modo espirituoso e leve (Bowen 1964: viii). É, portanto, característico tanto do acadêmico quanto de seu tempo que Diderot tenha apresentado a descoberta com a qual no momento nos ocupamos aqui em um pequeno e bem intencionado ensaio intitulado *"Regrets on parting with my old dressing gown"*.[14]

Este ensaio começa com Diderot sentado em seu gabinete, confuso e melancólico. De algum modo, esta sala de estudos sofreu uma transformação. Fora uma vez abarrotada, despretensiosa, caótica e feliz. Agora era elegante, organizada, belamente ordenada e um pouco severa. Diderot suspeitava que a causa desta transformação era sua nova veste.

Esta transformação, nos conta Diderot, ocorreu gradualmente e por estágios. Primeiro, a veste chegou, presente de um amigo. Deleciado com sua nova posse, Diderot permitiu que ela substituísse seu "esfarrapado, humilde, confortável e velho roupão". Este revelou-se o primeiro passo em um complicado e por fim angustiante processo. Uma ou duas semanas depois da chegada da nova veste, Diderot começou a pensar que sua escrivaninha não estava totalmente à altura do padrão e a substituiu. Então a tapeçaria na parede da sala de estudos pareceu um tanto surrada, e uma nova teve de ser encontrada. Gradualmente, o gabinete inteiro, incluindo suas cadeiras, gravuras, estantes de livros e relógio, fora julgado, descoberto insuficiente e substituído.

Tudo isso, conclui Diderot, era o trabalho de um "imperioso robe escarlate [que] forçou tudo o mais a se conformar com seu próprio tom elegante" (1964:311). Diderot olhava para trás com ternura e lamentação para sua antiga veste, e sua "perfeita concordância com o restante do pobre bricabraque que preenchia meu aposento". Ele havia perdido sua veste, seu bricabraque e, mais importante, a própria harmonia. "Agora a harmonia está destruída. Agora não há mais consistência, não há mais unidade, e não há mais beleza" (1964:311). Esta revelação infeliz constitui o que é provavelmente o primeiro reconhecimento formal de um fenômeno cultural aqui chamado de "unidade Diderot" e de "efeito Diderot".[15]

A UNIDADE DIDEROT E O SIGNIFICADO DAS COISAS

As transtornadas observações de Diderot ajudam a sugerir que os bens de consumo, de alguma maneira complementares, são ligados por uma certa comunalidade ou unidade. Sugerem que essas coisas têm uma espécie de harmonia ou consistência e de algum modo, portanto, "andam juntas". Podemos chamar esses padrões de consistência de "complementaridade de produtos" e, em honra a seu observador, de "unidades Diderot".

As unidades Diderot são bem conhecidas e diariamente exploradas pelos publicitários, pelos *designers* de todo tipo e, claro, pelos consumidores individuais, mas são menos compreendidas pelos cientistas sociais. Como argumentam Solomon e Assael (1986), muito mais atenção foi dada à substancialidade dos produtos que à sua complementaridade. De acordo com a teoria microeconômica, por exemplo, o produto tem valor isoladamente (em seu feixe de utilidades) e pode ser substituído por outros produtos (que representem feixes de utilidades mais ou menos comparáveis).[16]

Solomon e Assael, fazendo uma abordagem "gestáltica" à consistência simbólica, estão entre os poucos cientistas sociais a remeter diretamente a esta questão.[17] Eles sugerem que as constelações de produtos ocorrem porque estes, assim unificados, carregam em seu todo informações sobre papéis. Seguindo um importante trabalho anterior de Salomon (1983) sobre esta questão, os autores sugerem que os bens são usados para garantir sucesso no desempenho societário de papéis e que este sucesso não é possível sem que os bens sejam usados em sua configuração adequada. As constelações existem, argumentam eles, porque os indivíduos precisam se utilizar da total complementaridade de produtos para desempenhar as partes que lhes cabem no drama da vida social. Por mais útil que seja este argumento, ele foge à questão de por quê, a princípio, existem constelações de produtos ou unidades Diderot.[18] No tocante a este ponto, Solomon e Assael afirmam apenas que os consumidores "leem" o significado de um produto específico a partir daqueles que o acompanham.

Deixe-nos examinar por que alguns bens de consumo parecem "andar juntos". Deixe-nos considerar por que certos complementos desses bens têm consistência cultural. Há três aspectos correlacionados nesta questão. A consistência cultural dos bens de consumo reflete (1) a natureza do significado contido nas coisas, (2) o modo pelo qual este significado adentra nas coisas, (3) a maneira através da qual o significado das coisas é comunicado pelo "código objeto".

Como foi sublinhado no capítulo 5, o significado dos bens de consumo deriva da posição que ocupam em um sistema de bens e da relação deste sistema com um sistema de categorias culturais. Por exemplo, o relógio Rolex retira seu significado de sua relação com todas as outras marcas de relógio e do modo pelo qual este conjunto de produtos corresponde (e, portanto, representa) a categorias culturais de pessoa, lugar, tempo e ocasião. O Rolex é associado com categorias culturais específicas de classe, sexo, idade e ocasião, por causa da correspondência mais ampla entre o sistema de relógios e o sistema de categorias culturais.[19]

É esta correspondência entre as categorias culturais e os bens de consumo que ajuda a determinar quais serão os bens que vão andar juntos. Todas as categorias de produtos são organizadas a fim de corresponder ao mesmo conjunto de categorias culturais. Isto significa, forçosamente, que todas as categorias de produtos devem também corresponder umas às outras. É possível, portanto, tomar cada uma das categorias culturais e alinhá-las com cada uma das categorias de produtos, e assim suas distinções internas figurarão em paralelo. Quando isto é feito, o equivalente estrutural de uma marca em uma categoria se torna evidente em todas as outras. Torna-se possível combinar, por exemplo, o sistema de relógios com o sistema de carros, e assim determinar, de um modo geral, quais relógios "se dão" com quais carros. Quando o conjunto de produtos relógios é posto lado a lado com o dos carros, torna-se aparente que o Rolex e o BMW são equivalentes estruturais. Ambos ocupam a mesma posição relativa em suas respectivas categorias de produtos. Têm, nesta medida, um significado aproximadamente comparável. O sistema de correspondências que organiza a relação entre cultura e bens de consumo estabelece um esquema no qual o Rolex e o BMW figuram como equivalentes estruturais e, assim, "andam juntos".

A segunda parte da resposta ao mistério das unidades Diderot deriva do modo como os significados se introduzem nas coisas. Um dos modos pelos quais o significado adentra nas coisas é através da publicidade e do sistema da moda.[20] A fim de depositar significado nas coisas, os diretores de criação e os *designers* de produto e de moda descobrem equivalentes estruturais e os reúnem dentro dos limites de um anúncio para demonstrar que o significado inerente ao anúncio é inerente também ao produto em questão. Quanto a nós, somos os cuidadosos estudantes dessas mensagens comerciais e, como resultado, estamos constantemente sendo instruídos tanto nas correspondências entre as categorias de produtos quanto nas unidades que delas decorrem. Deste modo, a publicidade e o sistema da moda primeiro partem das consistências do código objeto, e em seguida contribuem para forjá-las.

Um segundo e de algum modo mais interessante aspecto do processo de atribuição do significado é o papel desempenhado pelos grupos inovadores. Grupos tais como os *hippies*, os *yuppies* e os *punks* inevitavelmente se engajam nos atos criativos de seleção e de combinação do consumo, quando revisitam o mundo consumista em busca de sua própria e altamente característica complementaridade de bens de consumo. Ao fazê-lo, ajudam a criar novos padrões de consistência de produtos.

Antes dos *yuppies*, não havia conexão forçada entre o Rolex e o BMW. No sistema geral de correspondências, eles apareciam como locações aproximadamente comparáveis na correspondência entre bens e categorias culturais de classe. Desta maneira, embora se pudesse dizer que eles "andavam juntos", ainda assim inexistia qualquer senso de associação inevitável ou de que se pressupunham mutuamente de um modo particular. Os *yuppies* (e, ironicamente, a mídia que tão rotineiramente escarneceu deles) conferiram ao Rolex e ao BMW esta mutualidade, e os agruparam em uma complementaridade de produtos específica. Por meio dos esforços dos *yuppies* e da mídia, o Rolex e o BMW são agora bens que andam juntos com especial intimidade.[21]

A parte final da resposta à consistência cultural dos complementares de consumo pode ser encontrada na natureza da comunicação operada pela cultura material. Como nota o capítulo 4 deste livro, as mensagens da cultura material são mais bem-sucedidas quando são formadas por "elementos altamente redundantes, que se pressupõem mutuamente", e menos quando consistem em combinações novas. Isto está na natureza mesma da comunicação não-linguística, de acordo com Jackobson (1971), e se aplica igualmente para o vestuário, a habitação, os carros e todos os bens de consumo. Parece ser o caso de que os bens de consumo não se comunicam bem quando existem isoladamente ou em grupos heterogêneos. O significado de um bem é melhor (e, em alguns casos, somente) comunicado quando este bem é cercado pela complementaridade de outros bens que carregam a mesma significação. Dentro desta complementaridade, há redundância suficiente para permitir ao observador identificar o significado do bem. Em outras palavras, as propriedades simbólicas da cultura material são tais que as coisas devem significar juntas se pretendem significar de modo absoluto. A complementaridade dos produtos determina as associações provedoras dos acompanhantes de qualquer bem específico, as quais ajudam a tornar seu significado claro. A natureza da comunicação entre os produtos é, portanto, outro fator que estimula as coisas a "andarem juntas".[22]

Assim, há pelo menos três boas razões pelas quais deve haver complementos de bens de consumo unificados por uma consistência cultural. A natureza, as origens e a comunicação do significado cultural dos bens de consumo, tudo isso ajuda a encorajar esta consistência. Os bens "andam juntos" em grande medida porque suas propriedades simbólicas os agrupam. São os aspectos culturais significativos dos bens que contribuem para lhes conferir suas harmonias secretas. Resta considerar a força cultural que ajuda a preservar essas harmonias nas vidas individuais. As seções que se seguem analisarão a lógica do efeito Diderot e suas implicações para a vida na sociedade de consumo.

AS UNIDADES DIDEROT E O CONCEITO DE ESTILO DE VIDA

O conceito de estilo de vida tem sido provocativo e improdutivo quase que nas mesmas proporções. Como observaram Kassarjian e Sheffet (1975) na metade dos anos 70, o conceito gerou uma grande quantidade de estudos, mas boa parte desta definha em trabalhos acadêmicos e sob a forma de manuscritos não publicados. Uma década mais tarde, Anderson e Golden colocam a questão mais seriamente, observando que (depois de Talarsk) se todas as pessoas que fazem pesquisa sobre estilo de vida fossem enfileiradas de ponta a ponta, elas (a) nunca chegariam a uma conclusão e (b) apontariam para todas as direções ao mesmo tempo (1984:406).

O apelo da ideia de estilo de vida na pesquisa do consumidor é bastante claro. Aqui estava uma ideia que prometia superar a insuficiência da segmentação de mercado. Era também um modo de lidar com um fenômeno aparentemente guiado pela "classe" sem ter de se defrontar com os problemas operacionais e de definição que assolam esta noção (por exemplo, Myers e Gutman 1974; Rainwater, Coleman e Handel 1959). Além disso, era uma maneira de perseguir questões acerca da "personalidade" sem ter de abarcar todos os pressupostos do modelo de personalidade (por exemplo, Wells 1974). Finalmente, era também uma forma de capturar certos detalhes etnográficos que o paradigma positivista e quantitativo tendia a excluir da explicação (por exemplo, Plummer 1971).

Talvez o aspecto apelativo mais poderoso da ideia de estilo de vida era que ela permitia ao observador conceber o consumo como um "fenômeno padronizado inter-relacionado" (Wells e Cosmas 1977:301). Isto era central. Lazer (1964), Levy (1963), Moore (1963) e Plummer (1971), todos reconheceram que o conceito de estilo de vida permitia ao observador reunir dados que normalmente eram tratados em separado e vislumbrar padrões de inter-relação de outro modo imperceptíveis. Havia uma forte convicção que esta visão mais global, e somente ela, poderia capturar verdades fundamentais sobre o consumo. E uma esperança ainda mais ambiciosa era alimentada aqui. Lazer se perguntava se "os estudos sobre estilo de vida poderiam fomentar a unificação de descobertas e teorias relacionadas ao consumo" (Lazer 1963:132).

Por que, então, o conceito deveria se revelar tão improdutivo? Foi-nos dado o vislumbre de um paraíso no qual os dados são inter-relacionados e todas as teorias integradas, mas a estrada para este paraíso ainda está longe de ser clara.[23] Parte do problema é, claramente, que não dispomos das ferramentas teóricas necessárias com as quais acessar a natureza e a complexidade dos dados sobre estilo de vida. Mais especificamente, não temos a teoria necessária com a qual capturar a natureza inter-relacionada dos fenômenos de estilo de vida.

Pode-se, de fato, argumentar que grande parte da metodologia e da teoria formulada para o estudo do estilo de vida tem figurado como uma barreira positiva à compreensão da natureza inter-relacionada destes fenômenos. Métodos e teorias convencionais têm o irônico efeito de negligenciar e frequentemente de fragmentar a unidade dos dados. Este é precisamente o efeito, por exemplo, da metodologia AIO (isto é, Atitudes, Interesses e Opiniões) que ainda é extensamente utilizada. Centenas de detalhes da vida e da experiência do entrevistado são fisgados pela rede AIO, mas o método torna impossível avaliar sua interconexão e peso relativo. As peças do estilo de vida são obtidas de uma forma que garante que sua unidade ficará completamente obscurecida ao olhar analítico. De modo típico, é o analista quem tenta juntar as peças disparatadas dos dados, especulando sobre os princípios que as unificam.

Parece que importantes ferramentas metodológicas para capturar as unidades do estilo de vida estão sendo agora desenvolvidas e mais extensamente adotadas no campo da pesquisa do consumidor.[24] O que não é tão óbvio é se o necessário trabalho teórico foi empreendido. Com as distintas exceções de acadêmicos tais como Assael, Holbrook, Moore e Solomon, não há virtualmente nenhum trabalho realizado nesta área. Isto é particularmente estranho quando se compreende que foi precisamente para capturar padrões unificados de dados que o conceito de estilo de vida foi desenvolvido a princípio.

Deixe-nos iniciar esta pesquisa com a compreensão de que as unidades de estilo de vida são, em parte e pelo menos, unidades Diderot. Podemos capturá-las utilizando teorias estruturais do significado. As coisas andam juntas por causa de sua consistência cultural interna. Os produtos trafegam em complementos porque a cultura lhes confere as mesmas propriedades simbólicas. Essas teorias da cultura podem ser usadas para entender o caráter inter-relacionado do estilo de vida. Uma compreensão das unidades Diderot ajuda a esclarecer os tijolos que constroem um estilo de vida. Uma compreensão do efeito Diderot ajuda a esclarecer como esses tijolos mantêm sua consistência interna.

Da maneira como é atualmente conduzido, o estudo do consumidor sobre estilo de vida é quase que puramente empírico. Observamos que há feixes de atitudes, atividades, bens de consumo e padrões familiares, e estamos preparados para rotular e descrever estes feixes como estilos de vida. Mas não dispomos de um meio sistemático para compreender por que os conteúdos desses feixes andam juntos, e isto porque não temos nenhuma teoria acerca da natureza da unidade e nenhum senso sobre o princípio Diderot que parece protegê-la. Há, talvez, algo a aprender com a especulação de um esplendidamente adornado Sr. Diderot.

O EFEITO DIDEROT: COMO FUNCIONA

Para propósitos formais, o efeito Diderot pode ser definido como "uma força que estimula o indivíduo a manter uma consistência cultural em sua complementaridade de bens de consumo". Em seu ensaio *"Dressing Gown"*, Diderot nos apresenta o efeito Diderot sob uma forma insólita e, portanto, especialmente conspícua. Nesta ocasião, Diderot se viu forçado a tirar significado cultural de um *novo* bem (isto é, a veste) enquanto portador de significado privilegiado, e tornar todo o restante de suas posses consistente com ele. Normalmente, contudo, o efeito Diderot trabalha para preservar a significação cultural do conjunto *existente* de bens, e para barrar a entrada de bens como o "intruso escarlate" de Diderot. Com efeito, se Diderot tivesse sido regulado pela operação convencional do efeito Diderot, ele nunca teria usado a nova veste, escrito *"Regrets on parting my old dressing gown"*, ou tido seu nome usado para os presentes objetivos de nomenclatura.

O que é, então, o efeito Diderot? Ele opera de três formas. Em sua manifestação mais constante, ele trabalha para prevenir que um estoque existente de bens de consumo seja invadido por um objeto que carregue significação cultural inconsistente com a do todo. Em uma segunda modalidade, mais radical, ele opera como o fez no caso da veste de Diderot, para forçar a criação de um novo conjunto inteiro de bens de consumo. Em uma terceira atuação, o efeito Diderot é deliberadamente manipulado, explorado pelo indivíduo com objetivos simbólicos. Deixe-nos examinar cada uma dessas formas por vez.

O EFEITO DIDEROT: IMPLICAÇÕES PARA A CONTINUIDADE

Em seu modo convencional, o efeito Diderot protege os indivíduos da intrusão de objetos desestabilizadores em suas vidas. Protege-os de qualquer objeto que traga ideias radicalmente novas à sua experiência e ameace remodelar esta experiência de acordo com seu próprio "plano de ação". Nesta medida, o efeito Diderot contribui para a manutenção das consistências culturais do mundo material e, indiretamente, para as continuidades da experiência e do autoconceito dos indivíduos.

As posses que pertencem a um indivíduo constituem o correlativo objetivo de seu mundo emocional. Figuram como uma substanciação deste mundo, prova de sua veracidade, demonstração de sua realidade. Como coloca Robert Hass, em uma poema intitulado "*House*":

"I am conscious of being
Myself the inhabitant
Of certain premises:
Coffee & bacon & Handel
& upstairs asleep my wife."[25]
(1973:54-55)

Hass está certo em sugerir que as premissas da existência de alguém são inevitavelmente as premissas da existência de algo (e vice-versa). Rodeado por nossas coisas, estamos constantemente instruídos acerca de quem somos e do que aspiramos a ser. Rodeados por nossas coisas, estamos protegidos de muitas forças que nos desviariam para novos conceitos, práticas e experiências. Essas forças incluem nossos próprios atos de imaginação, as construções alheias, o choque de uma tragédia pessoal, e o simples esquecimento. Como sugeriu Arendt, as coisas são o nosso lastro. Elas nos estabilizam, lembrando-nos de nosso passado, tornando este passado uma parte virtual substancial de nosso presente.

O efeito Diderot funciona para preservar a função de fazedores-de-continuidade das coisas, providenciando para que nenhum intruso, ninguém que as desdiga, nenhuma retórica de outros significados sejam autorizados a deslizar para dentro da experiência de um indivíduo e a sugerir novas possibilidades, como a veste de Diderot fez com ele. O efeito Diderot ajuda a nos proteger de chegadas virulentas que possam infectar a economia doméstica com novas e perigosas noções. Ajuda a nos proteger de um presente "cavalo-de-troia" que traga às nossas vidas significados sediciosos que assumirão o controle furtiva e sagazmente. Se as coisas da vida de um indivíduo ajudam constantemente a retornar esta vida a ela mesma, a trazê-la de volta a si, então é o efeito Diderot que trabalha para mantê-las capazes de assim fazê-lo, assegurando que somente os signos mais puros e cristalinos se achegarão às nossas posses.

O EFEITO DIDEROT E A TRANSFORMAÇÃO DA COMPLEMENTARIDADE DE PRODUTOS

Quando o efeito Diderot atua como o fez no caso de Diderot, sob sua forma radical, tem consequências completamente diferentes. Aqui ele tem o poder de transformar totalmente a existência de alguém. A partir do momento de sua introdução, um novo bem começa a demandar novos bens acompanhantes. O indivíduo que consente com a primeira demanda descobre que esta é seguida por centenas de outras. A busca por consistência, força motivadora do efeito Diderot, é insaciável.

Não se satisfaz até que todos os bens acompanhantes ao seu redor tenham sido substituídos por novos que sejam, por assim dizer, "macacos de imitação", que homenageiam seu mestre arremedando-o.

Há, claro, um quebra-cabeças aqui. Como a força que normalmente preserva uma complementaridade de produtos subitamente se converte no agente de sua transformação? Por que o efeito Diderot muda de uma força conservadora para uma inovadora?

A resposta a esta questão se concentra na natureza especial de certos atos de compra e de certas categorias de produto. Aparentemente, há determinadas aquisições nas quais os indivíduos fazem o que é às vezes chamado de compra por "impulso" (Kollat e Willett 1967; Rook e Hoch 1985). Este conceito se revelou problemático, e ao seu redor diversas questões ainda se revolvem sem resposta. Alguns definem a compra por impulso como aquela que não é planejada. A dificuldade com esta definição é que é possível argumentar que o planejamento na verdade ocorreu, mas o fez abaixo do limiar da clareza consciente. Uma outra definição da compra por impulso a trata como a aquisição que não apresenta o cálculo usual de custo e benefício. De acordo com este esquema, o consumidor normalmente age com perfeita racionalidade, cuidadosamente calculando o que ganhará e perderá em cada transação. Quando esta racionalidade é subitamente "abandonada" (como na compra de um carro esportivo quando se buscava uma *station wagon*), a aquisição é declarada uma "compra por impulso".[26] Mas esta definição é sujeita a uma objeção similar: que a decisão por impulso é uma decisão racional processada em um nível suficientemente profundo para que não possamos perceber o que a faz sistemática e previsível. Em qualquer um dos casos, há bases para duvidar – e, assim, para corromper o conceito – se há alguma coisa genuinamente "impulsiva" na compra por impulso.

Talvez seja mais útil, para os presentes propósitos, chamar esta categoria de ação de "compra divergente". Para identificar a compra divergente, é necessário apenas determinar se o consumidor se desviou de seu padrão usual de consumo, a cargo da unidade Diderot. Qualquer compra que não tenha precedentes entre os complementos existentes de bens de consumo se qualifica como um ato de compra divergente. A questão que surge, então, é o que move um consumidor a fazer uma compra divergente.

Fatores tais como anúncios sofisticados, *merchandising*, desenvolvimento dos produtos, e *design* podem servir como estimulantes para a compra divergente (Rook e Hoch 1985). Claramente, a maquinaria do marketing trabalha constantemente para instigar "compras divergentes" e este é um ponto ao qual retornaremos abaixo. Mas é também verdade que o efeito de deslocamento discutido no capítulo anterior tem a consequência de encorajar esta categoria de compras. Quando o indivíduo está procurando por um esconderijo seguro para seus ideais, o bem de consumo apropriado será frequentemente um que não exista em sua atual complementaridade de produtos. Um indivíduo também pode ser levado a uma compra divergente por novos eventos e circunstâncias. Sua progressão ao longo do ciclo de vida, a mudança de um emprego para outro, um divórcio, perdas pessoais e todos os tipos de transtornos podem funcionar como novos contextos nos quais a compra divergente parece plausível e, talvez, até mesmo obrigatória.

Mas uma das maiores oportunidades para o surgimento de um efeito Diderot radical é o recebimento de um presente. Isto é, claro, precisamente o que ocorreu na vida de Diderot. A veste radicalmente desestabilizadora não foi comprada, mas ganhada. "Presentes divergentes" são, portanto, uma categoria importante a ser considerada aqui. Argumenta-se agora (McCracken 1983a, Schwartz 1967) que os presentes são frequentemente ofertados com o objetivo consciente ou inconsciente de manipular o receptor. A intenção é a de que o presente aporte novos significados à complementaridade de produtos do receptor, para que aí atuem sub-repticiamente como novos padrões de consumo. O doador do presente espera que uma transformação desta complementaridade forjará uma transformação daquele que é seu dono. O doador do presente espera que um efeito Diderot radical vá precipitar-se sobre a vida do receptor.

Como uma última questão, vale perguntar se há categorias específicas de bens que sejam especialmente suscitadoras de oportunidades para compras divergentes. Seriam algumas categorias de bens de consumo especialmente boas em se esgueirar por entre as defesas do efeito Diderot, invadindo a complementaridade de produtos e conduzindo-a a uma rebelião interna? Teriam os carros, o vestuário, os equipamentos de entretenimento, o mobiliário ou os cosméticos uma especial habilidade nesta área? Teriam alguns bens um potencial Diderot mais radical que outros? Tenderiam alguns grupos sociais a adotar certos bens ou, mais especificamente, certas marcas, como seu bem divergente de escolha? Não há pesquisa nesta área.[27]

O EFEITO DIDEROT E A EXPERIMENTAÇÃO PESSOAL

Em *Lucky Jim*, Kingsley Amis descreve um homem chamado "Beesley" e seu "curvo cachimbo niquelado, ao redor do qual ele estava tentando exercitar sua personalidade, como uma trepadeira se enroscando treliça acima" (1954:33). Esta é uma observação romanesca do terceiro modo pelo qual o efeito Diderot opera em certas vidas. Aparentemente, alguns indivíduos violam alegremente o efeito Diderot, e buscam constantemente bens de consumo nos quais residam significados potencialmente disruptivos. Eles o fazem como parte de um processo de experimentação pessoal, no qual novos conceitos de si e do mundo são contemplados, testados, adotados ou dispensados. Para estes indivíduos, a compra divergente é experimental, constitui uma oportunidade para tirar licença momentânea do mapa de coordenadas de suas experiências e contemplar outros mapas totalmente diferentes. Outros vão além da simples contemplação e fazem compras divergentes na esperança de que esses novos bens acionarão uma profunda transformação em suas complementaridades de produtos e em suas vidas. Estes indivíduos são os *bricoleurs* do mundo do consumo, constantemente adotando elementos de significado que se tornam disponíveis para eles e acolhendo-os em novas configurações. Eles esperam que uma nova compra – um cachimbo, um relógio ou um carro – opere uma revolta no interior de suas complementaridades de produtos. Sua esperança é de que tal revolta transforme seu mundo material e seu *self*, conferindo a ambos propriedades simbólicas inteiramente novas. Em uma cultura que acredita que existe um "eu inteiramente novo" a ser descoberto em opções de consumo ainda não experimentadas, esta tentativa deliberada de explorar o efeito Diderot é uma possibilidade poderosamente apelativa. Dá um pouco a medida do individualismo e do caráter ímpar das sociedades ocidentais modernas o fato de que acionemos voluntariamente em nossas vidas uma força tão poderosamente transformadora e tão potencialmente alienante.

O EFEITO DIDEROT E O MOVIMENTO ASCENDENTE DA EXPECTATIVA DO CONSUMIDOR

É possível que exista uma versão "rolante" do efeito Diderot. Nesta versão, o efeito atua por incrementos, pressionando o nível de expansão constantemente para cima. O efeito Diderot rolante tem as seguintes características. Quando um indivíduo faz uma nova aquisição em qualquer categoria de produto, ele se descobre (quando o salário permite) comprando no topo de sua complementaridade de produtos, ou talvez um pouco além. (Constrangido pelo efeito Diderot sob sua forma convencional, ele tenderia a ficar dentro dos limites de sua complementaridade existente, mas dirigido por estímulos de marketing ele se alça além dela). O bem assim comprado pode, então, atuar de acordo com o efeito Diderot sob sua forma radical, forçando as coisas ao seu redor a se conformarem com seu tom elevado. O bem divergente exerce uma espécie de força gravitacional sobre seus complementos, de modo que quando a compra seguinte é feita, é escolhida de modo a se combinar com o tom da compra anterior. Deste modo, toda a complementaridade de produtos, conforme é substituída peça por peça, vem a se alinhar à primeira compra. Uma vez que este estágio é alcançado, uma nova compra divergente pode ser feita e o ciclo se reinicia novamente.

Este é o efeito Diderot rolante sob sua forma passo a passo. Ele pode, entretanto, se manifestar sob uma versão ainda mais dinâmica, "espiral". Sob esta forma espiral, o efeito Diderot atua em *cada* compra, conduzindo os complementos sempre para cima. Nesta versão, cada nova compra é posicionada acima da anterior, de modo que nunca há um período no qual a complementaridade pode ser "fisgada" por completo a partir da compra divergente inicial. Neste padrão, cada compra compõe um novo modelo, o qual é repudiado pela compra seguinte, e o consumidor fica preso em uma espiral sempre ascendente de consumo.

O EFEITO DIDEROT E O EFEITO DE CATRACA

Sob suas formas radicais e rolantes, o efeito Diderot tem claramente implicações de "catraca" para as despesas consumistas. Ele contribui para conduzir o padrão de consumo ascendentemente e para evitar um movimento descendente de retorno. É este poder de funcionar como uma catraca que ajuda a explicar a queixa comum entre os consumidores de que o padrão de consumo parece sempre exceder o poder de compra, mesmo quando este poder continua a aumentar progressivamente. Reclamamos que não há satisfação em obter um nível de consumo que, apenas um ou dois anos atrás, considerávamos que nos faria alegremente exultantes. Tão logo estabelecemos este nível, nos descobrimos aspirando a um nível ainda mais alto.

Scitovsky (1976:152) explicou este processo como um artefato de nossa confusão entre o conforto e o prazer. Níveis mais e mais elevados de consumo são vistos como os *loci* do prazer, quando na realidade oferecem apenas um conforto entorpecido e entediante. Estamos inevitavelmente infelizes e buscando os novos prazeres prometidos por mais consumo, somente para ficarmos mais uma vez desapontados. Esta brilhante descrição deve explicar parte das insatisfações e do padrão catraca da "economia sem alegria", mas talvez seja também verdade que somos inclinados a consumir insatisfações porque somos cativos do efeito Diderot. Este efeito, sob suas formas radical e rolante, proíbe a obtenção da satisfação no consumo. Insiste que tal coisa não existe, a suficiência de bens, uma complementaridade de produtos que uma vez obtida pode ser considerada acabada. Às vezes são vestes, às vezes são carros, às vezes um novo cachimbo, mas continuamente admitimos objetos em nossas vidas que irão modificar radicalmente o conjunto de nossos complementos de produtos, e nos forçar na direção de novos níveis de gasto. Em determinados momentos, alcançaremos neste processo um nível de gasto que nos trará uma nova felicidade. Mas, tão frequentemente quanto, é provável que terminemos como Diderot, rodeados por uma nova complementaridade de bens que não carrega nenhuma relação necessária com nossos conceitos de *self* e do mundo. O efeito Diderot, sob suas formas radical e rolante, pode nos alienar de nós mesmos.

CONCLUSÃO

A unidade e o efeito Diderot são curiosos fenômenos culturais. Para o consumidor individual, possuem implicações tanto conservadoras como radicais. Podem ajudar a conservar a vida, protegendo-a da mudança e da ruptura. Fazem-no substanciando pensamentos e emoções interiores, fornecendo-lhes um lastro. Isto é algo muito positivo quando o indivíduo é vítima de uma tragédia pessoal e subitamente vulnerável a novas definições do *self*. Mas é claramente menos positivo quando o indivíduo se descobre membro de um grupo étnico, racial, religioso ou de gênero que lhe impôs um conjunto de autodefinições estereotipadas e subordinantes.

Para este indivíduo, a geração de continuidade proporcionada pela unidade e pelo efeito Diderot aprisiona-o e frustra seus esforços para se redefinir. Para aqueles que encontram seu status subordinado expresso no mundo material, a unidade e o efeito Diderot podem funcionar como uma espécie de jaula.

Mas as unidades e os efeitos Diderot podem ser também mecanismos que ajudam a transformar uma vida, tornando-a irreconhecível. Fazem-no quando atuam, como no caso da nova veste de Diderot, para exigir que cada bem de consumo na complementaridade de produtos seja substituído por outro. Isto também tem implicações estranhamente opostas. Quando alguém meramente deseja, como Diderot, ser deixado à sua presente definição do mundo e ao seu senso familiar das coisas, o efeito Diderot radical é destruidor e alienante. Contudo, para aqueles que se sentem aprisionados (ou apenas limitados) por seu *mainstream* e por seus próprios autoconceitos, o efeito Diderot é uma espécie de presente, um modo de gerar as autodefinições pelas quais se anseia. Sob sua forma mais benigna, o efeito Diderot carrega o potencial para a continuidade em face da ruptura, e para a liberação em face da opressão. Sob sua forma menos benigna, carrega o potencial para o rompimento com o familiar, e para o refreamento do oprimido.

Para o sistema de marketing, as implicações também são notáveis e, aqui também, dualistas. A unidade e o efeito Diderot podem funcionar como uma oportunidade para mudar gostos e preferências e gerar novos padrões de consumo. Uma vez que o consumidor tenha sido persuadido a fazer uma compra divergente inicial, todo um conjunto de compras bem pode se seguir. Os esforços do marketing da década de 50, por exemplo, parecem ter criado padrões de consumo nos quais cada compra superava a anterior e o consumidor se afastava delirantemente de um senso familiar das coisas com cada nova aquisição.

Mas também é verdadeiro que o efeito Diderot pode atuar para isolar o consumidor das influências do marketing. Isto ocorre quando as unidades e os efeitos Diderot estimulam um padrão de consumo consistente e imutável. O indivíduo plenamente governado pelo efeito Diderot, plenamente cativo das unidades Diderot, está seguro mesmo em relação às mais astutas e sofisticadas tentativas de encorajar novos padrões de compra. Este indivíduo, deliberadamente ou não, é simplesmente impenetrável.

Em suma, as revelações do estudo de Diderot têm certa utilidade para o estudo do consumo. Elas sugerem que as posses de cada indivíduo têm uma consistência interna derivada de seu significado cultural. Sugerem ainda que a complementaridade de produtos é governada por um efeito que funciona ou para preservar seu significado existente ou para transformá-lo radicalmente. As unidades Diderot e o efeito Diderot merecem um lugar no inventário de ideias de que agora nos utilizamos para compreender as propriedades culturais do consumo. Prometem lançar luz bem além do estudo do Sr. Diderot.

NOVE

Consumo, Mudança e Continuidade

BENS DE CONSUMO E HISTÓRIA

Os bens de consumo e o comportamento desempenharam diversos e insuspeitos papéis nas transformações em andamento no mundo moderno. De fato, sugeriu-se que o primordial e decisivo comprometimento do Ocidente com a mudança contínua derivou-se em parte de sua inclinação por gostos de consumo mutáveis.

> "Pode ter sido apenas por coincidência que o futuro que deveria pertencer às sociedades tenha sido volúvel o bastante para se importar com a mudança das cores, dos materiais e dos modelos das vestimentas, tanto quanto com a ordem social e com o mapa do mundo - sociedades, isto é, que estavam prontas para romper com suas tradições? Há uma conexão aí. (Braudel 1973:323)"

Se os bens de consumo foram importantes nas origens e nos desenvolvimentos modernos da sociedade ocidental, permanecem importantes para sua presente estrutura e operação. Os bens de consumo, carregados de significado, são objetos notórios no processo de autotransformação com o qual o Ocidente está comprometido. São importantes e ubíquos agentes da mudança e da continuidade. Não obstante, trabalhos acadêmicos que atentem para a relação entre bens de consumo e mudança são escassos. De modo ainda mais problemático, inexiste um esquema teórico capaz de prover uma perspectiva geral a partir da qual se possa estudar esta relação. É o objetivo do presente capítulo começar a construir tal esquema.

No capítulo 5 deste livro, busquei descrever as origens, a estrutura e o movimento do significado cultural carregado pelos bens de consumo. Resta, aqui, mostrar a qualidade dinâmica deste significado. Os bens constituem um versátil instrumento de manipulação do significado e um dos meios pelos quais a sociedade ao mesmo tempo inicia a mudança social com a qual está comprometida por necessidade e por propósito, e sobrevive a ela.

Há algo mais em questão aqui, contudo, que uma melhor compreensão das propriedades culturais e comunicativas dos bens de consumo. O estudo da relação entre bens de consumo e mudança social contribuirá, também, para uma investigação por muito tempo negligenciada da complexidade estrutural plena do sistema social norte-americano. Braudel sugere que o Ocidente moderno pode ter se originado em uma atitude peculiar em relação aos bens de consumo. Este capítulo está preparado para sugerir que estas relações permanecem nos dias atuais. Pode-se argumentar que o que sustenta o Ocidente em sua extraordinária experimentação da mudança social pode consistir, em parte, no seu uso dos bens de consumo como instrumentos de mudança e de continuidade. Os próprios objetos que Braudel sugere ter nos ajudado a nos lançar a uma carreira de mudanças inconsequentes e constantes podem na verdade ser importantes instrumentos no processo pelo qual nós sobrevivemos a estas mesmas mudanças.

As sociedades desenvolvidas ocidentais distinguiram-se como casos etnográficos ímpares por sua submissão de bom grado à mudança contínua. Diferentemente dos mundos "tradicionais", o Ocidente moderno fez de si mesmo, nas palavras de Lévi-Strauss, uma sociedade "quente", comprometida por princípio ideológico com sua própria transformação através da contínua mudança (1966:233). Ainda não foi suficientemente questionado exatamente como o Ocidente moderno se gerenciou com tanto sucesso para desafiar precedentes etnográficos e sobreviver face a esta contínua mudança. Tampouco se perguntou o bastante como o Ocidente sustenta seu comprometimento com a mudança quando forças conservadoras parecem predominar com tal autoridade em toda parte nas comunidades humanas.

Parte das respostas para ambas estas questões reside na relação entre os bens de consumo com os quais o Ocidente moderno está tão preocupado e a contínua mudança com a qual ele precisa lidar permanentemente. Os bens são, nas palavras de Sahlins, um "código-objeto" (1976:178). Eles estabelecem uma mídia na qual o significado cultural pode ser manipulado de maneiras variadas. Os bens constituem uma oportunidade para uma comunidade expressar e contemplar o significado cultural em uma mídia outra que não a linguagem, e para fazer isso de uma maneira que positivamente corrobora tanto para a reforma quanto para a preservação deste significado. Os bens, enquanto "códigos-objetos" de Sahlins, permitem que o significado seja tornado visível e que seja usado como um agente de mudança e de continuidade. É por causa destas capacidades que os bens funcionam como meios pelos quais a contínua mudança das sociedades desenvolvidas ocidentais é ao mesmo tempo encorajada e tolerada.

OS BENS COMO INSTRUMENTOS DE CONTINUIDADE

Como um instrumento de continuidade, os bens funcionam em duas capacidades. Uma delas é o "lastro" que eles criam quando se prestam a ser um registro público e concreto das categorias e princípios existentes que constituem a cultura. A outra é o modo pelo qual os bens geram um "código-objeto" que absorve a mudança e ajuda a configurá-la de acordo com os termos existentes sancionados pela cultura. Deixe-nos desenvolver as a seguir.

Os objetos de consumo são parte do que Douglas e Isherwood chamaram "parte visível" da cultura (1978:66). Eles ajudam a dar às ideias da cultura, que são por sua própria natureza intangíveis, uma certa concretude. Quando a cultura é concretizada sob a forma de objetos de consumo, torna-se mais estável e consistente. É removida, nas palavras de Miles Richardson, "do turbilhão e do fluxo de opiniões, atitudes e ideias" e lhe é conferida uma nova substância e autoridade (1974:4). Em outras palavras, os bens criam uma espécie de lastro que atua contra o redemoinho cultural. Era com este aspecto dos bens que Arendt estava preocupada quando notou que "as coisas do mundo têm a função de estabilizar a vida humana" (1958:137).[1]

Os bens de consumo são capazes de realizar este milagre pela cultura porque, como notamos no capítulo 5, eles capturam as categorias e os princípios da cultura de uma forma que os torna sempre presentes e convincentes de uma nova maneira. Ao existir nos bens, a cultura passa a ser vivida em toda a parte no mundo material. Para qualquer um lugar que se olhe, em qualquer coisa feita pelo homem que se toque, tudo o que se vê é formulado de acordo com categorias e princípios culturais. Nos bens, a cultura se faz ubíqua.

Mas os bens são algo mais além de um mero sinal diacrítico da cultura. Fazem mais do que apenas exibi-la. Eles são, de fato, muito semelhantes a um anúncio. Buscam não somente descrever, mas também persuadir. Quando a cultura transparece nos objetos, busca se fazer aparentar inevitável, surgindo como os únicos termos nos quais qualquer um pode constituir seu mundo. A cultura usa os objetos para convencer.

Grupos que desejam reformar a sociedade, mudar a cultura, são com frequência impotentes contra este aspecto conservador dos bens. Grupos radicais podem disputar com sucesso os princípios políticos e sociais nos quais está baseada a sociedade. Mas revela-se muito mais difícil romper com antigos ideais a partir de seus mais seguros e talvez mais persuasivos *loci*, os objetos físicos do mundo material. Por exemplo, é seguramente em parte por causa da profundidade com a qual esta sociedade inscreveu as categorias e os princípios culturais de "masculinidade" e "feminilidade" no código objeto e no mundo material que é tão difícil lidar com o problema do sexismo. Se o sexismo persiste e de fato até mesmo continua a florescer, deve ser em alguma medida porque, como notou Goffman tão brilhantemente em *Gender Advertisements* (1979), estereótipos sexistas estão profundamente enraizados mesmo nos detalhes mais sutis da vida cotidiana e do código objeto. É devido a esta capacidade que o significado nos bens assume uma significação hegemônica.

Materiais culturais produzem cultura material. Eles a tornam palpável, presente e ubíqua. Para emprestar a paráfrase do poeta Hass, quando a cultura se insinua na nossa paisagem física, na nossa moradia e em seu mobiliário, as premissas de nossa existência são também as premissas de nossa existência. Ideologia e mundo material são uma coisa só.

É esta ligação poderosamente persuasiva entre ideia e realidade que explica nossa dificuldade em vislumbrar as realidades de nossos ancestrais. Mesmo os próximos anos 50 agora nos parecem um tempo profundamente diferente e, em muitos aspectos, quase inimaginável. Parte de nossa dificuldade deve-se simplesmente a não vivermos no mundo dos botões de pressão, dos carros rabos-de-peixe, dos cinzeiros assimétricos e da sociabilidade *Tupperware* (Hine 1986). Esta coleção de objetos emitiu e conduziu os significados deste período agora profundamente estranho. Neste processo, ela forneceu à cultura dos anos 50 parte dos seus pressupostos tidos como certos, parte das suas reivindicações de ser o único meio sensível de ver o mundo. Se estivéssemos diariamente cercados por essas coisas, o mundo peculiar dos anos 50 começaria a parecer plausível agora como o fora então. Teríamos provas concretas, sensoriais, do que são agora apenas ideias frágeis e improváveis.

Assim, os bens de consumo servem a cultura de um modo perfeitamente conservador. Parte do poder deles, neste sentido, advém da natureza de seu simbolismo. Como observamos no quarto capítulo deste livro, os objetos diferem da linguagem na medida em que mantêm uma relação "motivada" e "não arbitrária" com as coisas que eles significam. Os signos linguísticos estão baseados na simples diferença e carregam muito pouca semelhança com as coisas que eles significam, que falamos deles como sendo "não motivados" e "arbitrários". Mas os objetos de consumo nos permitem vislumbrar a base de sua significação. Exibem os princípios de acordo com os quais eles foram constituídos. São anexados ao registro das coordenadas culturais de acordo com as quais eles e os conceitos que eles significam foram formados.[2]

Esta característica dos objetos lhes confere uma extraordinária relevância para o estudo do mundo dos bens. Saber que os bens carregam esses princípios culturais é começar a entender como eles servem como uma espécie de quadro no qual o significado deste universo cultural é inscrito. Bens dotados de princípios têm uma capacidade performativa (Austin 1963; Tambiah 1977). São capazes de criar ou pôr em ação pressupostos e crenças culturais. Conferem-lhes uma realidade, uma facticidade, aquilo que Douglas e Isherwood chamariam de uma concretude que de outro modo não teriam. O caráter performativo dos bens significa que eles podem incorporar de modo visível certos dogmas da cultura. Aqui também os bens podem ser vistos como assumindo uma significação "hegemônica" (Thompson 1974:387). Podem se introduzir como portadores de significado na retórica da persuasão com a qual um grupo conquista a obediência de outro.

Esta significação é tornada ainda maior pelo fato de que os bens comunicam seu significado *sotto voce*.[3] Isto faz deles um meio especialmente eficaz e sub-reptício para a comunicação de certas mensagens políticas potencialmente controversas. Comunicadas através dos bens, essas mensagens são em grande medida ocultadas da percepção consciente do receptor (McCracken 1982b). Elas, não obstante, entram na consciência, para aí fixar residência e exercer sua influência. Por exemplo, mensagens que são comunicadas desta maneira sub-reptícia são capazes de persuadir uma classe inferior de sua "indignidade" sem se apresentar sequer uma vez à luz de um escrutínio pleno. As mensagens carregadas pelos bens de consumo ajudam a minimizar a possibilidade de um exame mais de perto, de uma compreensão consciente e de uma asserção contrária.

A segunda capacidade dos bens é a de servir como um "código-objeto" estabilizador, através de sua habilidade em "desarmar" certas inovações e diminuir seu potencial enquanto agentes de mudança. O uso do vestuário e do mobiliário residencial para formular e anunciar uma nova identidade social por parte de grupos insatisfeitos é o caso mais notável em questão aqui. Na busca da redefinição, esses grupos são, potencialmente, os agentes de mudanças sociais altamente desestabilizadoras. Eles desafiam as convenções de acordo com as quais as categorias culturais de pessoa são definidas. É normalmente o caso, contudo, que esses grupos deem voz a seus protestos através da distribuição estratégica das propriedades simbólicas dos bens de consumo. Ironicamente, é justamente esta parte do protesto social que ajuda a desfazer seu potencial para desestabilização. O código-objeto funciona como um conjunto dinâmico, aberto, que pode ser rearranjado para acomodar o criativo simbolismo de produto dos grupos sociais emergentes. Como coloca Sahlins, "... o código-objeto atua como um conjunto aberto, sensível a eventos os quais ao mesmo tempo orquestra e assimila, produzindo versões expandidas de si mesmo" (1976:184).

Quando "hippies", "punks", "gays", "feministas", "jovens republicanos" e outros grupos radicais usam os bens de consumo para declarar sua diferença, o código de que se utilizam os torna compreensíveis para o restante da sociedade e assimiláveis dentro de um conjunto maior de categorias culturais. Grupos radicais podem expressar seu protesto na linguagem dos bens, mas ao fazê-lo, inevitavelmente criam mensagens que todos podem ler. O ato de protesto é, por fim, um ato de participação em um conjunto de símbolos e significados compartilhados. Abarcado pela cultura e por suas mídias de comunicação, o "ato" de protesto se torna um ato de conformidade retórica. O uso do código-objeto por grupos sociais radicais tem o efeito não intencional de encontrar para eles um lugar no conjunto cultural mais amplo.

O código-objeto tem, claramente, poderes profundamente conservadores. É capaz de encompassar até mesmo suas próprias divergências. Pode tornar inteligíveis até mesmo elas. Quando grupos radicais usam os bens para expressar sua insatisfação e sua nova identidade, convidam o código-objeto a criar uma versão expandida de si mesmo. Quando este assim o faz, grupos radicais, marginais e anômalos são assimilados no sistema.

A mudança que ameaça as categorias culturais e sua representação nos bens não é, obviamente, sempre trabalho de um grupo social autoconsciente. Às vezes é o resultado de forças sociais que estão além do controle e da compreensão dos atores sociais. Uma mudança desta ordem ocorreu quando a América do Norte se descobriu quase de repente de posse de uma nova categoria cultural de idade: a adolescência. Neste caso, o código-objeto ajudou uma sociedade a ajustar as contas com este novo fenômeno, encontrando meios para sua expressão no simbolismo dos bens. Esta oportunidade de expandir o código simbólico ajudou no processo de abertura do conjunto de categorias culturais.

Quando a adolescência emergiu enquanto unidade plausível na categorização da idade (Gillis 1981:133), ela exigiu signos para sua significação. O código-objeto no qual as categorias de idade existentes estavam codificadas respondeu simplesmente se expandindo a fim de incorporá-la. Uma mudança em categorias culturais foi aceita de tal maneira que o sistema mais amplo de categorias continuou a ser representado sem perda ou rompimento de significado. Os bens de consumo ajudaram a anunciar e a modelar esta nova categoria cultural de idade e a conferir-lhe um lugar coerente em um conjunto maior de categorias. O vestuário, em particular, constitui-se como uma oportunidade para declarar a existência desta nova categoria de um modo que demonstrou o fato e a natureza da relação para o conjunto maior de categorias. O vestuário serviu como uma mídia coletiva de expressão na qual uma sociedade inscreveu e, então, fez os ajustes para uma mudança cultural fundamental.

Às vezes não são as categorias que estão sob a pressão da mudança, mas os signos que as representam. Aqui também o código-objeto exibe uma certa fluidez e a habilidade para persistir na comunicação de importantes distinções culturais. O uso dos cigarros para significar categorias culturais de gênero é, talvez, o melhor caso em questão (Schudson 1984). No começo do presente século, a distinção cultural entre homens e mulheres era expressa através de distinções de código-objeto entre fumantes (homens) e não fumantes (mulheres). Como as mulheres começaram a fumar, este simbolismo foi comprometido. O código-objeto logo restabeleceu a distinção entre homens e mulheres sob a forma de uma nova diferenciação, entre os não usuários de filtros, que eram homens, e as usuárias de filtros, que eram mulheres. Preocupações com a saúde levaram os homens a mudar para os filtros, e a nova distinção simbólica foi comprometida também. O código-objeto respondeu com a distinção entre cigarros "fortes" para os homens e "fracos" para as mulheres. Esta distinção foi ela própria comprometida quando os homens começaram a mudar para os cigarros *light*. Com este desenvolvimento, as propriedades físicas não mais puderam ser usadas para diferenciar os cigarros de acordo com o gênero, e o código-objeto passou a recorrer somente à diferença de imagens.

Neste caso, a mudança social, sob a forma de uma transformação nas preocupações com a saúde, apagou continuamente os signos com os quais se pretendia expressar a distinção entre categorias culturais. Os cigarros usados para comunicar a diferença entre homens e mulheres foram repetidamente tornados inapropriados. Vemos, contudo, que o código-objeto foi bem-sucedido em reinventar continuamente este simbolismo. Esta ingenuidade e esta versatilidade, aparentemente infinitas, são um importante aspecto do poder conservador do código-objeto. Ajudam-no a funcionar como um instrumento de continuidade, que coloca à disposição da cultura um mecanismo semiótico que atribui coordenadas culturais familiares a uma nova situação.

OS BENS COMO INSTRUMENTOS DE MUDANÇA

Os bens funcionam também como instrumentos de mudança, de duas maneiras. Uma delas é a capacidade de servir como uma oportunidade de modelar um novo conceito cultural através do uso seletivo, da combinação nova e da inovação premeditada dos significados culturais existentes. Neste caso, os bens são uma mídia criativa na qual a invenção pode tomar lugar através da experimentação com os significados culturais existentes. No outro caso, os bens servem como uma oportunidade para um grupo se engajar em um diálogo interno e externo, no qual as mudanças são contempladas, debatidas e, então, anunciadas. No primeiro caso, os bens são usados como uma oportunidade para a criatividade e para a experimentação. No segundo, são usados como um meio de reflexão e de descoberta internas e externas, meio este que ajuda a moldar e a formalizar o processo criativo.[4]

Os bens atuam em sua primeira capacidade quando ajudam um grupo a criar uma nova definição de si e a revisar a categoria cultural à qual pertence. O significado presente nos bens permite ao grupo se engajar em um processo de definição que é às vezes paralelo e às vezes independente do discurso linguístico com o qual este mesmo grupo contempla sua autodefinição. O código-objeto torna-se uma fonte de novo significado e de novo vocabulário. Os bens são um meio pelo qual o grupo pode repensar a si mesmo.

Os bens contribuem para este processo de invenção porque carregam um registro de categorias e de princípios culturais. A primeira atitude do grupo que intenciona inovar é dispensar os bens de consumo que carregam sua definição convencional. A segunda é começar a adotar os bens de outros grupos, para assim experimentar e talvez se apossar das propriedades significativas que neles residem. Por exemplo, as feministas radicais dos anos 60 deliberadamente se desassociaram de um vestuário que dava voz às categorias culturais convencionais de gênero e aos princípios culturais nos quais esta distinção se baseava. Este grupo, então, buscou vestimentas nas quais residissem outros conceitos culturais. Finalmente, se fixou nas roupas usadas pelos homens das classes trabalhadoras, deste modo se transportando através de categorias culturais tanto de gênero como de classe, perseguindo um conjunto apropriado de símbolos (Cassel 1974).

A manipulação do significado através dos bens se assemelha à atividade do *bricoleur* descrita por Lévi-Strauss em *The savage mind* [*O pensamento selva-*

gem] (1966) em um aspecto, e se distancia dela em outro. Como o *bricoleur*, o inovador de significado precisa usar partes e peças de um sistema prévio para criar uma nova mensagem. Mas, diferentemente do *bricoleur*, o inovador de significado está, como na famosa frase com a qual Lévi-Strauss caracteriza a conduta do cientista,

"...sempre em busca *desta outra mensagem*, que poderia ser arrancada de um interlocutor a despeito de sua reticência em se pronunciar sobre questões cujas respostas ainda não foram formuladas." (1966:20, ênfases no original)

Novas mensagens são buscadas através da combinação de material familiar de maneiras não convencionais. Combinação e recombinação ocorrem até a emergência de um conceito e uma estética que ajudem a dar substância ao desejo de um grupo de se diferenciar do grupo principal. Para usar uma frase bem conhecida dos antropólogos, os bens são "bons para pensar" (Tambiah 1969). Especialmente neste contexto dinâmico, eles funcionam para os grupos que intencionam inovar como uma mídia para a contemplação de novas configurações de significado.

Exemplos do uso desta capacidade criativa dos bens são abundantes. O caso que o presente autor conhece melhor é o uso do vestuário, e especialmente das cores deste vestuário, pelos cortesãos e conselheiros elizabetanos como meios de definir novos grupos na corte de Elizabeth (McCracken 1985a). Neste caso, a cuidadosa disposição do simbolismo das cores permitiu a esses dois grupos definir a si mesmos como um grupo de interesse na corte, como um cliente da monarca, e como um oponente de seus opositores. Aqui, categorias culturais de época foram criadas através do rearranjo e da nova combinação de princípios culturais. Um exemplo mais próximo dos dias modernos pode ser encontrado na maneira pela qual as mulheres dos séculos XIX e XX usaram o vestuário para formular um novo conceito de si mesmas como mulheres, mães, trabalhadoras e esposas. O vestuário forneceu uma mídia na qual noções experimentais puderam ser criadas e contempladas. As "ceroulas" foram um desses experimentos; o "visual autoritário" foi um outro, mais recente (Cassel 1974; Roach 1979).

Uma segunda capacidade dos bens, como instrumentos de mudança, é a de funcionar como uma oportunidade para o discurso tanto no interior do grupo inovador quanto entre este e a sociedade mais ampla. Os grupos inovadores usam os bens para informar seus membros de possíveis inovações adicionais, bem como do presente consenso. Assim utilizados, os bens servem como uma espécie de boletim informativo. Os "membros" do clube são mantidos informados. Enviam mensagens uns para os outros e para a coletividade, e tais mensagens mudam continuamente. Gradualmente, um consenso é estabelecido e as mensagens vão se tornando mais escassas e menos controversas. Quando os bens são usados para se dirigir à sociedade mais ampla, podemos nos referir à sua utilização não como um boletim informativo, mas como uma espécie de mural. Neste caso, o grupo anuncia para um público muito mais genérico sua insatisfação com as convenções existentes e indica, na linguagem dos bens, exatamente quais ideias e valores alternativos pretende defender. A reação pública (normalmente sob a forma de gritos de protestos) retorna ao grupo radical para informar o processo de autodefinição. Os bens, assim, funcionam como uma dupla mídia de comunicação: tanto como boletins informativos para mensagens internas, quanto como murais para as externas.

Esses dois usos dos bens como um instrumento de mudança podem ser encarados em sequência. A primeira capacidade dos bens é a de ser um meio de divisar um novo conceito de grupo, e a segunda é a de ser um meio de noticiar o empreendimento e suas consequências. Mas é verdade, também, que há uma relação mais complicada aqui, na qual um uso dos bens como instrumento de mudança está constantemente interagindo com o outro. Especificamente falando, a experimentação e sua declaração pública só podem ser separadas para propósitos heurísticos.

CONCLUSÃO: AS IMPLICAÇÕES ESTRUTURAIS DA RELAÇÃO ENTRE BENS DE CONSUMO E SIGNIFICADO CULTURAL

O papel que os bens desempenham na negociação da constante mudança social é tão fundamental quanto inexplorado. Não é um exagero dizer que os bens e o código-objeto são um dos meios pelos quais esta sociedade perdura, face a excentricidades etnográficas quase esmagadoras. Comprometida com a contínua mudança, esta é uma sociedade na qual o centro não deve se manter, na qual a ordem deve se desintegrar assiduamente. Que isto não aconteça, deve-se em parte ao papel desempenhado pelos bens, permitindo estruturar uma expressão relativamente consistente face ao potencial destruidor de mudanças sociais radicais; e deve-se também à sua habilidade em contribuir para esta mudança quando ela se torna necessária diante de transformações estruturais inevitáveis.

Paradoxalmente, o código-objeto funciona como um meio pelo qual a sociedade ao mesmo tempo encoraja e resiste às mudanças. Ele ajuda os grupos sociais a estabelecer maneiras alternativas de encarar a si mesmos, maneiras que estão fora das e são contrárias às definições culturais existentes. Mas ele também serve para ajudar a sociedade a incorporar essas mudanças na estrutura cultural existente e a disseminar seu potencial desestabilizador. O código-objeto é como a face de Janus. Busca afastar-se da inovação e dirige-se a ela. Busca afastar-se da tradição e dirige-se a ela. Funciona ao mesmo tempo como um instrumento de mudança e de continuidade.

A contribuição feita pelos bens para a mudança social não foi bem compreendida. Este capítulo não fez mais do que sugerir uma das abordagens teóricas que poderiam ser tomadas neste estudo. Resta empreender agora este trabalho sob a forma de investigações empíricas em todos os campos que, atualmente, estão preocupados com as relações "pessoa-objeto". Todas as ciências sociais (e especialmente aqueles subcampos preocupados com o "significado" e com a "cultura"), o braço de cultura material dos estudos americanos, e a área de simbolismo de produto do comportamento do consumidor têm contribuições a fazer. Vale enfatizar que há algo mais em jogo aqui que uma compreensão mais clara das propriedades comunicativas e culturais dos bens de consumo, embora esta não constitua em si mesma um objetivo acadêmico pequeno. O que também pode ser obtido por este estudo conjunto e plural é uma compreensão de uma das maneiras pela qual esta sociedade sobrevive como uma das mais impressionantes excentricidades no registro etnográfico: uma sociedade que faz da mudança sua constante, e da transformação radical seu método empírico. O que Braudel sugere que foi decisivo para as origens deste experimento histórico tão peculiar permanece decisivo nos dias atuais. Os bens ingressam no processo histórico da vida moderna como agentes vitais de continuidade e mudança. Entre os bens e o caráter dinâmico do mundo moderno há, como diria Braudel, uma "conexão".

NOTAS

Introdução

[1] Os arquitetos responsáveis por essa ampliação do campo são muitos para listar exaustivamente. Uma lista parcial inclui: Anderson (1986), Bagozzi (1975), Belk (1984b, 1986b), Bloch (1986), Block e Bruce (1984), Deshpande (1983), Firat (1985), Friedman (1985b), Gardner (1985), Hirschman e Holbrook (1980), Holbrook (1985), Holbrook e Hirschman (1982), Holman (1980a), Kassarjian (186), Kehret-Ward (1985), Kehret-Ward e Yalch (1984), Levy (1981), Mayer (1978), Mick (1986), Nicosia e Mayer (1976), Pollay (1986), Rook (1985), Sherry (1985), Solomon (1983), Sommers (1983), Wallendorf e Reilly (1983) e Wells (1986). Um reconhecimento mais particular da contribuição desses e de outros autores aparece nos capítulos que se seguem.

[2] Novamente, apenas uma lista parcial daqueles que contribuíram para que essa reivindicação da antropologia pelo estudo do consumo e da sociedade contemporânea fosse possível aqui: Appadurai (1986), Barthes (1972), Basso (1984), Baudrillard (1968, 1970), Boon (1973), Bourdieu (1984), Bruner (1984), Cedrenius (1983), Dominguez (1986), Douglas e Isherwood (1978), Gillin (1957), Glassie (1973), Greenhouse (1985), Lewis (1969), Mertz e Permentier (1985), Messerschmidt (1981), Miner (1956), Rathje (1978), Reynolds e Stott (1986), Rodman e Philibert (1985), Sahlins (1976, 1977), Schneider (1968), Shweder e LeVine (1984), Silverstein (1976) e Singer (1984).

[3] Para evitar a tradução de *marketers* para marketeiros, que tem conotação pejorativa em português, optou-se por traduzir por "profissionais de marketing". (N. do E.)

Um. A produção do consumo moderno

[4] "Consumo", aqui como no restante do livro, refere-se ao processo pelo qual os bens e os serviços de consumo são criados, comprados e usados. Esta definição amplia a visão tradicional, adicionando à ênfase tradicionalmente colocada no ato da compra o *desenvolvimento do produto* que necessariamente antecede a compra em si e o *uso do produto* que deve seguir-se a ela.

[5] A revisão a seguir retoma as contribuições monográficas chaves para a história do consumo. Para uma revisão mais ampla da literatura, ver McCracken 1987b.

[6] No original, "whiggish", referência ao *Whig*, partido político surgido na Grã-Bretanha depois da revolução de 1688, que pleiteava a subordinação da Coroa ao Parlamento e foi, em meados do século XIX, substituído pelo Partido Liberal; ou ao partido de mesmo nome que se formou nos EUA em 1834 como adversário dos democratas, mais tarde transformado no Partido Republicano. (N.do T.)

[7] Para um tratamento desta e de outras questões metodológicas na história do consumo, ver McCracken 1985c e 1987b.

[8] Spufford (1984: 4) também sugeriu que McKendrick avaliou erroneamente a importância do século XVIII na história do consumo, observando que o que ele atribui a este século já é aparente no anterior.

[9] Este ponto é explorado no capítulo 6.

[10] No original, "whiggish". Nova menção ao conservadorismo liberal dos extintos partidos *Whig*. (N. do T.)

[11] As tentativas de comentadores sociais, eruditos, clérigos e teóricos políticos de compreender a revolução do consumo não são rastreadas aqui, mas foram, todas elas, tratadas por Appleby (1976, 1978), Hirschman (1977, 1982b), Hont e Ignatieff (1983), Horowitz (185), Shi (1985), Stone (1984), Thirsk (1978), Vichert (1971) e Wiener (1981).

[12] Sobre este ponto, ver Hexter (1961), James (1974, 1978), Kelso (1929) e Marston (1973).

[13] Para outros tratamentos recentes da tese de Weber, ver Marshall (1980, 1982) e Poggi (1983).

[14] Um exemplo mais específico de competição entre elizabetanos de posição elevada e de seu uso dos bens de consumo para negociar tal competição pode ser encontrado em McCracken (1985a). O uso mais convencional do simbolismo dos bens de consumo no período elizabetano para expressar categorias culturais e para disputar com o conflito de princípios culturais é discutido em McCracken (1982a).

[15] Sobre o marketing e suas origens históricas, ver Dixon (1980,1981), Fullerton (1984), Hollander e Rassuli (1985) e Hollander e Savitt (1983).

[16] A publicidade cultivou sistematicamente uma mídia depois da outra, capturando neste processo um volume cada vez maior do espaço público. A descrição de McKendrick pode ser complementada por estudos da publicidade sob a forma de letreiros (Hendon e Muhs 1985), jornais (Presbry 1968), catálogos (Boorstin 1973:128), *trade cards* (Welch 1986) e revistas (Pollay 1985). O pleno significado cultural e social deste desenvolvimento histórico é tema agora de um intenso debate. Ver, por exemplo, Belk e Pollay (1985), Cowan (1982), Ewen (1976), Leiss, Kline e Jhally (1986), Marchand (1985), Pollay (1986), Pope (1983) e Schudson (1984), para nomear apenas alguns poucos dos que recentemente contribuíram para este vital debate.

[17] Uma das importantes mudanças espaciais ocorridas ao longo da revolução do consumo foi a transformação do espaço doméstico. Busca-se compreendê-la através do estudo de como modificações na cultura material orientam mudanças nos padrões de socialidade (por exemplo, as preocupações com a privacidade) e de como tais mudanças atuam de volta na cultura material, forçando sua contínua transformação. Considerações sobre este tópico foram elaboradas no contexto da América do século XX por C. Clark (1986), Cohn (1979), Hayden (1981), Jackson (1976), West (1976) e Wright (1980).

[18] Barreiras a esta plena participação, sob a forma de legislação suntuária, pararam de ser escritas no século XVI na Inglaterra (Baldwin 1926; Hollander 1984; Hooper 1915; Phillips e Staley 1961). É uma ironia moderna o fato de que hoje sejam feitas leis para proteger os direitos do consumidor, e não para restringi-los. Mas, ironias à parte, a distribuição diferencial da renda faz da participação igualitária no consumo uma das metas mais distantes e improváveis para uma "sociedade de consumo" (Firat 1986).

[19] O autor refere-se ao Canal da Mancha, trecho de mar entre a ilha britânica e a face francesa do continente europeu. (N. do T.)

[20] Schlereth, em duas brilhantes peças de revisão e conceitualização (1982, 1983), mapeou a literatura histórica sobre as propriedades culturais dos lares, da mobília doméstica, do vestuário, dos brinquedos, da comida, das ferramentas e de uma série de outras categorias de produtos.

[21] Uma abordagem completa do consumo dândi ainda está por ser escrita. Os trabalhos acadêmicos existentes (Moers 1960; Smith 1974) demonstram que este é um episódio-chave na história do consumo, e que estudá-lo mais a fundo iria permitir avançar substancialmente em nossa compreensão da interação histórica entre cultura e consumo.

[22] A íntima relação entre os filmes animados e os novos padrões de consumo é discutida também por O'Guinn, Faber e Rice (1985). Embora não haja um estudo equivalente sobre a relação entre consumo e literatura, Harris (1981), Friedman (1985a, 1985b) e Shell (1978, 1982) estabeleceram interessantes pontos de partida. Para a relação entre consumo e arte, ver os provocativos trabalhos de Barrel (1984) e de Berger (1972).

[23] Para um brilhante estudo da conjunção entre cultura e consumo na América do século XX, ver a extraordinária análise de Allen (1983) de como a Container Corporation se utilizou da cultura para negociar produtos e dos produtos para negociar a cultura. Uma variação deste mesmo tema pode ser encontrada no estudo de Harris (1978) sobre o empréstimo e a competição que se instalaram entre os museus americanos, as exposições e o setor varejista no século XX.

Dois. "Sempre mais querido em nossos pensamentos"

[24] Uma estratégia ainda mais anterior representa o que poderia ser uma solução perfeita para o problema. A nobreza da China antiga, do Egito e da Península Maia marcava suas crianças com deformidades físicas que não podiam ser imitadas e falsificadas. O Ocidente não recorreu a esta estratégia, optando, ao contrário, por fazer das posses físicas e das características sociais as marcas reveladoras da posição elevada.

[25] Não pretendo sugerir que a pátina enquanto ícone seja absolutamente natural em seu simbolismo. Mesmo no caso de símbolos icônicos, permanece sendo necessário para a

comunidade assinalante decidir e formalizar exatamente que informação será inferida a partir deles. O significado dos ícones deve ser "culturalmente constituído" a fim de se prestar a seu propósito comunicativo.

[26] Notando como poucas famílias de mercadores sustentavam seus feudos e seu status nobre por mais de uma única geração, Stone e Stone lançam dúvidas sobre o grau de mobilidade que teria existido no máximo topo da sociedade inglesa. A preocupação deste capítulo refere-se à mobilidade por todo o extrato superior da sociedade, cuja existência era relativamente bem estabelecida. Como sublinham Stone e Stone, se houvesse razão para duvidar da existência de uma "elite aberta", haveria níveis ainda menores de ceticismo no debate acerca da "pequena nobreza aberta" (1984:404).

[27] Cinco gerações era o período máximo exigido, e alguns argumentam que a transformação requeria apenas quatro ou três gerações.

[28] Ver o *Homo Hierarchicus* (1972), de Dumont, para uma discussão de uma sociedade hierárquica que foi incapaz de manter consistentes a riqueza e o status.

[29] McKendrick se volta deliberadamente para seus colegas das ciências sociais a fim de obter ferramentas conceituais para compreender os notáveis desenvolvimentos do século XVIII. Encontra e faz bom uso da noção de Veblen de consumo conspícuo e da concepção de Simmel de consumo competitivo – mas não faz o mesmo em relação à teoria da pátina.

[30] Este conceito e o da teoria "trickle-down" serão discutidos no capítulo seis.

[31] Steiner e Weiss (1951) sugerem que outra estratégia que o indivíduo de alta classe foi forçado a adotar devido à usurpação de seus marcadores de status era o cultivo de um estilo de consumo mais "moderado" (o que ajudava a "apanhar" os aspirantes ao fazer seus esforços parecerem conspícuos). Gostaria de argumentar que este estilo moderado é na verdade um parceiro e uma consequência da estratégia da pátina. Os bens com pátina eram inevitavelmente menos óbvios, menos "mostráveis" e menos "buscadores de atenção" que os novos.

[32] Não está claro também que isso tenha sido levado a sério mesmo na América dos anos de 1930. O indivíduo de alta posição que relatou este ato de falsa representação de status o repudiou dizendo: "O que você podia esperar?" A implicação aqui é a de que a família Starr era de baixa posição e demonstrou isso através do lance que fez pela cultura material de uma maneira *gauche* e autoderrotista. Warner e Lunt notam ainda que a classe alta-alta de Yankee City fez planejados esforços para manter seus troféus de status e não permitir que eles caíssem nas mãos do "grupo que oscilava de baixo para cima". Isto sugere que os grupos de posição elevada estavam de fato com medo que os de baixa posição pudessem tirar certas vantagens de status dos objetos com pátina (1941:109).

[33] Este é apenas um dos equívocos de leitura que Pratt comete em um trabalho que é, apesar disso, extremamente capaz. A autora também falha em perceber que a dedicação dos Shaughnessy a trabalhos voluntários é motivada pela associação de longa-data do serviço comunitário com o alto status. Pratt sugere que as mulheres Shaughnessy se dedicam a este trabalho somente por altruísmo.

[34] Barber e Loebel (1953) também notaram a existência de dois grupos de alto status de mulheres, e utilizaram uma distinção de "dinheiro velho/dinheiro novo" para diferenciá-los. Eles também observaram que o grupo do dinheiro velho insistia em modas britânicas clássicas, enquanto o grupo do dinheiro novo se inclinava para as modas parisienses.

Três. Lois Roget

[1] A pesquisa na qual este estudo de caso se baseia foi financiada pelo Centro de Pesquisa Gerontológica da Universidade de Guelph e pelo Conselho de Pesquisa em Humanidades e Ciências Sociais do Canadá. O projeto é descrito em detalhes em McCracken (1987c). Este estudo de caso em particular é baseado em seis horas de entrevistas por mim conduzidas com um indivíduo que aqui chamaremos de Lois Roget, ocorridas em sua casa em Gresham, Ontário, no final de maio de 1985.

[2] Lois Roget tinha, na época desta entrevista, setenta e oito anos de idade. Ela nasceu em uma fazenda de família e cresceu em uma pequena comunidade rural no sul de Ontário. Foi educada nas escolas da região e em uma universidade local na qual ela graduou-se em ciências da saúde. Teve dois filhos, ambos agora na casa dos quarenta anos. Seu marido é um profissional com alta formação, agora aposentado. Foram casados por muito mais de quarenta anos e, durante todo este período, viveram em Gresham. Gresham é uma cidade de 100 mil habitantes no sul de Ontário. Lois e seu marido viveram uma existência inteiramente urbana, de classe média e profissional, a despeito de seus fortes laços com a tradição e com a comunidade fazendeiras, das quais ambos se originaram.

Quatro. Vestuário como linguagem

[3] Uma versão anterior deste capítulo foi apresentada na sessão E-26 (Cultura Material) do 11º Congresso Internacional de Antropologia e Ciências Etnológicas, Vancouver, Columbia Britânica, 24 de agosto de 1983. Devo agradecimentos aos meus colegas da Universidade da Columbia Britânica, com os quais discuti o artigo: Peter Ashmore, Ron Goldman, Anne Lewison, Marg Meikle, Judy Robertson e Cathy Tyhurst. Por fim, agradecimentos são devidos também ao Killam Trust e ao Departamento de Antropologia e Sociologia, pelo suporte que me proporcionaram durante o tempo em que fui um bolsista Killam de pós-doutorado na Universidade da Columbia Britânica, período no qual foi conduzida a pesquisa para a realização deste artigo.

[4] Um tratamento mais detalhado do conceito de "categorias culturais" é dado no próximo capítulo. Um leque muito mais amplo de bens de consumo também está atrelado a elas.

[5] Pouco importa que o tratamento empreendido por Bogatyrev do caráter expressivo do vestuário seja nivelado por baixo pelo uso que o autor fez do termo e do conceito de "função". Ainda que a maioria das funções que Bogatyrev identifica na indumentária *folk* morávia tenha uma genuína importância semiótica, duas delas, a função "prática" e a função "estética", não têm qualquer valor semiótico. Não representam categorias culturais. A imprecisão neste ponto reduz o valor do trabalho de Bogatyrev enquanto guia teórico para o estudo do vestuário e de sua representação de categorias culturais. O trabalho permanece, contudo, um exemplo valioso do que pode ser feito nesta área do ponto de vista etnográfico. Optei por discuti-lo nos termos de um estruturalismo tardio.

[6] O conceito de "princípios culturais" também será desenvolvido com mais detalhes no capítulo 5.

[7] Este aspecto da cultura material e dos bens de consumo é explorado no capítulo 9.

[8] Para um exemplo de comparação de uma outra instância da cultura material com a linguagem, ver Forge (1973).

[9] O pré-teste consistiu na coleção de um grupo de quarenta slides. Cada um deles registra uma instância do vestuário usado por um transeunte do centro da cidade de Vancouver, no outono de 1982. Os indivíduos foram fotografados no local e sem enquadramento especial. Os quarenta slides foram mostrados para uma amostragem de dez sujeitos em entrevistas individuais. A seguinte questão foi colocada para cada sujeito a respeito de cada slide: "O que você pode me dizer sobre esta pessoa com base em suas roupas?" Os sujeitos foram encorajados a dar uma resposta exaustiva para esta questão e postos à vontade para fazê-lo sem intervenção do entrevistador. "Sugestões" (por exemplo, "E este casaco?") foram introduzidas depois que o sujeito havia completado sua resposta inicial. As entrevistas foram longas; nenhuma delas levou menos de duas horas e meia. Buscou-se uma resposta não premeditada, não dirigida, detalhada e espontânea.

[10] Este segundo projeto foi realizado desde a escrita deste artigo (McCracken e Roth 1986). Este estudo foi quantitativo, controlado por um instrumento de pesquisa mais rigoroso, e mais abrangente (n = 360) que o piloto relatado aqui. Seus resultados foram, contudo, substancialmente os mesmos, e sugerem que os indivíduos se engajam em um processo de "decodificação" do vestuário muito diferente daquele que usam para a linguagem.

[11] Deve ser notado que esta fonte de evidência, enquanto base para a consideração dos princípios de seleção e de combinação, é problemática em dois aspectos. Primeiro, ela considera a atividade comunicativa não no momento da codificação, ou da criação da mensagem, mas no momento de sua decodificação. Há diversas vantagens metodológicas para esta escolha de evidência, e é certo também que o que é verdadeiro no processo de codificação deve sê-lo também para o processo de decodificação. Em segundo lugar, não é certeza absoluta que o que se pode extrair nestas ocasiões de entrevista mantenha qualquer relação necessária com o que ocorre nas mentes dos informantes quando eles decodificam o vestuário em outras situações sociais mais espontâneas.

Cinco. Manufatura e movimento de significado no mundo dos bens

[12] Esta abordagem da cultura destoa da convencionalmente adotada nas pesquisas de consumidor, que tratam cultura como valores (por exemplo, Henry 1976). "Valores" como conceito estão incluídos na presente formulação, mas estão submetidos à discussão dos "princípios culturais".

[13] Para mais a respeito deste ponto, ver o capítulo 6.

[14] Ver Bryson (1983) para um bom tratamento da ideologia ocidental do naturalismo.

[15] Um estudo recente de alta qualidade acerca dos princípios culturais que se refletem nos bens de consumo pode ser encontrado em *Objects of Desire* (1986), de Forty, especialmente no capítulo 4, "Differentiation in Design".

[16] Este ponto será desenvolvido longamente no capítulo 6.

[17] *Preppie* é um termo que se refere a uma pessoa bem-sucedida, bem-educada e jovem, correspondendo a um estilo de vestuário ou comportamento norte-americano característico de certos grupos sociais. (N. do E.)

[18] "Novos ricos". Em francês no original. (N. do T.)

[19] Esta questão será explorada no capítulo 9.

[20] Três outras abordagens do sistema de movimentação de significado podem ser encontradas em Gottdiener (1985), Hirschman (1986a) e Wernick (1984).

[21] Uma das categorias de produto que provavelmente valeria um estudo cultural é a dos carros (Belasco 1979; Flink 1975; Lewis e Goldstein 1983; Moorhouse 1983; Era 1971).

[22] Poderia parecer que esta cultura é sistemática em sua supressão da consciência do indivíduo acerca das propriedades culturais de suas posses. Contudo, as explosivas dificuldades que rotineiramente se fazem acompanhar do estabelecimento do divórcio e das propriedades de herança atestam o quão modesta e não sistemática esta consciência é.

[23] Os trabalhos de Kehret-Ward (1985) e de Kehret-Ward e Golden (1986) contribuíram recentemente para o estudo do ritual e do consumo.

[24] Minhas pesquisas recentes sugerem que certas famílias sentem uma obrigação de estocar suas velhas posses por um período de um ou dois anos no porão de suas casas antes de permitir que estas sejam encaminhadas para um depósito do Exército da Salvação. Isto representa uma espécie de período para "dar um gelo", durante o qual o objeto é desinvestido de seus significados e associações especiais. Objetos que são de tal maneira carregados de significado que não podem receber um "gelo" (e serem dispensados) são, em algumas famílias, estocados permanentemente no sótão.

[25] O estudo das patologias de consumo ainda está por ser empreendido de modo sistemático. Trabalhos pioneiros partiram de Benjamin (1969), Goldberg (1985), Gronmo (1984), Marcus (1985), McCracken (1986b), O'Guinn, Faber e Krych (1987 e Pittman (1985).

Seis. Bens de consumo, construção de gênero e uma teoria *trickle-down* reabilitada

[1] Esta abordagem da teoria trickle-down ignora a influência de Tarde (1961), Spencer (1897) e Veblen (1912).

[2] Ver Barber e Lobel (1953) e Fallers (1961). A medida do quanto é difundida a teoria de Simmel nos círculos acadêmicos está no fato de que nem Barber e Lobel nem Fallers reconhecem sua contribuição.

[3] Horowitz contradiz este argumento na última parte de seu artigo (1975:293).

[4] Goffman, em um visionário e caracteristicamente brilhante fragmento de seu trabalho, questiona se símbolos emprestados dos subordinados não são usados pelos superiores como símbolos de status (1951: 303n1). Deve-se notar, ainda, que Field nos fornece somente metade da dinâmica *trickle*. Ele não nos fala se os subordinados mudam suas modas quando estas são adotadas pelos superiores. Peter York (1980) sugere que isto ocorre em alguns casos.

[5] Este ponto é desenvolvido mais extensamente nos capítulos 4 e 5.

[6] Este tópico do simbolismo do vestuário em geral é abordado em Brooks (1981), Cordwell e Schwarz (1979), Holman (1980b, 1980c, 1981), McCracken (1983b) e Roach e Eicher (1965).

Sete. O poder evocativo das coisas

[7] Este artigo é fruto de pesquisa financiada pelo Killam Trust e pelo Conselho de Pesquisa em Humanidades e Ciências Sociais do Canadá. A assistência dessas instituições é gratamente reconhecida aqui. O artigo beneficiou-se dos comentários de Russel Belk, Mary Ellen Roach Higgins, e dos meus colegas na Universidade de Guelph, Victor Roth e Montrose Sommers.

[8] Na verdade, o próprio esforço do presente autor para compreender o significado possuído pelos bens (McCracken 1986a) falha em dar conta desta categoria de significado cultural.

[9] A prática de inventar o passado para servir às necessidades do presente possui uma longa e distinta história; ver Handler e Linnekin (1984) e Hobsbawm e Ranger (1983).

[10] Um exemplo notável deste tipo de ponte-para-o-significado emergiu na pesquisa levada a efeito na Universidade de Guelph no verão de 1985. Um dos entrevistados falou sobre o barco a vela caribenho que ele iria possuir um dia. A compra desse barco conduziu-o à promessa de certas qualidades no momento ausentes em sua vida. A longa e detalhada entrevista demonstrou, contudo, que essas não eram as qualidades que o entrevistado, de modo realista, provavelmente realizaria em sua vida. "Transportadas para um barco no Caribe, essas qualidades (de autonomia, autorrealização, completa mobilidade e merecido isolamento) estavam agora sob seu domínio, mas não ao seu alcance" (McCracken 1986c:63).

[11] O termo "alto envolvimento" foi emprestado da literatura sobre comportamento do consumidor e se aplica a posses que têm marcado significado cultural, bem como valor utilitário. Esta definição conforma-se aproximadamente àquela de "envolvimento do ego", oferecida por Muncy e Hunt (1984:193).

[12] O ato de colecionar é um tópico de novo interesse nas ciências sociais e no consumo; ver Belk (1982), Benjamin (1969) e Danet (1986).

[13] A importância da concretude de um objeto para sua capacidade de servir como um símbolo foi observada em diversos lugares na literatura: Basso (1984:44-45), Forty (1985:66) e Richardson (1974:4), para citar alguns nomes.

Oito. Unidades Diderot e efeito Diderot

[14] Algo como "Lamentos por deixar para trás minha antiga veste". (N. do. T.)

[15] Um exemplo mais recente do efeito Diderot é relatado aqui para sugerir que o efeito opera compelindo o consumo moderno tanto quanto o fez com o consumo do século XVIII. Em uma conversa casual, um professor na Universidade de Chicago me contou que ele dirigia um Volvo pelas mais práticas das razões. Sugeri que havia, talvez, razões culturais, simbólicas, para sua escolha. Para provar meu ponto sugeri como alternativa para seu Volvo um carro que eu compraria, faria o seguro e manteria, de modo que não lhe custaria absolutamente nada usá-lo. Ele prontamente concordou que esta escolha seria a mais racional a ser tomada por ele. Eu então insisti em pequenas mudanças cosméticas no carro, mudanças que afetariam sua aparência, mas não sua utilidade. Estas incluiriam suas iniciais em painel entre as janelas traseira e lateral, revestimento de pele para os bancos e para o porta-lama, um enfeite de capô que mostrava um cavalo com as patas dianteiras levantadas e um dado para o espelho retrovisor. Depois de um momento de reflexão, ele concordou que essas mudanças

superficiais tornariam o carro "menos útil para mim" e declinou minha hipotética oferta. A consistência dos complementos do produto e o efeito Diderot são duas coisas que proíbem professores da Universidade de Chicago de aceitar presentes deste tipo.

[16] O afastamento de uma definição da significação do produto com base em uma relação de um para um entre produtos e seu significado se assemelha ao desenvolvimento posto em andamento na linguística por Saussure, que insistiu que o significado advém não de uma relação de um para um entre significante e significado, mas de sistemas de relações nos quais tais termos se apresentam. Solomon e Assael não compreendem este ponto, e afirmam que a tradição semiótica preocupa-se com a relação entre o signo e seu simbolismo.

[17] Ver Holbrook e Moore (1981a, 1981b) e Holbrook e Dixon (1985) para outras importantes contribuições ao estudo dos produtos em sua combinação. Ver especialmente Holbrook e Moore (1981b) para uma revisão de uma proeminente literatura psicológica.

[18] Há, talvez, alguns problemas lógicos aqui. É de conhecimento geral que os papéis sociais de um indivíduo frequentemente não são consistentes entre si e que o indivíduo às vezes descobre-se encurralado entre eles. Já foi sugerido que produtos isolados podem ser usados para proteger o indivíduo deste conflito de papéis (Murphy 1964), mas Solomon e Assael não dão qualquer indicação de exatamente como *constelações de produtos* refletem e acomodam estas confusões de papéis.

[19] Este ponto foi abordado mais detalhadamente no capítulo 4.

[20] Este ponto também foi examinado mais detalhadamente no capítulo 4.

[21] Esta situação por si mesma impõe uma questão: por que os *yuppies* escolheram esses bens em particular, e não outros, para criar sua complementaridade de produtos? A resposta parece ser que os *yuppies* eram conduzidos pela preocupação com princípios culturais específicos (ver capítulo 4 para uma definição e uma explicação deste termo), tais como uma tradição conservadora, status do dinheiro antigo, sucesso profissional, gosto "refinado" e cultivo do corpo, e portanto escolheram bens que melhor pudessem dar voz a esses princípios. A preocupação com o status levou-os à categoria dos relógios de alto preço, mas a escolha específica de um Rolex foi estimulada por sua associação com os esportes e com a satisfação com a aparência física. A mesma inquietação conduziu-os a uma certa categoria de carros, mas foi a preocupação com o gosto e com a elegância que os instigou a escolher o BMW. Ver Belk (1986a) para outra maneira de dar conta da relação ente o estilo de vida *yuppie* e a complementaridade de consumo.

[22] Esta discussão tem como suporte uma recente pesquisa feita por McCracken e Roth (1986). Vale observar que Solomon e Assael (1986) também defendem que o significado dos produtos depende da presença de produtos associados. Esta afirmação deriva de princípios psicológicos sociais mais que de linguísticos/antropológicos e fornece base interdisciplinar para o argumento.

[23] Alguns poderiam argumentar que o trabalho do Instituto de Pesquisa Stanford e seu Projeto VALS (Mitchell 1983) é a fina-flor (e a justificativa) da abordagem ao estilo de vida, mas isso não pode ser verificado enquanto porções substanciais das descobertas da pesquisa permanecerem um patrimônio inacessível à análise acadêmica. Há também o problema adicional gerado pelos objetivos morais deste empreendimento (Atlas 1984) e de suas tipologias de estilo de vida, o que colabora para diminuir sua veracidade etnográfica.

[24] No campo da pesquisa do consumidor, novos interesses e métodos são evidentes no trabalho de Anderson (1986), Hirschman (1986b) e McCracken (1987d), entre outros.

[25] "Tenho consciência de ser/ eu mesmo o habitante/ de certas premissas:/ café & bacon & Handel/ e subindo as escadas minha mulher adormecida".

[26] Deixo de lado qualquer observação acerca de como este conceito tem a especial vantagem de descartar dados anômalos que o modelo do homem racional de outra maneira acharia problemáticos.

[27] Esta pesquisa bem pode chegar a conclusões muito estranhas. Um BMW pode se revelar como sendo a "compra divergente" vital para a eventual aquisição de um Rolex. É de fato concebível (ainda que um pouco contraintuitivo) que seja mais útil para a Rolex fazer propaganda do BMW do que de seus próprios relógios.

Nove. Consumo, mudança e continuidade

[1] É esta capacidade "armazenadora" dos bens de consumo que os converte em importante oportunidade para o estudo histórico, como Schlereth tão bem sublinhou (1982, 1983, 1985). Os bens de consumo são um registro muito preciso da sociedade contemporânea, conforme ela caminha através de sucessivos estágios de desenvolvimento. Isto torna especialmente desafortunada a tendência dos museus norte-americanos em não seguir o exemplo do Projeto SAMDOK sueco e colecionar bens de consumo enquanto artefatos históricos (Cedrenius 1983, Conradson 1980, Schlereth 1984, Rubestein 1985).

[2] Impressionantes abordagens históricas dos princípios culturais e dos objetos de consumo aparecem em Forty (1986) e Cohen (1982).

[3] Em italiano, "em voz baixa". (N. do T.)

[4] O Grupo Birmingham tem sido especialmente atuante em explorar os meios pelos quais certos grupos sociais usam os objetos com propósitos políticos. Ver, por exemplo, Clarke (1975), Clarke *et. al.* (1975) e Jefferson (1975).

REFERÊNCIAS BIBLIOGRÁFICAS

Adams, Marie Jeanne (1973), "Structural Aspects of a Village Art", *American Anthropologist*, 75 (Fevereiro), 265-279.

Allen, James Sloan (1983), *The Romance of Commerce and Culture: Capitalism, Modernism and the Chicago-Aspen Crusade for Culture Reform*, Chicago: University of Chicago Press.

Allison, Neil K., Linda L. Golden, Gary M, Mullet, e Donna Coogan (1980), "Sex-Typed Products Images: The Effects of Sex, Sex Role Self-Concept and Measurement Implications", in *Advances in Consumer Research*, Vol. 7, ed. Jerry C. Olson, Ann Arbor, MI: Association for Consumer Research, 604-609.

Ames, Kenneth L., (1982) "Meaning in Artifacts: Hall Furnishings in Vitorian America", in *Material Culture Studies in América*, ed. Thomas J. Schlereth, Nashville, TN: The

American Association for State and Local History, 206-221.

Amis, Kingsley (1954), *Lucky Jim*, Nova Iorque: Penguin Books.

Anderson, Paul F. (1986), "On Method in Consumer Research: A Critical Relativist Perspective", *Journal of Consumer Research*, 13 (2 Setembro), 155-173.

Anderson, W. Thomas e Linda L. Golden (1984), "Lifestyle and Psychographics: A Critical Review and Recommendation", in *Advances in Consumer Research*, Vol. 11, ed. Thomas C. Kinnear, Provo, UT: Association for Consumer Research, 405-411.

Anonymous (1959), *Cyvile and Uncyvile. A Discourse Very Profitable*, London.

Appadurai, Arjun (1981), "Gastro-Politics in Hindu South Asia", *American Ethnologist*, 8 (3 Agosto), 494-511.

_____, ed. (1986), *The Social Life of Things: Commodities in Cultural Perspective*, Cambridge: Cambridge University Press.

Appleby, Joyce O. (1976), "Ideology and Theory: The Tension between Political and Economic Liberalism in Seventeenth-Century England", *American Historical Review*, 81(3 Junho), 499-515.

_____ (1978), *Economic Thought and Ideology in Seventeenth-Century England*, Princeton: Princeton University Press.

Arendt, Hannah (1958), *The Human Condition*, Chicago: University of Chicago Press.

Arlen, Michael J. (1980), *Thirty Seconds*, Nova Iorque: Farrar, Straus and Giroux.

Arnould, Eric J. e Richard E. Wilk (1984), "Why Do the Natives Wear Adidas?" in *Advances in Consumer Research*, Vol. 11, ed. Thomas C. Kinnear, Provo, UT: Association for Consumer Research, 748-752.

Atlas, James (1984), "Beyond Demographics: How Madison Avenue Knows Who You Are and What You Want", *The Atlantic Monthly*, 254 (4 Outubro), 49-58.

Austin, J. L. (1965), *How To Do Things With Words*, Nova Iorque: Oxford University Press.

Bagozzi, Richard P. (1975), "Marketing as Exchange", *Journal of Marketing*, 39 (4 Outubro), 32-39.

Bakhtin, Mikhail M. (1981), *The Dialogic Imagination: Four Essays by Mikhail M. Bakhtin*, ed. Michael Holquist, trad. Caryl Emerson e Michael Holquist, Austin: University of Texas Press.

Baldwin, Francês E. (1926), "Sumtuary Legislation and Personal Regulation in England", *John Hopkins University Studies in Historical and Political Sciences*, 44 (1), 1-282.

Barber, Bernard e Lyle Lobel (1953), " 'Fashion' in Women's Clothes and The American Social System", in *Class, Status and Power*, eds. Reinhard Bendix e Seymour Martin Lipset, Nova Iorque: The Free Press, 323-332.

Barrel, John (1984), "The Transcendence of Property", *Times Literary Supplement*, 9 Novembro 1984, 1285.

Barthes, Roland (1967), *Elements of Semiology*, trad. Annette Lavers e Colin Smith, Londres: Jonathan Cape.

_____ (1972), *Mythologies*, trad. Annette Lavers, Londres: Jonathan Cape.

_____ (1983), *The Fashion System*, trad. Matthew Ward e Richard Howard, Nova Iorque: Hill and Wang.

Basso, Keith H. (1984), " 'Stalking With Stories': Names, Places and Moral Narratives among the Western Apache", in *Text, Play and Story: The Construction and Reconstruction of Self and Society*, eds. Stuart Plattner e Edward Bruner, Washington, D. C.: American Ethnological Society, 19-55.

Baudrillard, Jean (1968), *Le système des objets*, Paris: Gallimard.

_____ (1970), *La societé de consommation*, Paris: Gallimard.

Baumgarten, Steven A. (1975), "The Innovative Communicator in the Diffusion Process", *Journal of Marketing Research*, 12 (1 Fevereiro), 12-18.

Becker, Carl L. (1932), *The Heavenly City of the Eighteenth-Century Philosophers*, New Haven: Yale University Press.

Becker, Howard S. (1982), *Art Worlds*, Berkeley: University of California Press.

Belasco, James (1979), *Americans on the Road*, Cambridge: M.I.T. Press.

Belk, Russell W. (1979), "Gift-Giving Behavior", in *Research in Marketing*, Vol. 2, ed. Jagdish N. Sheth, Greenwich, CT: JAI Press, 95-126.

_____ (1982), "Acquiring, Possessing, and Collecting: Fundamental Processes in Consumer Behavior", in *Marketing Theory: Philosophy of Science Perspectives*, eds. Ronald F. Bush e Shelby D. Hunt, Chicago: American Marketing Association, 185-190.

_____ (1984a), "Cultural and Historical Differences in Concepts of Self and their Effects on Attitudes Toward Having and Giving", in *Advances in Consumer Research*, Vol. 11, ed. Thomas C. Kinnear, Provo, UT: Association for Consumer Research, 753-760.

_____ (1984b), "Manifesto for a Consumer Behavior of Consumer Behavior", *1984 AMA Winter Educator's Conference: Scientific Method in Marketing*, eds. Paul F. Anderson e Michael J. Ryan, Chicago: American Marketing Association, 163-167.

_____ (1985), "Materialism: Trait Aspects of Living in the Material World", *Journal of Consumer Behavior*, 12 (3 Dezembro), 265-280.

_____ (1986a), "Yuppies as Arbiters of the Emerging Consumption Style", in *Advances in Consumer Research*, Vol. 13, ed. Richard J. Lutz, Provo, UT: Association for Consumer Research, 514-519.

_____ (1986b), "What Should ACR Want To Be When It Grows Up?", in *Advances in Consumer Research*, Vol. 13, ed. ed. Richard J. Lutz, Provo, UT: Association for Consumer Research, 423-424.

_____, Robert Mayer e Kenneth Bahn (1981), "The Eye of the Beholder: Individual Differences in Perceptions of Consumption Simbolism", in *Advances in Consumer Research*, Vol.9, ed. Andrew Mitchell, Ann Arbor, MI: Association for Consumer Research, 523-530.

_____ e Richard W. Pollay (1985), "Images of Ourselves: The Good Life in Twentieth Century Advertising", *Journal of Consumer Research*, 11 (4 Março), 887-897.

Benjamin, Walter (1969), *Illuminations: Essays and Reflections*, trad. Harry Zohn, Nova Iorque: Schocken Books.

Berger, John (1972), *Ways of Seeing*, Londres: British Broadcasting Corporation.

Bernstein, Basil (1975), *Class, Codes and Control*, Nova Iorque: Schocken Books.

Birnbach, Lisa, ed. (1980), *The Official Preppy Handbook*, Nova Iorque: Workman Publishing.

Bloch, Peter H. (1982), "Involvement Beyond the Purchase Process: Conceptual Issues and Empirical Investigation", in *Advances in Consumer Research*, Vol. 9, ed. Andrew Mitchell, Ann Arbor, MI: Association for Consumer Research, 413-417.

_____ e Grady D. Bruce (1984), "Product Involvement as Leisure Behavior", in *Advances in Consumer Research*, Vol. 11, ed. Thomas C. Kinnear, Provo, UT: Association for Consumer Research, 197-202.

Blumberg, Paul (1974), "The Decline and Fall of the Status Symbol: Some Thougts on Status in a Post-Industrial Society", *Social Problems*, 21 (4 Abril), 480-498.

Blumer, Herbert (1969), "Fashion: From Class Differentiation to Collective Selection", *Sociological Quartely*, 10 (3), 275-291.

Bogatyrev, Peter (1971), *The Functions of Folk Costume in Moravian Slovakia*, trad. Richard G. Crum, The Hague: Mouton,

Boon, James A. (1973), "Further Operations of Culture in Anthropology: A Synthesis of and for Debate", in *The Idea of Culture in the Social Sciences*, eds. Louis Schneider e Charles Bonjean, Cambridge: Cambridge University Press, 1-32.

Boorstin, Daniel J. (1973), *The Americans: The Democratic Experience*, Nova Iorque: Random House.

Boucher, Vincent (1983), "The Return of Heroic Elegance", *Esquire*, Fall.

Bourdieu, Pierre (1973), "'The Berber House", in *Rules and Meanings*, ed. Mary Douglas, Harmondsworth: Penguin Books, 98-110.

_____ (1984), *Distinction: A Social Critique of the Judgement of Taste*, trad. Richard Nice, Cambridge: Harvard University Press.

Bowen, Ralph H. (1956), "Introduction", in *Rameau's Nephew and Others Works by Denis Diderot*, trad. Jacques Barzun e Ralph Bowen, Nova Iorque: Bobbs-Merrill, vii-xviii.

Braudel, Fernand (1973), *Capitalism and Material Life 1400-1800*, trad. Miriam Kochan, Londres: Weidenfeld and Nicolson.

Brenninkmeyer, Ingrid (1963), *The Sociology of Fashion*, Paris: Librairie du Recueil Sirey.

Bronner, Simon J. (1983), "'Visible Proofs': Material Culture Study in American Folkloristics", *American Quarterly*, 35 (3), 316-338.

Brooks, John (1981), *Showing Off in América: From Conspícuos Consumption to Parody Display*, Boston: Little, Brown and Co.

Bruner, Edward M. (1984), "Introduction: The Opening Up of Anthropology", in *Text, Play and Story: The Construction and Reconstruction of Self and Society*, eds. Edward M. Bruner e Stuart Plattner, Washington: American Ethnological Society, 1-16.

Bryson, Norman (1983), *Vision and Painting: The Logic of the Gaze*, New Haven: Yale University Press.

Burghley, Lord (Sir William Cecil) (1930), citado como 9° Conde de Northumberland (Henry Percy), *Advice to his Son*, ed. G. B. Harrison, Londres: Ernest Benn.

Campbell, Colin (1983), "Romanticism and The Consumer Ethic: Intimations of a Weber-style Thesis", *Sociological Analysis*, 44 (4) 279-295.

Caplow, Theodore (1982), "Christmas Gifts and Kin Networks", *American Sociological Review*, 47 (3 Junho), 383-392.

Carlisle, Susan G. (1982), "French Homes and French Character", *Landscape*, 26 (3), 13-23.

Carrithers, Michael, Steven Collins e Steven Lukes, eds. (1985), *The Category of the Person*, Cambridge: Cambridge University Press.

Carrol, Michael P. (1982), "The Logic of Anglo-American Meals", *Journal of American Culture*, 5, 36-45.

Cassel, Joan (1974), "Externalities of Change: Deference and Demeanor in Contemporary Feminism", *Human Organization*, 33 (1 Primavera), 85-94.

Cedrenius, Gunilla (1983), "The Creation of Contemporary Collections of Relevance", artigo apresentado na 13ª Conferência Geral do Conselho Internacional de Museus, 24 de Julho - 2 de Agosto 1983.

Cheal, David (1985), "Moral Economy: Gift Giving in a Urban Economy", Winnipeg Área Study Report nº5, Institute for Social and Economic Research, University of Manitoba, Winnipeg, Manitoba.

_____ (1986), "The Social Dimensions of Gift Behavior", *Journal of Social and Personal Relationships*, 3, 423-439.

Clark, Clifford E., Jr. (1976), "Domestic Architeture as an Index to Social History: The Romantic Revival and the Cult of Domesticity in America, 1840-1870", *Journal of Interdisciplinary History*, 7 (1 Verão), 33-56.

_____ (1986), *The American Family Home, 1800-1960*, Chapel Hill: University of North Carolina Press.

Clark, Grahame (1986), *Symbols of Excellence: Precious Materials as Expressions of Status*, Cambridge: Cambridge University Press.

Clarke, John (1975), "Style", in *Resistence Through Rituals: Youth Subcultures in Post-war Britain*, eds. Stuart Hall e Tony Jefferson, Londres: Hutchinson and Co., 175-191.

_____, Stuart Hall, Tony Jefferson e Brian Roberts (1975), "Subcultures, Cultures and Class", in *Resistence Through Rituals: Youth Subcultures in Post-war Britain*, eds. Stuart Hall e Tony Jefferson, Londres: Hutchinson and Co., 9-79.

Cohen, Lizabeth A. (1982), "Embellishing a Life of Labour: An Interpretation of the Material Culture of American Working-Class Homes, 1885-1915", in *Material Culture Studies in America*, ed. Thomas J. Schleretn, Nashville, TN: The American Association for State and Local History, 289-305.

Cohn, Joan (1979), *The Palace or the Poorhouse: The American House as Cultural Symbol*, East Lansing: Michigan State University Press.

Coleman, Richard P. (1983), "The Continuing Significance of Social Class to Marketing", *Journal of Consumer Research*, 10 (3 Dezembro), 265-280.

Conradson, Birgitta (1980), "Swedish Museums in Our Times and Their Achievement in Documenting the Present", *Current Sweden*, 257 (7 Setembro), 2-6.

Cooper, J. P. (1970), *The Decline of Spain and the Thirty Years War*, Cambridge: Cambridge University Press.

Cordwell, Justine and Ronald A. Schwarz, eds. (1979), *The Fabrics of Culture*, The Hague: Mouton.

Cowan, Ruth Schwartz (1982), "The 'Industrial Revolution' in the Home: Household Technology and Social Change in Twentieth Century", in *Material Culture Studies in America,* ed. Thomas J. Schlereth, Nashville, TN: The American Association for State and Local History, 222-236.

Csikszentmihalyi, Mihaly e Eugene Rochberg-Halton (1981), *The Meaning of Things: Domestic Symbols and the Self*, Nova Iorque: Cambridge University Press.

Culler, Jonathan (1975), *Structuralist Poetics*, Londres: Routledge and Kegan Paul.

Cummings, William H e M. Venkatesan (1976), "Cognitive Dissonance and Consumer Behavior: A Review of the Evidence", *Journal of Marketing*, 13 (Agosto), 303-308.

Cunningham, Clark E. (1973), "Order in the Atoni House", in *Right and Left: Essays on Dual Classification*, ed. Rodney Needham, Chicago: University of Chicago Press, 204-238.

Danet, Brenda (1986), "Books, Butterflies, Botticellis: A Sociological Analysis of the 'Madness' of Colleecting", artigo apresentado na 6ª Conferência Internacional sobre Cultura e Comunicação, Temple University, Filadélfia, 9 de Outubro de 1986.

Davis, Fred (1985), "Clothing and Fashion as Communication", in *The Psychology of Fashion*, ed. Michael R. Solomon, Lexington, MA: Lexington Books, 15-27.

Davis, J. (1972), "Gifts and the U.K. Economy", *Man*, nova série, 7 (3 Setembro), 408-429.

Davis, James A. (1956), "Status Symbols and the Measurement of Status Percepiton", *Sociometry*, 19 (3 Setembro), 154-165.

_____ (1958), "Cultural Factors in the Perception of Status Symbols", *The Midwest Sociologist*, 21 (1 Dezembro), 1-11.

Deshpande, Rohit (1983), " 'Paradigms Lost': On Theory and Method in Research in Marketing", *Journal of Marketing*, 47 (4 Outono), 101-110.

Diderot, Denis (1964), "Regrets on Parting with My Old Dressing Gown", in *Romeau's Nephew and Other Works by Denis Diderot*, trad. Jacques Barzun e Ralph H. Bowen, Nova Iorque: Bobbs-Merrill, 309-317.

Dillon, Linda S. (1980), "Business Dress for Women Corporate Professionals", *Home Economics Research Journal*, 9 (2 Dezembro), 124-129.

Disman, Milada (1984), "Domestic Possessions as Manifestations of Elderly Immigrants' Identity", artigo apresentado no 13º Encontro Anual da Associação Canadense de Gerontologia, Vancouver, B. C.

Dixon, Donald F. (1980), "Medieval Macromarketing Thought", in *Macromarketing: Evolution of Thought*, eds. George Fisk, Robert W. Nason e Phillip D. White, Boulder: Graduate School of Business Administration, University of Colorado, 59-69.

_____ (1981), "The Role of Marketing in Early Theories of Economic Development", *Journal of Macromarketing*, 1 (2 Outono), 19-27.

Dominguez, Virginia R. (1986), "The Marketing of Heritage", *American Ethnologist*, 13 (3 Agosto), 546-555.

Douglas, Mary (1966), *Purity and Danger: An Analysis of Concepts of Pollution and Taboo*, Harmondsworth: Penguin Books.

_____ (1971), "Deiphering a Meal", in *Myth, Symbo,l and Culture*, ed. Clifford Geertz, Nova Iorque: W. W. Norton and Co., 61-81.

_____ e Baron Isherwood (1978), *The World of Goods: Towards an Anthropology of Consumption*, Nova Iorque: W. W. Norton and Co.

Douglas, Susan P. e Michael R. Solomon (1983), "Clothing the Female Executive: Fashion or Fortune?", in *1983 AMA Winter Educators' Conference: Proceedings*, Série n° 49, eds. Patrick E. Murphy et al., Chicago: American Marketing Association, 127-132.

Doxtater, Dennis (1984), "Spatial Opposition In Non-Discursive Expression: Architeture as Ritual Process", *Canadian Journal of Anthropology*, 4 (1 Verão), 1-17.

Drewal, Henry John (1983), "Body Art as na Expression of Aesthetics and Ontology Among the Yoruba of West Africa", artigo apresentado na sessão E-023 do 11º Congresso Internacional de Ciências Antropológicas e Etnológicas, Vancouver, B. C., 21 de Agosto de 1983.

Dumont, Louis (1972), *Homo Hierarchicus: The Caste System and Its Implications*, Londres: Paladin.

Durkheim, Emile e Marcel Mauss (1963), *Primitive Classification*, trad. Rodney Needham, Chicago: University of Chicago Press.

Dyer, Gillian (1982), *Advertisingas Communication*, Nova Iorque: Methuen.

Elias, Norbert (1978), *The History of Manners. The Civilizing Process*, Vol. 1, trad. Edmund Jephcott, Nova Iorque: Pantheon Books.

Elyot, Sir Thomas (1907), *Captains of Consciousness: Advertising and the Social Roots of the Consumer Culture*, Nova Iorqur: McGraw-Hill.

Fairholt, Frederick W. (1885), *Costume in England*, Londres: George Bell.

Fallers, Lloyd A. (1961), "A Note on the 'Trickle Effect' ", in *Sociology: Progress of a Decade*, eds. Seymour Lipset e Neil Smelser, Englewood Cliffs, NJ: Prentice-Hall, 501-506.

Felson, Marcus (1976), "The Differentiation of Material Life Styles: 1925 to 1966", *Social Indicators Research*, 3, 397-421.

Fernandez, James W. (1966), "Principles of Opposition and Vitality in Fang Aesthetics", *Journal of Aesthetics and Art Criticism*, 25 (Outono), 53-64.

_____ (1977), "The Performance of Ritual Metaphors", in *The Social Use of Metaphor*, eds. J. David Sapir e J. Christopher Crocker, Filadélfia: University of Pennsylvania Press, 100-131.

Ferne, John (1586), *The Blazon of Gentrie*, Londres: não publicado.

Field, George A. (1970), "The Status Float Phenomenon: The Upward Diffusion of Innovation", *Business Horizons*, 13 (4 Agosto), 45-52.

Firat, A. Fuat (1985), "A Critique of the Orientations in Theory Development in Consumer Behavior: Suggestions for the Future", in *Advances in Consumer Research*, Vol. 12, eds. Elizabeth C. Hirschman e Morris B. Holbrook, Provo, UT: Association for Consumer Research, 3-6.

_____ (1986), "A Macro Theory in Marketing: The Social Construction of Consumption Patterns", in *Philosophical and Radical Thought in Marketing*, eds. Richard P. Bagozzi, Nikhilesh Dholakia e A. Fuat Firat, no prelo.

_____ e Nikhilesh Dholakia (1982), "Consumption Choices at the Macro Level", *Journal of Macromarketing*, 2 (2 Outono), 6-15.

Firth, Raymond W. (1973), "Symbolism of Flags", in *Symbols: Public and Private*, de Raymond W. Firth, Ithaca: Cornell University Press, 328-368.

Flink, James J. (1975), *The Car Culture*, Cambridge: M.I.T. Press.

Forge, Anthony (1970), "Learning to See in New Guinea", in *Socialization: The Approach from Social Anthropology*, ed. Philip Mayer, Londres: Tavistock, 269-291.

_____ (1973), "Style and Meaning in Sepik Art", in *Primitive Art and Society*, ed. Anthony Forge, Londres: Oxford University Press, 169-192.

Form, William H. e Gregory P. Stone (1957), "Urbanism, Anonymity and Status Symbolism", *American Journal of Sociology*, 62 (5 Março), 504-514.

Forty, Adrian (1986), *Objects of Desire: Design and Society from Wedgwood to IBM*, Nova Iorque: Pantheon Books.

Fox, Richard Wightman e T. J. Jackson Lears, eds. (1983), *The Culture of Consumption: Critical Essays in American History, 1880-1980*, Nova Iorque: Pantheon Books.

Fraser, Kennedy (1981), *The Fashionable Mind*, Nova Iorque: Knopf.

Fraser, W. Hamish (1981), *The Coming of the Mass Market, 1850-1914*, Hamden, CT: Archon Books.

Friedman, Monroe (1985a), "Commercial Influences in Popular Literature: An American Historical Perspective", in *Historical Perspective in Consumer Research: National and International Perspectives*, eds. Chin Tiong Tan e Jagdish N. Sheth, Cingapura: National University of Singapore, 307-308.

_____ (1985b), "The Changing Language og a Consumer Society: Brand Name Usage in Popular American Novels in the Postwar Era", *Journal of Consumer Research*, 11 (4 Março), 927-938.

Fullerton, Ronald A. (1984), "Capitalism and the Shaping of Marketing: Marketing as a World-Historical Force", artigo apresentado no 9º Seminário de Macromarketing, Vancouver, B. C.

Furby, Lita (1978), "Possessions: Toward a Theory of Their Meaning and Function Throughout the Life Cycle", in *Lifespan Development and Behavior*, ed. Paul B. Baltes, Nova Iorque: Academic Press, 297-336.

Gardner, Meryl Paula (1985), "Mood States and Consumer Behavior: A Critical Review", *Journal of Consumer Behavior*, 12 (3 Dezembro), 281-300.

Garfinkle, Andrew D. (1978), "A Sociolinguistic Analysis of the Language of Advertising", dissertação não-publicada, Departamento de Linguística, Georgetown University, Washington, D. C. 20057.

Gennep, Arnold Van (1960), *The Rites of Passage*, trad. Monika B. Vizedom e Gabrielle L. Caffee, Londres: Routledge and Kegan Paul.

Gergen, Kenneth J. e Keith E. Davis, eds. (1985), *The Social Construction of the Person*, Nova Iorque: Springer-Verlag.

Gibbins, Keith (1971), "Social Psychological Theories of Fashion", *Journal of the Home Economics Association of Austrália*, 3, 3-18.

_____ e Tonya K. Gwynn (1975), "A New Theory of Fashion Change: A Test of Some Predictions", *The British Journal of Social and Clinical Psychology*, 14 (1), 1-9.

_____ e Anthony Schneider (1980), "Meaning of Garments", *Perceptual and Motor Skills*, 51, 287-291.

Gillin, John (1957), "The Application of Anthropological Knowledge to Modern Mass Society", *Human Organization*, 15 (4 Inverno), 24-29.

Gillis, John R. (1981), *Youth and History: Tradition and Change in European Age Relations, 1770-Present*, Nova Iorque: Academic Press.

Givens, D. B. (1977), "Shoulder Shrugging: A Densely Communicative Expressive Behavior", *Semiotica*, 19, 13-28.

Glassie, Henry (1973), "Structure and Function, Folklore and the Artifact", *Semiotica*, 7 (4), 313-351.

Goffman, Erving (1951), "Symbols of Class Status", *British Journal of Sociology*, 2 (Dezembro), 294-304.

_____ (1979), *Gender Advertisements*, Cambridge: Harvard University Press.

Goldberg, Jim (1985), *Rich and Poor*, Nova Iorque: Random House.

Gottdiener, M. (1985), "Hegemony and Mass Culture: A Semiotic Approach", *American Journal of Sociology*, 90 (5), 979-1001.

Gordon, Jean e Jac McArthur (1985), "American Women and Domestic Consumption, 1800-1920: Four Interpretative Themes", *Journal of American Culture*, 8 (3), 35-46.

Grauman, Carl F. (1974-75), "Psychology and the World of Things", *Journal of Phenomenological Psychology*, 4 (1), 389-404.

Greenberg, Laura J. (1975), "Art as a Structural System: A Study of Hopi Pottery Designs", *Studies in the Anthropology of Visual Communication*, 2 (1), 33-50.

Greenhouse, Carol J. (1985), "Anthropology at Home: Whose Home?" *Human Organization*, 44 (3 Outono), 261-264.

Gronmo, Sigmund (1984), "Compensatory Consumer Behavior: Theoretical Perspectives, Empirical Examples and Methodological Challenges", *1984 AMA Winter Educators' Conference: Scientific Method in Marketing*, eds. Paul F. Anderson e Michael J. Ryan, Chicago: American Marketing Association, 184-188.

Grunebaum, Gustave E. von (1962), *Modern Islam: The Search for Cultural Identity*, Nova Iorque: Vintage Books.

Hall, Edward T. (1983), *The Dance of Life: The Other Dimension of Time*, Garden City, NY: Anchor Press/Doubleday.

Handler, Richard e Jocelyn Linnekin (1984), "Tradition, Genuine or Spurious", *Journal of American Folklore*, 97 (385), 273-290.

Harris, Neil (1978), "Museums, Merchandisingm and Popular Taste:The Struggle for Influence" in *Material Culture and the Study of American Life*, ed. Ian M. G. Quimby, Nova Iorque: W. W. Norton and Co.

_____ (1981), "The Drama of Consumer Desire", in *Yankee Enterprise: The Rise of the American System of Manufacturers*, eds. Otto Mayr e Robert C. Post, Washington: Smithsonian Institute Press, 189-216.

Hass, Robert (1973), *Field Guide*, New Haven: Yale University Press.

Hayden, Dolores (1981), *The Grand Domestic Revolution: A History of Feminist Designs for American Homes, Neighborhoods and Cities*, Cambridge: M.I.T. Press.

Heal, Felicity (1984), "The Idea of Hospitality in Early Modern England", *Past and Present*, 102 (Fevereiro), 66-93.

Hebdige, Dick (1979), *Subculture: The Meaning of Style*, Londres: Methuen.

Hendon, Donald W. e William F. Muhs (1985), "Origins and Early Development of Outdoor Advertising in the United States", in *Historical Perspective in Consumer Research: National and International Perspectives*, eds. Chin Tiong Tan e Jagdish N. Sheth, Cingapura: National University of Singapore, 309-313.

Henry, Walter A. (1976), "Cultural Values Do Correlate with Consumer Behavior", *Journal of Marketing Research*, 13 (2 Maio), 121-127.

Herrmann, Robert O. (1974), "The Consumer Movement in Historical Perspective", *Consumerism: Search for the Consumer Interest*, eds. David A. Aaker e George S. Day, Nova Iorque: The Free Press, 10-18.

_____ (1980), "Consumer Protection: Yesterday, Today and Tomorrow", *Current History*, 78 (457), 193-196, 226-227.

Hexter, Jack H. (1961), "The Education of the Aristocracy in the Renaissance", in *Reappraisals in History*, de Jack H. Hexter, Londres: Longmans, 45-70.

Hine, Thomas (1986), *Populuxe*, Nova Iorque: Knopf.

Hirsch, Paul M. (1972), "Processing Fads and Fashions: An Organization-Set Analysis of Cultural Industry Systems", *American Journal of Sociology*, 77 (4 Janeiro), 639-659.

Hirschman, Albert O. (1977), *The Passions and the Interests: Political Arguments for Capitalism Before Its Triumph*, Princeton: Princeton University Press.

_____ (1982a), *Shifting Involvements: Private Interests and Public Action*, Princeton: Princeton University Press.

_____ (1982b), "Rival Interpretations of Market Society: Civilizing, Destructive, or Feeble?" *Journal of Economic Literature*, 20 (Dezembro), 1463-1484.

Hirschman, Elizabeth C. (1981), "Comprehending Symbolic Consumption", in *Symbolic Consumer Behavior*, eds. Elizabeth C. Hirschman e Morris B. Holbrook, Ann Arbor: MI: Association for Consumer Research, 4-6.

_____ (1984), "Leisure Motives and Sex Roles", *Journal of Leisure Research*, 16 (3), 209-223.

_____ (1985), "Primitive Aspects of Consumption in Modern American Society", *Journal of Consumer Research*, 12 (2 Setembro), 142-154.

_____ (1986a), "The Creation of Product Symbolism", in *Advances in Consumer Research*, Vol. 13, ed. Richard J. Lutz, Provo, UT: Association for Consumer Research, 327-331.

_____ (1986b), "Humanistic Inquiry in Marketing Research: Philosophy, Method, and Criteria", *Journal of Marketing Research*, 23 (3 Agosto), 237-249.

_____ e Morris B. Holbrook, eds. (1981), *Symbolic Consumer Behavior: Proceedings of the Conference on Consumer Esthetics and Symbolic Consumption*, Ann Arbor: Association for Consumer Research.

Hobsbawm, Eric e Terence Ranger, eds. (1983), *The Invention of Tradition*, Cambridge: Cambridge University Press.

Holbrook, Morris B. (1985), "Why Business is Bad for Consumer Research: The Three Bears Revisited", in *Advances in Consumer Research*, Vol. 12, eds. Elizabeth C. Hirschman e Morris B. Holbrook, Provo, UT: Association for Consumer Research, 145-156.

_____ e William L. Moore (1981a), "Feature Interactions in Consumer Judgements of Verbal versus Pictorial Presentations", *Journal of Consumer Research*, 8 (1 Junho), 103-113.

_____ e William L. Moore (1981b), "Cue Configurality in Esthetic Responses", in *Symbolic Consumer Behavior*, eds. Elizabeth C. Hirschman e Morris B. Holbrook, Ann Arbor, MI: Association for Consumer Research, 16-25.

_____ e Elizabeth C. Hirschman (1982), "The Experiential Aspects of Consumption: Consumer Fantasies, Feelings, and Fun", *Journal of Consumer Research*, 9 (2 Setembro), 132-140.

_____ e Glen Dixon (1985), "Mapping the Market for Fashion: Complementarity in Consumer Preferences", in *The Psychology of Fashion*, ed. Michael R. Solomon, Lexington, MA: Lexington Books, 109-126.

Hollander, Stanley C. (1984), "Sumtuary Legislation: Demarketing by Edict", *Journal of Macromarketing*, 4 (1 Primavera), 4-16.

_____ e Kathlenn M. Rassuli (1985), "Desire: Induced, Innate, Insatiable? Historians' Views of Consumer Motivation and Behavior in the 18th, 19th and 20th Centuries", *working paper*, Departamento de Marketing e Transporte, Michigan State University, East Lansing, MI, 4882401121.

_____ e Ronald Savitt, eds. (1983), *First North American Workshops on Historical Research in Marketing: Proceedings*, East Lansing: Departmento de Marketing e Transporte, Michigan State University.

Holman, Rebecca (1980a), "Product Use as Communication: A Fresh Appraisal of a Venerable Topic", in *Review of Marketing*, eds. Ben M. Enis e Kenneth J. Roering, Chicago: American Marketing Association, 250-272.

_____ (1980b), "A Transcription and Analysis System for the Study of Women's Clothing Behavior", *Semiotica*, 32 (1-2), 11-34.

_____ (1980c), "Clothing as Communication: An Empirical Investigation", in *Advances in Consumer Research*, Vol. 7, ed. Jerry C. Olson, Ann Arbor, MI: Association for Consumer Research, 372-377.

_____ (1981), "Apparel as Communication", in *Symbolic Consumer Behavior*, eds. Elizabeth C. Hirschman e Morris B. Holbrook, Ann Arbor, MI: Association for Consumer Research, 7-15.

Hont, Istvan e Michael Ignatieff (1983), *Wealth and Virtue: The Shaping of Political Economy in the Scottish Enlightenment*, Cambridge: Cambridge University Press.

Hooper, Wilfred (1915), "The Tudor Sumptuary Laws", *The English Historical Review*, 30, 433-449.

Horowitz,, Daniel (1985), *The Morality of Spending: Attitudes Toward the Consumer Society in America, 1875-1940*, Baltimore: Johns Hopkins University Press.

Horowitz, R. Tamar (1975), "From Elite Fashion to Mass Fashion", *Archives Européennes de Sociologie*, 16 (2), 283-295.

Hoskins, W. G. (1953), "The Rebuilding of Rural England 1570-1640", *Past and Present*, 4, 44-59.

Jackson, J. B. (1976), "The Domestication of the Garage", *Landscape*, 20 (2 Inverno), 11-19.

Jakobson, Roman (1971), "Language in Relation to Other Communication Systems", *Selected Writings of Roman Jakobson*, Vol. 2, The Hague: Mouton, 697-708.

_____ e Morris Halle (1956), "Two Aspects of Language", in *Fundamentals of Language*, Janua Linguarum, VIV. I, The Hague: Mouton, 54-82.

James, Mervun E. (1974), *Family, Lineage and Civil Society*, Oxford: Clarendon Press.

_____ (1978), "English Politics and the Concept of Honour 1485-1642", *Past and Present*, Suplemento n° 3.

Jefferson, Tony (1975), "Cultural Responses of the Teds: The Defense of Space and Status", in *Resistence Through Rituals*, eds. Stuart Hall e Tony Jefferson, Londres: Hutchinson and Co., 81-86.

Jones, Paul V. B. (1917), "The Household of a Tudor Nobleman", *University of Illinois Studies in the Social Sciences*, 6 (4), 1-277.

Joseph, Nathan (1986), *Uniform and Nonuniform: Communication Through Cloting*, Westport, CT: Greenwood Press.

Kassarjian, Hal (1986), "Consumer Research: Some Recollections and a Commentary", in *Advances in Consumer Research*, Vol. 13, ed. Richard J. Lutz, Provo, UT: Association for Consumer Research, 6-8.

_____ e Mary Jane Sheffet (1975), "Personality and Consumer Behavior: One More Time", *1975 AMA Combined Proceedings*, Série n° 37, Chicago: American Marketing Association, 197-201.

Katz, Elihu e Paul F. Lazarsfeld (1955), *Personal Influence*, Glencoe, IL: The Free Press.

Kavanaugh, James V. (1978), "The Artifact in American Culture", in *Material Culture and the Study of American Life*, ed. Ian M. G. Quimby, Nova Iorque: W. W. Norton and Co., 65-74.

Kehret-Ward, Trudy (1985), "Improving Recall By Manipulating the Syntax of Consumption Rituals", in *Advances in Consumer Research*, Vol. 12, eds. Elizabeth C. Hirschman e Morris B. Holbrook, Provo, UT: Association for Consumer Research, 319-328.

_____ e Anya Golden (1986), "Gender and Situational Influences on Ritual Syntax", artigo apresentado na Conferência Anual 1986 da Association for Consumer Research, Toronto, 17 de outubro de 1986.

_____ e Richard Yalch (1984), "To Take or Not To Take the Only One: Effects of Changing the Meaning of a Product Attribute on Choice Behavior", *Journal of Consumer Research*, 10 (4 Março), 410-416.

Kelso, Ruth (1929), *The Doctrine of the English Gentleman in the 16th Century*", Urbana: University of Illinois Press.

Kidwell, Claudia B. e Margaret C. Christman (1974), *Suiting Everyone: The Democratization of Clothing in America*, Washington: Smithsonian Institute Press.

King, Charles W. (1963), "Fashion Adoption: A Rebuttal to the 'Trickle-Down' Theory", in *Toward Scientific Marketing*, ed. Stephen A. Greyser, Chicago: American Marketing Association, 108-125.

_____ e Lawrence J. Ring (1980), "The Dynamics of Style and Tast Adoption and Diffusion: Contributions from Fashion Theory", in *Advances in Consumer Research*, Vol. 7, ed. Jerry C. Olson, Ann Arbor, MI: Association for Consumer Research, 13-16.

Kluckhohn, Clyde (1962), "Values-Orientations in the Theory of Action", in *Toward a General Theory of Action*, eds. Talcott Parsons e Edward A. Shils, Cambridge: Harvard University Press, 388-433.

Kollat, David T. e Ronald T. Willet (1967), "Customer Impulse Purchasing Behavior", *Journal of Marketing Research*, 4 (1 Fevereiro), 21-31.

Kron, Joan (1983), *Home-Psych: The Social Psychology of Home and Decoration*, Nova Iorque: Clarkson N. Potter, Inc.

Krampen, Martin (1979), "Survey of Current Work on the Semiology of Objects", in *A Semiotic Landscape: Proceedings of the First Congress of the International Association for Semiotic Studies*, eds. Seymour Chatman et al., The Hague: Mouton, 158-168.

Kuper, Hilda (1972), "The Language of Sites in the Politics of Space", *American Anthropologist*, 74, 411-425.

_____ (1973a), "Costume and Identity", *Comparative Studies in Society and History*, 15 (3), 348-367.

_____ (1973b), "Costume and Cosmology: The Animal Symbolism of the Ncwala", *Man*, 8, nova série (4 Dezembro), 613-630.

Lasch, Christopher (1979), *The Culture of Narcisism*, Nova Iorque: W. W. Norton and Co.

Laslett, Peter (1971), *The World We Have Lost: England Before the Industrial Age*, 2ª ed., Nova Iorque: Charles Scribner's Sons.

Laumann, Edward O. e James S. House (1970), "Living Room Styles and Social Attributes: The Patterning of Material Artifacts in a Modern Urban Community", *Sociology and Social Research*, 54 (3 Abril), 321-242.

Lawrence, Roderick J. (1981), "The Social Classification of Domestic Space: A Cross-Cultural Case Study", *Anthropos*, 76, 649-664.

_____ (1982), "Domestic Space and Society: A Cross-Cultural Study", *Comparative Studies in Society and History*, 24 (1), 104-130.

_____ (1984), "Transition Spaces and Dwelling Design", *Journal od Architetural and Planning Research*, 1, 261-271.

Lazer, William (1963), "Life Sytle Concepts and Marketing", in *Toward Scientific Marketing*, ed. Stephen A. Greyser, Chicago: American Marketing Association, 13-139.

Leach, Edmund R. (1961), "Time and False Noses", in *Rethinking Anthropology*, ed.

Edmund R. Leach, Londres: Athlone Press, 132-136.

Leach, William R. (1984), "Transformations in a Culture of Consumption: Women and Department Stores, 1890-1925", *The Journal of American History*, 71 (Setembro), 319-342.

Lears, T. J. Jackson (1981), *No Place of Grace: Antimodernism and the Transformation of American Culture 1880-1920*, Nova Iorque: Pantheon Books.

Lechtman, Heather e Robert S. Merril, eds. (1977), *Material Culture: Styles, Organization, and Dynamica of Technology*, St. Paul: West Publishing Co.

Leiss, William (1983), "Things Come Alive: Economy and Technology as Modes of Social Representation in Modern Society", artigo apresentado na Table Ronde sur les Representations [Mesa Redonda sobre as Representações], Montreal, Outubro de 1983.

_____, Stephen Kline e Sut Jhally (1986), *Social Communication in Advertising*, Nova Iorque: Methuen.

Lévi-Strauss, Claude (1963), "Structural Analysis in Linguistic and Anthropology", in *Structural Anthropology I*, trad. Claire Jackbson e Brooke Grundfest Schoepf, Harmondsworth: Penguin Books, 31-54.

_____ (1966), *The Savage Mind*, Chicago: University of Chicago Press.

Levy, Sidney J. (1959), "Symbols for Sale", *Harvard Business Review*, 37 (4 Julho/Agosto), 117-124.

_____ (1963), "Symbolism and Life Style", in *Toward Scientific Marketing*, ed. Stephen A. Greyser, Chicago: American Marketing Association, 140-150.

_____ (1978), "Hunger and Work in a Civilized Tribe", *American Behavioral Scientist*, 21 (4 Março/Abril), 557-570.

_____ (1981), "Interpreting Consumer Mythology: A Structural Approach to Consumer Behavior", *Journal of Marketing*, 45 (Verão), 49-61.

Lewis, David L. e Lawrence Goldstein, eds. (1983), *The Automobile and American Culture*, Ann Arbor: University of Michigan Press.

Lewis, Oscar (1969), "The Possessions of the Poor", *Scientific American*, 221 (4), 114-124.

Linthicum, Marie Channing (1936), *Costume in the Drama of Shakespeare and His Contemporaries*, Oxford: Clarendon Press.

Lohof, Bruce A. (1969), "The Higher Meaning of Marlboro Cigarettes", *Journal of Popular Culture*, 3 (3), 441-450.

Lurie, Alison (1981), *The Language og Clothes*, Nova Iorque: Random House.

Mcfarlane, Alan (1978), *The Origins of English Individualism: The Family, Property, and Social Transition*, Oxford: Basil Blackwell.

Manuel, Frank Edward e Fritzie Prigohzy Manuel (1979), *Utopian Thought in the Western World*, Cambridge, MA: Belknap Press.

Maranda, Pierre (1972), "Structuralism in Cultural Anthropology", *Annual Review of Anthropology*, 1, 329-348.

Marchanc, Roland (1985), *Advertising the American Dream: Making Way for Modernity, 1920-1940*, Berkeley: University of California Press.

Marcus, George E. (!985), "Spending: the Hunts, Silver, and Dynastic Families in America", *Archives Européenes de Sociologie*, 26 (2), 224-259.

Marshall, Gordon (1980), *Presbyteries and Profits: Calvinism and the Development of Capitalism in Scotland, 1560-1707*, Nova Iorque: Oxford University Press.

_____ (1982), *In Search of the Spirit of Capitalism: An Essay on Max Weber's Protestant Ethic Thesis*, Nova Iorque: Columbia University Press.

Marston, Jerrilyn Greene (1973), "Gentry Honor and Royalism in Early Stuart England", *The Journal of British Studies*, 13 (1 Novembro), 21-43.

Martin, Bernice (1981), *A Sociology of Contemporary Cultural Change*, Oxford: Basil Blackwell.

Mason, Roger S. (1981), *Conspicuous Consumption*, Nova Iorque: St. Martin's Press.

_____ (1984), "Conspicuous Consumption: A Literature Review", *European Journal of Marketing*, 18 (3), 26-39.

Mauss, Marcel (1970), *The Gift*, Londres: Routledge and Kegan Paul.

_____ (1985), "A Category of the Human Mind: the notion of the person; the notion of self", in *The Category of the Person*, eds. Michael Carrithers, Steven Collins e Steven Lukes, Cambridge: Cambridge University Press, 1-25.

Mayer, Robert (1978), "Exploring Sociological Theories By Studying Consumers", *American Behavioral Scietist*, 21 (Março/Abril), 600-613.

Mazuri, Ali A. (1970), "The Robes of Rebellion", *Encounter*, 34 (2), 19-30.

McCracken, Grant (1980), "Anthropology and the Study of Advertising: A Critical Review of Selected Literature", *working paper* na University of Guelph, Departamento de Estudos do Consumidor, Série *Working Paper*.

_____ (1982a), "Rank and Two Aspects of Dress in Elizabethan England", *Culture*, 2 (2), 53-62.

_____ (1982b), "Politics and Ritual Sotto Você: The Use of Demeanor as an Instrument of Politics in Elizabethan England", *Canadian Journal of Anthropology*, 3 (1 Outono), 85-100.

_____ (1983a), "The Exchange of Tudor Children", *Journal of Family History*, 8 (4 Inverno), 303-313.

_____ (1983b), "History and Symbolic Anthropology: a Review and Critique of Four New Contributions to their Reapproachment", *Culture*, 3 (2), 3-14.

_____ (1984a), "The Cultural and Communicative Properties of Houses and Home Furnishings in Contemporary North America", *Working Paper* 84-402 na University of Guelph, Departamento de Estudos do Consumidor, Série *Working Paper*.

_____ (1984b), Resenha Crítica de *From Graven Images: Patterns of Modern Materialism*, de Chandra Mukerji, *International Journal of Comparative Sociology*, 25 (3-4), 283-284.

_____ (1984c), "The Pre-Coronation Passage of Elizabeth I: Political Theatre or the Rehearsal of Politics?", *Canadian Review of Sociology and Anthropology*, 21 (1 Fevereiro), 47-61.

_____ (1985a), "Dress Colour at the Court of Elizabeth I: An Essay in Historical

Anthropology", *Canadian Review of Sociology and Anthropology*, 22 (4 Novembro), 515-533.

_____ (1985b), "The Trickle-Down Theory Rehabilited", in *The Psychology of Fashion*, ed. Michael R. Solomon, Lexington, MA: Lexington Books, 39-54.

_____ (1985c), "Clio in the Marketplace: Theoretical and Methodological Issues in the History of Consumption", in *Historical Perspectives in Consumer Research: National and International Perspectives*, eds. Chin Tiong Tan e Jagdish N. Sheth, Cingapura: National University of Singapore, 151-154.

_____ (1986a), "Culture and Consumption: A Theoretical Account of the Structure and Movement of the Cultural Meaning of Consumer Goods", *Journal of Consumer Research* 13 (1 Junho), 71-84.

_____ (1986b), "Upstairs/Downstairs: The Canadian Production", *Purposes in Built Form and Culture Research, Proceedings of the 1986 Conference on Built Form and Culture Research*, eds. J. William Carswell e David G. Saile, Lawrence: Universisty of Kansas, 68-71.

_____ (1987a), "Advertising: Meaning or Information?", in *Advances in Consumer Research*, Vol. 14, eds. Paul F. Anderson e Melanie Wallendorf, Provo, UT: Association for Consumer Research, 121-124.

_____ (1987b), "The History of Consumption: A Research and Consumer Guide", *Journal of Consumer Policy*, 12, 10 (2 Junho), 139-166.

_____ (1987c), "Culture and Consumption Among the Elderly: Research Objectives for the Study of Person-Object Relations in An Aging Population", *Ageing and Society*, 7 (2 Junho), no prelo.

_____ (1987d), "Qualitative Methods and the Study of Consumer Behavior: A Model of and for Inquiry", *Working Paper* 87-103, University of Guelph, Departamento de Estudos do Consumidor, University of Guelph, Série *Working Paper*.

_____ e Victor J. Roth (1986), "Does Clothing Have a Code? Empirical Findings and Theoretical Implications in the Study of Clothing as a Means of Communication", *Working Paper* 86-101, University of Guelph, Departamento de Estudos do Consumidor, University of Guelph, Série *Working Paper*.

McKendrick, Neil, John Brewer e J. H. Plumb (1982), *The Birth of a Consumer Society: The Commercialization of Eighteenth-Century England*, Bloomington: Indiana University Press.

Meikle, Jeffrey L. (1979), *Twentieth Century Limited: Industrial Design in America, 1925-1939*, Filadélfia: Temple University Press.

Mertz, Elizabeth e Richard J. Parmentier, eds. (1985), *Semiotic Mediation: Sociocultural and Psychological Perspectives*, Orlando: Academic Press.

Messerschmidt, Donald A. (1981), *Anthropologists at Home in North America*, Nova Iorque: Cambridge University Press.

Messing, S. (1960), "The Nonverbal Language of the Ethiopian Toga", *Anthropos*, 55, 558-561.

Meyersohn, Rolf e Elihu Katz (1957), "Notes on a Natural History of Fads", *American Journal of Sociology*, 62 (Maio), 594-601.

Mick, David Glen (1986), "Consumer Research and Semiotics: Exploring the Morphology of Signs, Symbols and Significance", *Journal of Consumer Research*, 13 (2 Setembro), 196-213.

Miller, Michael B. (1981), *The Bon Marche: Bougeois Culture and the Department Store, 1869-1920*, Princeton: Princeton University Press.

Miner, Horace (1956), "Body Ritual among the Nacirema", *American Anthropologist*, 58, 503-507.

Mitchell, Arnold (1983), *The Nine American Lifestyles*, Nova Iorque: Warner Books.

Moeran, Brian (1985), "When the Poetics of Advertising Becomes the Advertising of Poetics: Syntactical and Semantic Parallelism in English and Japanese Advertising", *Language and Communication*, 5 (1), 29-44.

Moers, Ellen (1960), *The Dandy: Brummel to Beerbohm*, Londres: Secker and Warburg.

Molloy, John T. (1977), *The Woman's Dress for Sucess Book*, Nova Iorque: Warner Books.

Montrose, Louis (1980), " 'Eliza, Queene of Shepheardes', and the Pastoral of Power", *English Literary Renaissance*, 10, 153-182.

Moorhouse, H. F. (1983), "American Automobiles and Worker's Dreams", *The Sociological Review*, 31 (3 Agosto), 403-426.

Moore, D. G. (1963), "Life Styles in Mobile Suburbia", in *Toward Scientific Marketing*, ed. Stephen A. Greyser, Chicago: American Marketing Association, 151-163.

Mukerji, Chandra (1983), *From Graven Images: Patterns of Modern Materialism*, Nova Iorque: Columbia University Press.

Muncy, James A. e Shelby D. Hunt (1984), "Consumer Involvement: Definitional Issues and Research Directions", in *Advances in Consumer Research*, Vol. 11, ed. Thomas C. Kinnear, Provo, UT: Association for Consumer Research, 193-196.

Munn, Nancy (1973), "Symbolism in a Ritual Context: Aspects of Symbolic Action", in *Handbook of Social and Cultural Anthropology*, ed. John L. Honigmann, Chicago: Rand McNally, 579-612

Murphy, Robert F. (1964), "Social Distance and the Veil", *American Anthropologist*, 66, 1257-1274.

Myers, Elizabeth (1985), "Phenomenological Analysis of the Importance of Special Possessions: An Exploratory Study", in *Advances in Consumer Research*, Vol. 12, eds. Elizabeth C. Hirschman e Morris B. Holbrook, Provo, UT: Association for Consumer Research, 560-565.

Myers, James H. e Jonathan Gutman (1974), "Life Style: The Essence of Social Class", in *Life Style and Psychographics*, ed. William D. Wells, Chicago: American Marketing Association, 235-256.

Naisbitt, John (1982), *Megatrends*, Nova Iorque: Warner Books.

Nash, Jeffrey E. (1977), "Decoding the Runner's Wardrobe", in *Conformity and Conflict: Readings in Cultural Anthropology*, 3ª ed., eds. James P. Spradley e David W. McCurdy, Boston: Little, Brown, and Co., 172-185.

Neich, Roger (1982), "A Semiological Analysis of Self-Decoration in Mount Hagen,

New Guinea", in *The Logic of Culture*, ed. Ino Rossi, South Hadley, MA: J. F. Bergin, 214-231.

Nicosia, Francesco M. e Robert N. Mayer (1976), "Toward a Sociology of Consumption", *Journal of Consumer Research*, 3 (2 Setembro), 65-75.

Nisbet, Robert A. (1969), *Social Change and History*, Nova Iorque: Oxfordo University Press.

Norris, Herbert (1938), *The Tudors*, Londres: J. M. Dent and Sons.

O'Guinn, Thomas C., Ronald J. Faber e Marshall Rice (1985), "Popular Film and Television as Consumer Acculturation Agents: America 1900 to Present", in *Historical Perspective in Consumer Research: National and International Perspectives*, eds. Chin Tiong Tan e Jagdish N. Sheth, Cingapura: National University of Singapore, 297-301.

_____, Ronald J. Faber e Raymond Krych (1987), "Compulsive Consumption" in *Advances in Consumer Research*, Vol. 14, eds. Paul F. Anderson e Melanie Wallendorf, Provo, UT: Association for Consumer Research, no prelo.

Olson, Clark D. (1985), "Materialism in the Home: The Impact of Artifacts on Dyadic Communication", in *Advances in Consumer Research*, Vol. 12, eds. Elizabeth C. Hirschman e Morris B. Holbrook, Provo, UT: Association for Consumer Research, 388-393.

O'Neill, John (1978), "The Productive Body: An Essay on the Work of Consumption", *Queen's Quarterly*, 85 (2 Verão), 221-230.

Ortner, Sherry (1978), *Sherpas through their Rituals*, Cambridge: Cambridge University Press.

Ovidus Naso, Publius (1960), *Metamorphoses*, trad. F. J. Miller, Cambridge: Harvard University Press.

Peirce, Charles S. (1932), *Collected Papers of Charles Sanders Peirce*, Vol. 2, eds. Charles Hartshorne e Paul Weiss, 3 vols. Cambridge: Harvard University Press.

Phillips, Joanna W. e Helen K. Staley (1961), "Sumptuary Legislation in Four Centuries", *Journal of Home Economics*, 53 (8 Outubro), 673-677.

Pittman, Frank S. (1985), "Children of the Rich", *Family Process*, 24 (Dezembro), 461-472.

Pitt-Rivers, A. Lane-Fox (1906), "On the Evolution of Culture", in *The Evolution of Culture and Other Essays*, ed. J. L. Myers, Oxford: Clarendon Press, 20-44.

Plummer, Joseph T. (1971), "Life Style Patterns and Commercial Bank Credit Card Usage", *Journal of Marketing*, 35 (Abril), 35-41.

Poggi, Gianfranco (1983), *Calvinism and the Capitalist Spirit, Max Weber's Protestand Ethic*, Amherst: University of Massachusetts Press.

Polanyi, Karl (1957), *The Great Transformation: The Political and Economic Origins of Our Time*, Boston: Beacon Press.

Polegato, Rosemary e Marjorie Wall (1980), "Information Seeking by Fashion Opinion Leaders and Followers", *Home Economics Research Journal*, 8 (5 Maio), 327-338.

Pollay, Richard W. (1984), "The Identification and Distribution of Values Manifest in Print Advertising, 1900-1980", in *Personal Values and Consumer Behavior*, eds. Robert E. Pitts Jr. E Arch G. Woodside, Lexington, MA: Lexington Books, 111-135.

_____ (1985), "American Adverstising and Societal Values During the Twentieth Century", in *Historical Perspective in Consumer Research: National and International Perspectives*, eds. Chin Tiong Tan e Jagdish N. Sheth, Cingapura: National Unviersity of Singapore, 60-71.

_____ (1986), "The Distorted Mirror: Reflections on the Unintended Consequences of Advertising", *Journal of Marketing*, 50 (2 Abril), 18-36.

Pope, Daniel (1983), *The Making of Modern Advertising*, Nova Iorque: Basic Books.

Pratt, Gerry (1981), "The House as an Expression of Social Worlds", in *Housing and Identity: Cross-Cultural Perspectives*, ed. James S. Duncan, Londres: Croom Helm, 135-180.

Presbry, Frank S. (1968), *The History and Development of Advertising*, Nova Iorque: Greenwood Press.

Prown, Jules D. (1980), "Style as Evidence", *Winterhur Portfolio*, 15 (3 Outono), 197-210.

_____ (1982), "Mind in Matter: An Introduction to Material Culture Theory and Method", *Winterhur Portfolio*, 17 (1 Primavera), 1-19.

Pulos, Arthur J. (1983), *American Design Ethic: A History of Industrial Design to 1940*, Cambridge: M.I.T. Press.

Quimby, Ian ed. (1978), *Material Culture and the Study of Material Life*, Nova Iorque: W. W. Norton and Co.

Era, John B. (1971), *The Road and Car in American Life*, Cambridge: M. I. T. Press.

Rainwater, Lee, Richard P. Coleman e Gerald Handel (1959), *Workingman's Wife: Her Personality, World and Life Style*, Nova Iorque: Macfadden Books.

Rapaport, Amos (1968), "The Personal Elements in Housing - an argument for open-ended design", *Journal of the Royal Institute of British Architects*, 75 (Julho), 300-307.

_____ (1982), *The Meagning of the Built Architects*, Berverly Hills: Sage Publications.

Rathje, William (1978), "Archaeological Ethnography", in *Explorations in Ethnoarchaeology*, ed. Richard A. Gould, Albuquerque: University of New México Press, 49-76.

Reynolds, Barrie e Margaret Stott, eds. (1986), *Material Anthropology: Contemporary Approaches in Material Culture*, Nova Iorque: University Press of America.

Richardson, J. e A. L. Kroeber (1940), "Three Centuries of Women's Dress Fashions: A Quantitative Analysis", *Anthropological Records*, 2, 111-153.

Richardson, Miles (1974), "Images, Objects and the Human Story", in *The Human Mirror: Material and Spatial Images of Man*, ed. Miles Richardson, Baton Rouge: Louisiana State University Press, 3-14.

Richwood, Peter (1984), "Lottery Win Not All Roses, Woman Finds", *The Toronto Sunday Star*, 29 de abril de 1984, p. A14.

Roach, Mary Ellen (1979), "The Social Symbolism of Women's Dress", in *The Fabrics of Culture*, eds. Justine M. Cordwell e Ronald A. Schwarz, The Hague: Mouton, 415-422.

_____ e Joanne Bubolz Eicher, eds. (1965), *Dress, Adornment and the Social Order*, Nova Iorque: Wiley.

_____ e J. B. Eicher (1979), "The Language of Personal Adornment", in *The Fabrics of Culture*, eds. Justine Cordwell e Ronald A. Schwarz, The Hague: Mouton, 7-22.

Roberts, Helene E. (1977), "The Exquisite Slave: The Role of Clothes in the Making of the Victorian Woman", *Signs*, 2 (3 Primavera), 554-567.

Rodman, Margaret C. e Jean-Marc Philibert (1985), "Rethinking Consumption: Some Problems Concerning The Practice of Objects in the Third World", artigo apresentado em Encontros da Sociedade Etnológica Canadense, University of Toronto, 11 de maio de 1985.

Rogers, Everett M. (1983), *Diffusion of Innovations*, 3ª ed., Nova Iorque: The Free Press.

Rokeach, Milton, ed. (1979), *Understanding Human Values*, Nova Iorque: The Free Press.

Rook, Dennis W. (1984), "Ritual Behavior and Consumer Symbolism", in *Advances in Consumer Research*, Vol. 11, ed. Thomas C. Kinnear, Provo, UT: Association for Consumer Research, 279-284.

_____ (1985), "The Ritual Dimension of Consumer Behavior", *Journal of Consumer Research*, 12 (3 Dezembro), 251-264.

_____ e Stephen J. Hoch (1985), "Consuming Impulses", in *Advances in Consumer Research*, Vol. 12, eds. Elizabeth C. Hirschman e Morris B. Holbrook, Provo, UT: Association for Consumer Research, 23-27.

_____ e Sidney J. Levy (1983), "Psychosocial Themes in Consumer Grooming Rituals", *Advances in Consumer Research*, Vol. 10, eds. Richard P. Bagozzi e Alice M. Tybout, Ann Arbor, MI: Association for Consumer Research, 329-333b.

Rosenfeld, Lawrence B. e Timothy G. Plax (1977), "Clothing as Communication", *Journal of Communication*, 27 (2 Primavera), 24-31.

Rubenstein, Harry R. (1985), "Collecting for Tomorrow: Sweden's Contemporary Documentation Program", *Museum News*, Agosto, 55-60.

Sahlins, Marshall (1972), "The Spirit of the Gift", in *Stone Age Economics*, de Marshall Sahlins, Chicago: Aldine, 149-183.

_____ (1976), *Culture and Practical Reason*, Chicago: University of Chicago Press.

_____ (1977), "The State of the Art in Social/Cultural Anthropology: Search for na Object", in *Perspectives on Anthropology 1976*, eds. A. F. C. Wallace et al., publicação especial da American Anthropological Association, nº 10, 14-32.

_____ (1981), *Historical Metaphors and Mythical Realities: Structure in the Early History of the Sandwich Islands Kingdom*, Ann Arbor: University of Michigan Press.

Sapir, Edward (1931), "Communication", *Encyclopedia of the Social Sciences*, 1ª ed., 78-80.

Sapir, J. David (1977), "The Anatomy of Metaphor", in *The Social Use of Metaphor*, eds. J. Davis Sapir and Christopher Crocker, Filadélfia: University of Pennsylvania Press, 3-32.

Saussure, Ferdinand de (1966), *Course in General Linguistics*, Nova Iorque: McGraw-Hill.

Schlereth, Thomas J. (1982), "Material Culture Studies in America, 1876-1976", in *Material Culture Studies in America*, ed. Thomas J. Schlereth, Nashville, TN: The American Association for State and Local History, 1-75.

_____ (1983), "Material Culture Studies and Social History Research", *Journal of Social History*, 16 (4), 111-143.

_____ (1984), "Contemporary Collecting for Future Recollecting", *Museum Studies Journal*, 2 (Primavera), 23-30.

_____ (1985), "The Material Culture of Childhood: Problemas and Potential in Historical Explanation", *Material History Bulletin*, 21 (Primavera), 1-14.

Schneider, David M. (1968), *American Kinship: A Cultural Account*, Englenwood Cliffs, NJ: Prentice-Hall.

Schdson, Michael (1984), *Advertising, The Uneasy Persuasion*, Nova Iorque: Basic Books.

Schwartz, Barry (1967), "The Social Psychology of the Gift", *American Journal of Sociology*, 73 (Julho), 1-11.

Schwartz, Jack (1963), "Men's Clothing and the Negro", *Phylon*, 24 (3), 224-231.

Schwartz, Ronald A. (1979), "Uncovering the Secret Vice: Toward and Anthropology of Clothing and Adornment", in *The Fabrics of Culture*, eds. Justine Cordwell and Ronald A. Schwartz, The Hague: Mouton, 23-45.

Scitovsky, Tibor (1976), "On Differing Social Meanings of Consumption", *Journal of the Market Research Society*, 18 (4), 211-213.

Shell, Marc (1978), *The Economy of Literature*, Baltimore: Johns Hopkins University Press.

_____ (1982), *Money, Language, and Thought: Literary and Philosophical Economies from the Medieval to the Modern Era*, Berkeley: University of Califórnia Press.

Sherman, Edmund e Evelyn S. Newman (1977-78), "The Meaning of Cherished Possessions for the Elderly", *International Journal of Aging and uman Development*, 8 (2), 181-192.

Sherry, John F. Jr. (1983), "Gift-Giving in Anthropological Perspective", *Journal of Consumer Research*, 10 (2 Setembro), 157-168.

_____ (1985), "Advertising as a Cultural System", artigo apresentado na Conferência dos Educadores da Associação Americana de Marketing 1985, Phoenix, Arizona.

Shi, David E. (1985), *The Simple Life: Plain Living and High Thinking in American Culture*, Nova Iorque: Oxford University Press.

Shweder, Richard A. e Robert A. Levine, eds. (1984), *Culture Theory: Essays on Mind, Self and Emotion*, Cambridge: Cambridge University Press.

Silverman, Martin G. (1969), "Maximize Your Options: A Study in Values, Symbols, and Social Structure", in *Forms of Symbolic Action*, ed. Robert F. Spencer, Seattle: University of Washington Press, 97-115.

Silverstein, Michael (1976), "Shifters, Linguistic Categories, and Cultural Description", in *Meaning in Anthropology*, eds. Keith H. Basso e Henry A. Selby, Albuquerque: University of New México Press, 11-55.

Simmel, G. (1904), "Fashion", *International Quarterly*, 10, 130-155.

Simmons, Roberta G., Susan D. Klein e Richard L. Simmons (1977), *Gift of Life: The Social and Psychological Impact of Organ Transplantation*, Nova Iorque: John Wiley and Sons.

Singer, Benjamin D. (1986), *Advertising and Society*, Don Mills, Ontário: Addison-Wesley.

Singer, Milton B. (1984), *Man's Glassy Essence: Explorations in Semiotic Anthropology*, Bloomington: Indiana University Press.

Smith, Thomas Spence (1974), "Aestheticism and Social Structure: Style and Social Network in the Dandy Life", *American Sociological Review*, 39 (5 Outubro), 725-743.

Solomon, Michael R. (1983), "The Role of Products as Social Stimuli: A Symbolic Interactionism Perspective", *Journal of Consumer Research*, 10 (Dezembro), 319-329.

_____ ed. (1985), *The Psychology of Fashion*, Lexington, MA: Lexington Books.

_____ e Henry Assael (1986), "The Product Constellation: A Gestalt Approach to Symbolic Consumption", manuscrito não-publicado, Graduate School of Business Administration, New York University.

Sombart, Werner (1967), *Luxury and Capitalism*, trad. W. R. Dittmar, Ann Arbor: University of Michigan Press.

Sommers, Montrose (1963), "Product Symbolism and the Perception of Social Strata", in *Toward Scientific Marketing*, ed. Stephen A. Greyser, Chicago: American Marketing Association, 200-216.

_____ (1983), "Evolution of Marketing Thought and Its Implications for the Study of Advertising", artigo apresentado na Sessão 26 ("Pesquisa em Propaganda"), Encontros Conjugados da Associação de Comunicação Canadense e da Associação de Sociologia e Antropologia Canadense, Vancouver, Columbia Britânica, 4 de junho de 1983).

Spencer, Herbert (1897), *Principles of Sociology*, Vol. 2, parte 1, Nova Iorque: D. Appleton.

Sproles, George B. (1981), "Analyzing Fashion Life Cycles - Principles and Perspectives", *Journal of Marketing*, 45 (Outono), 116-124.

Spufford, Margaret (1984), *The Great Reclothing of Rural*, Londres: The Hambledon Press.

Steele, Valerie (1985), *Fashion and Eroticism: Ideals of Feminine Beauty from the Victorian Era to Jazz Age*, Nova Iorque: Oxford University Press.

Steiner, Robert L. e Joseph Weiss (1951), "Veblen Revised in the Light of Counter-Snobbery", *Journal of Aesthetics and Art Criticism*, 9 (3 Março), 263-268.

Stone, Lawrence (1965), *The Crisis of the Aristocracy 1558-1641*, Londres: Oxford University Press.

_____ (1977), *Family, Sex, and Marriage 1500-1800*, Nova Iorque: Harper and Row.

_____ (1984), "The New Eighteenth Century", *The New York Review of Books*, 31 (5), 42-48.

_____ e Jeanne C. Fawtier Stone (1984), *An Open Elite? England 1540-1880*, Oxford: Clarendon Press.

Strong, Roy C. (1973), *Splendour at Court: Renaissance and Illusion*, Londres: Weidenfeld and Nicolson.

_____ (1977), *The Cult of Elizabeth. Elizabethan Portraiture and Pageantry*, Londres: Thames and Hudson.

Summers, John D. (1970), "The Identity of Women's Clothing Fashion Opinion Leaders", *Journal of Marketing Research*, 7, 178-185.

Tambiah, S. J. (1969), "Animals are good to think and good to prohibit", *Ethnology*, 8 (4 Outubro), 424-459.

_____ (1977), "The Cosmological and Performative Significance of a Thai Cult of Healing Through Mediation", *Culture, Medicine, and Psychiatry*, 1, 97-132.

Tarde, Gabriel de (11962), *The Laws of Imitation*, Gloucester, MA: P. Smith.

Thirsk, Joan (1978), *Economic Policy and Projects: The Development of a Consumer Society in Early Modern England*, Oxford: Clarendon Press.

Thompson, E. P. (1967), "Time, Work-Discipline, and Industrial Capitalism", *Past and Present*, 38 (Dezembro), 56-97.

_____ (1974), "Patrician Society, plebeian culture", *Journal of Social History*, 7, 277-304.

Thrupp, Sylvia L. (1948), *The Merchant Class of Medieval London*, Ann Arbor, MI: University of Michigan Press.

Tigert, Douglas, C. W. King e L. Ring (1980), "Fashion Involvement: A Cross-Cultural Comparative Analysis"!, in *Advances in Consumer Research*, Vol. 7, ed. Jerry Olson, Ann Arbor, MI: Association for Consumer Research, 17-21.

Tuan, Yi-Fu (1982), *Segmented Worlds and Self*, Minneapolis: University of Minnesota Press.

Turner, Terence (1969), "Tchikrin, A Central Brazilian Tribe and Its Symbolic Language of Bodily Adornment", *Natural History*, 78 (Outubro), 50-59, 80.

Turner, Victor (1967), "Betwixt and Between: the Liminal Period in Rites of Passage", in *The Forest of Symbols*, ed. V. Turner, Ithaca: Cornell University Press, 93-111.

_____ (1969), "Forms of Symbolic Action: Introduction", in *Forms of Symbolic Action*, ed. Robert F. Spencer, Seattle: American Ethnological Society, 3-25.

Unruh, David R. (1983), "Death and Personal History: Strategies of Identity Preservation", *Social Problems*, 30 (3 Fevereiro), 340-351.

Veblen, Thorstein (1912), *The Theory of the Leisure Class*, Nova Iorque: Macmillan.

Vershure, Beth, Stephen Magel e Edward K. Sadalla (1977), "House Form and Social Identity", in *The Behavioral Basis of Design*, Livro 2, eds. Peter Suedfeld, James A. Russel, Lawrence M. Ward, Françoise Szigeti e Gerald Davis, Stroudsburg, PA: Dowden, Hutchinson and Ross, 273-278.

Vichert, Gordon (1971), "The Theory of Conspicuous Consumption in the 18th Century", in *The Varied Pattern: Studies in the 18th Century*, eds. Peter Hughes e David Williams, Toronto: A. M. Hakkert, 253-267.

Wallendorf, Melanie e Michael D. Reilly (1983), "Ethnic Migration, Assimilation, and Consumption", *Journal of Consumer Research*, 10 (3 Dezembro), 292-302.

Warner, W. Lloyd e Paul S. Lunt (1941), *The Social Life of a Modern Community*, New Haven: Yale University Press.

Welch, Bárbara (1986), "American Trade Cards: Peering into the Pre-History of the Consumption Culture", artigo apresentado na 6ª Conferência Internacional sobre Cultura e Comunicação, Filadélfia, 9 de outubro de 1986.

Wells, William D. (1974), "Life Style and Psychographics: Definitions, Uses and Problems", in *Life Style and Psychographics*, ed. William D. Wells, Chicago: American Marketing Association, 317-363.

_____ (1986), "Three Useful Ideas", in *Advances in Consumer Research*, Vol. 13, ed. Richard J. Lutz, Provo, UT: Association for Consumer Research, 9-11.

_____ e Stephen C. Cosmas (1977), "Lifestyles", in *Selected Aspects of Consumer Behavior*, Washington: National Science Foundation, 299-316.

Wernick, Andrew (1984), "Sign and Commodity: Aspects of the Cultural Dynamic of Advanced Capitalism", *Canadian Journal of Political and Social Theory*, 8 (1-2 Inverno), 17-32.

West, Pámela (1976), "The Rise and Fall of the American Porch", *Landscape*, 20 (3 Primavera), 42-47.

Wiener, Martin J. (1981), *English Culture and the Decline of the Industrial Spirit, 1850-1980*, Cambridge: Cambridge University Press.

Williams, Rosalind H. (1982), *Dream Worlds: Mass Consumption in Late Nineteenth Century France*, Berkeley: University of California Press.

Williamson, Judith (1978), *Decoding Advertising*, Nova Iorque: Marion Boyars.

Wills, Gordon e Davis Midgley, eds. (1973), *Fashion Marketing: An Anthology of Viewpoints and Perspectives*, Londres: George Allen and Unwin.

Winick, Charles (1961), "Anthropology's Contributions to Marketing", *Journal of Marketing*, 25 (5 Julho), 53-60.

Wolf, Arthur P. (1970), "Chinese Kinship and Mourning Dress", in *Family and Kinship in Chinese Society*, ed. Maurice Freedman, Stanford, CA: Stanford University Press, 189-207.

Wolfe, Tom (1970), *Radical Chic and Mau-Mauing the Flak Catchers*, Nova Iorque: Farrar, Straus and Giroux.

Wright, Gwendolyn (1980), *Moralism and the Model Home: Domestic Architeture and Cultural Conflict in Chicago, 1873-1913*, Chicago: University of Chicago Press.

York, Peter (1980), *Style Wars*, Londres: Sdgwick and Jackson.

Características deste livro:
Formato: 14 x 21 cm
Mancha: 11,2 x 17,5 cm
Tipologia: Times New Roman 10/12
Papel: Pólen soft 70g/m2 (miolo)
Cartão Supremo 250g/m2 (capa)
1ª edição: 2003
2ª edição: 2010

*Para saber mais sobre nossos títulos e autores,
visite o nosso site:*
www.mauad.com.br

Wells, William D. (1974), "Life Style and Psychographics: Definitions, Uses and Problems", in *Life Style and Psychographics*, ed. William D. Wells, Chicago: American Marketing Association, 317-363.

_____ (1986), "Three Useful Ideas", in *Advances in Consumer Research*, Vol. 13, ed. Richard J. Lutz, Provo, UT: Association for Consumer Research, 9-11.

_____ e Stephen C. Cosmas (1977), "Lifestyles", in *Selected Aspects of Consumer Behavior*, Washington: National Science Foundation, 299-316.

Wernick, Andrew (1984), "Sign and Commodity: Aspects of the Cultural Dynamic of Advanced Capitalism", *Canadian Journal of Political and Social Theory*, 8 (1-2 Inverno), 17-32.

West, Pámela (1976), "The Rise and Fall of the American Porch", *Landscape*, 20 (3 Primavera), 42-47.

Wiener, Martin J. (1981), *English Culture and the Decline of the Industrial Spirit, 1850-1980*, Cambridge: Cambridge University Press.

Williams, Rosalind H. (1982), *Dream Worlds: Mass Consumption in Late Nineteenth Century France*, Berkeley: University of California Press.

Williamson, Judith (1978), *Decoding Advertising*, Nova Iorque: Marion Boyars.

Wills, Gordon e Davis Midgley, eds. (1973), *Fashion Marketing: An Anthology of Viewpoints and Perspectives*, Londres: George Allen and Unwin.

Winick, Charles (1961), "Anthropology's Contributions to Marketing", *Journal of Marketing*, 25 (5 Julho), 53-60.

Wolf, Arthur P. (1970), "Chinese Kinship and Mourning Dress", in *Family and Kinship in Chinese Society*, ed. Maurice Freedman, Stanford, CA: Stanford University Press, 189-207.

Wolfe, Tom (1970), *Radical Chic and Mau-Mauing the Flak Catchers*, Nova Iorque: Farrar, Straus and Giroux.

Wright, Gwendolyn (1980), *Moralism and the Model Home: Domestic Architeture and Cultural Conflict in Chicago, 1873-1913*, Chicago: University of Chicago Press.

York, Peter (1980), *Style Wars*, Londres: Sdgwick and Jackson.

Características deste livro:
Formato: 14 x 21 cm
Mancha: 11,2 x 17,5 cm
Tipologia: Times New Roman 10/12
Papel: Pólen soft 70g/m2 (miolo)
Cartão Supremo 250g/m2 (capa)
1ª edição: 2003
2ª edição: 2010

Para saber mais sobre nossos títulos e autores,
visite o nosso site:
www.mauad.com.br